Knaur

Von Siegfried Augustin ist außerdem erschienen:

Die Geschichte der Indianer

Über den Autor:

Siegfried Augustin, Autor des Bestsellers *Die Geschichte der Indianer*, wurde in Schwarzach/Salzburg geboren und studierte montanistische Wissenschaften. Er ist Manager in der Industrie sowie Universitätsdozent für Informationswirtschaft und Logistik. Daneben arbeitet er als Schriftsteller und Herausgeber insbesondere für Reise- und Abenteuerliteratur.

SIEGFRIED AUGUSTIN

»Malt ihm das Gesicht an mit rötlicher Farbe«

Die Welt der Indianer in Augenzeugenberichten

Knaur

Besuchen Sie uns im Internet:
www.droemer-knaur.de

Vollständige Taschenbuchausgabe September 1999
Droemersche Verlagsanstalt Th. Knaur Nachf., München

Umschlaggestaltung: Agentur Zero, München
Umschlagabbildung: AKG, Berlin/Ausschnitt aus einem Gemälde
von Charles Bird King
Satz: Filmsatz Schröter GmbH, München
Druck und Bindung: Clausen & Bosse, Leck
Printed in Germany
ISBN 3-426-77395-3

2 4 5 3 1

»Aus dem Stoff in unserem Besitz hätten wir es versuchen können, einen allgemeinen Umriß von der Geschichte jenes Zeitalters zu geben; wir hätten eine zusammenhängendere Erzählung der Ereignisse liefern können; und hätten zum Schluß eine Schilderung insgesamt, von dem Leben und Charakter der Grenzer jener Zeit anführen können. Solche Versuche sind schon oft gemacht worden. Aber es fehlt ihnen gewöhnlich Interesse; sie vermögen nicht einen lebhaften Eindruck hervorzubringen; und öfters leiten sie nur zu Mißdeutungen. Wir wollten daher unsere Ereignisse lieber in Bruchstücken lassen, so wie wir sie fanden. Besonders aber, wo die Abenteurer selbst oder ihre Zeitgenossen die Erzählung lieferten, zogen wir es vor, dieselbe in ihrer eigenen, ungeschmückten Schreibart reden zu lassen. Ihre Taten werden am besten in ihren eigenen Worten erzählt. Wir haben selten eine Silbe geändert. Dieses mag dem Geschmack mancher mißfallen; allein uns scheint dieses ein Hauptvorzug des Werkes zu sein. Die veränderte Schreibart der Zeugen würde ihr Zeugnis um vieles verdorben und geschwächt haben. Ein Versuch, die bezeichneten Gemälde zu verschönern, würde nur ihre Übereinstimmung zerstört haben – sie würden nicht länger, wie nun, vollkommene Darstellungen gewesen sein. – Auftritte längst vergangener Tage, die zur Zeit in dauerhaften Farben durch die ungeübten aber getreuen Künstler gemacht wurden – Künstler, die Augenzeugen dessen gewesen, was sie mit solcher ungebildeten, aber dennoch meisterhaften Geschicklichkeit bearbeiteten.«

Abenteuerliche Ereignisse aus dem Leben der ersten Ansiedler, 1839

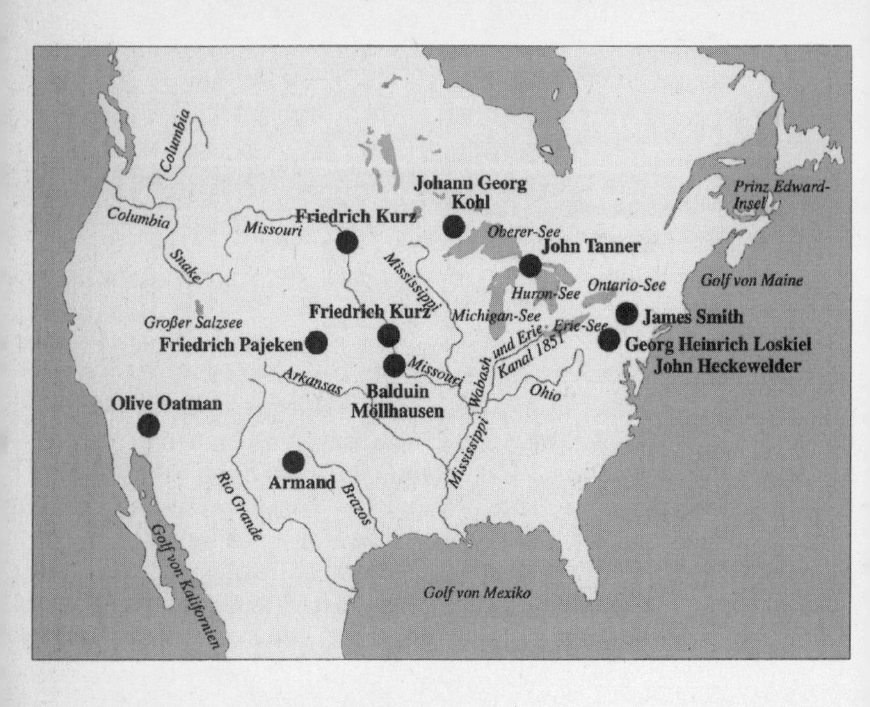

Columbia
Columbia
Snake
Missouri
Friedrich Kurz
Johann Georg
Kohl
Oberer-See
John Tanner
Mississippi
Prinz Edward-
Insel
Golf von Maine
Ontario-See
Huron-See
Michigan-See
Großer Salzsee
Friedrich Kurz
James Smith
Friedrich Pajeken
Wabash und Erie
Kanal 1851
Erie-See
Georg Heinrich Loskiel
John Heckewelder
Missouri
Arkansas
Balduin
Möllhausen
Ohio
Olive Oatman
Mississippi
Armand
Rio Grande
Brazos
Golf von Kalifornien
Golf von Mexiko

Inhalt

Weiße Augenzeugen
und ihre Wahrnehmung der Fremde
11

I.
Der Alltag der Caughnewago-Indianer
Irokesen/Mitte des 18. Jahrhundert/Ohio-Gebiet
JAMES SMITH
19

II.
Körperliche Eigenschaften und Gemüt der Indianer
Algonkin und Irokesen/Zweite Hälfte 18. Jahrhundert/
Pennsylvanien, Seengebiet
GEORG HEINRICH LOSKIEL
62

Heiratsgebräuche, Ehe und Kindererziehung
Algonkin und Irokesen/Zweite Hälfte 18. Jahrhundert/Pennsylvanien
GEORG HEINRICH LOSKIEL
71

Krankheiten der Indianer und ihre Mittel dagegen
Algonkin und Irokesen/Zweite Hälfte 18. Jahrhundert/Pennsylvanien
GEORG HEINRICH LOSKIEL
82

Wampumschnüre und Wampumgürtel
Algonkin und Irokesen/Zweite Hälfte 18. Jahrhundert/Pennsylvanien
GEORG HEINRICH LOSKIEL
95

III.
Ehrfurcht vor dem Alter
Delawaren und Irokesen/Ende 18. Jahrhundert/Pennsylvanien
JOHN HECKEWELDER
106

IV.
Pferdediebstahl
Ottawa und Assiniboin/Anfang 19. Jahrhundert/Seengebiet, Kentucky
JOHN TANNER
116

Vom Fasten und Träumen
Algonkin/Anfang 19. Jahrhundert/Seengebiet
EDWIN JAMES
127

Indianische Sternenkunde
Ottawa/Anfang 19. Jahrhundert/Seengebiet
EDWIN JAMES
137

Über die Feste der Indianer
Algonkin/Anfang 19. Jahrhundert/Seengebiet
EDWIN JAMES
144

Indianische Gesänge
Algonkin/Anfang 19. Jahrhundert/Seengebiet
EDWIN JAMES
150

Indianische Tanzmusik
Sioux und Cheyenne/Mitte 19. Jahrhundert/Plains
RICHARD IRVING DODGE
157

V.
Bemerkungen über die Lieder der Indianer
Chippewa/Mitte 19. Jahrhundert/Seengebiet
JOHANN GEORG KOHL
161

Proben indianischer Bilderschrift
Chippewa/Mitte 19. Jahrhundert/Seengebiet
JOHANN GEORG KOHL
173

VI.
Mescalero zu Besuch
Apachen/Mitte 19. Jahrhundert/Texas
ARMAND
192

VII.
Sitten und Gebräuche der Oto-Indianer
Oto und Omaha/Mitte 19. Jahrhundert/Mittlerer Missouri
BALDUIN MÖLLHAUSEN
215

VIII.
Kurzes Glück mit einer Squaw
Iowa/Mitte 19. Jahrhundert/Mittlerer Missouri
FRIEDRICH KURZ
264

Die Spiele der Indianer
Herantsa/Mitte 19. Jahrhundert/Oberer Missouri
FRIEDRICH KURZ
277

Über die Zeichensprache der Indianer
Herantsa/Mitte 19. Jahrhundert/Oberer Missouri
FRIEDRICH KURZ
284

Indianische Sprachproben
Iowa/Mitte 19. Jahrhundert/Mittlerer Missouri
FRIEDRICH KURZ
290

IX.
Gefangen bei den Mohave-Indianern
Mohave und Yavapai/Mitte 19. Jahrhundert/Rio Colorado
OLIVE OATMAN/R. B. STRATTON
300

X.
Gott Amor bei den Arapaho
Arapaho/Zweite Hälfte des 19. Jahrhunderts/Wind River Mountains
FRIEDRICH PAJEKEN
318

Vom Glauben und religiösen Gebräuchen
Arapaho/Zweite Hälfte des 19. Jahrhunderts/Wind River Mountains
FRIEDRICH PAJEKEN
328

Quellenverzeichnis
341

Weiße Augenzeugen und ihre Wahrnehmung der Fremde

Neben ihren sonstigen Eigenschaften, die im günstigsten Falle für den Reisenden immer lästig sind, muß man die Indianer als die gefährlichsten Raubtiere der Wildnis betrachten. Wenn ich in dem Augenblicke unseres Aufbruches vom Nachtlager in einiger Entfernung auf der einen Seite ein Rudel Wölfe, auf der anderen eine Gesellschaft von Indianern sitzen sah, konnte ich mich nicht des Eindrucks erwehren, daß auch die letzteren zu den Bestien zu rechnen seien.«

Solche Äußerungen von Zeitzeugen, wie sie etwa der angesehene Julius Fröbel (1805–1893) im zweiten Band seines Werkes »Aus Amerika. Erfahrungen, Reisen und Studien« (Leipzig 1857/58) von sich gab, sind leider keine Seltenheit – und nur zu oft wurden sie von Geschichts- und Geschichtenschreibern ungeprüft übernommen. Als Rechnungs- und Kassenprüfer einer Warenkarawane, die 1852 von Independence durch Indianergebiet nach Chihuahua an der amerikanisch-mexikanischen Grenze zog, hatte Fröbel natürlich eine sehr einseitige Einstellung zu den Herren des Landes, um deren Rechte er sich keinen Deut kümmerte.

Ähnlich verhält es sich mit den Berichten vieler anderer Zeitzeugen, seien es nun Militärs, Indianeragenten oder Händler – für sie alle waren die Indianer entweder erklärte Gegner, lästige Konkurrenten um den Besitz von Grund und Boden oder allenfalls Objekte der Ausbeutung.

Wie anders hören sich im Gegensatz dazu die Worte des Herrnhuter Missionars John Heckewelder an, der jahrzehntelang unter Delawaren und Irokesen gelebt hatte: »Ich habe einen großen Teil meines Lebens unter diesen Völkerschaften zugebracht und bin von ihnen allen mit gleichmäßiger Freundlichkeit und Gastfreiheit behandelt worden. Ich bin Zeuge ihrer Tugenden gewesen und habe ihre Güte erfahren. Sie haben mir eine Dankschuld auferlegt, die ich nicht besser abtragen kann, als dieses einfache, ungeschmückte, im Geiste der Wahrheit und Aufrichtigkeit ausgeführte Gemälde der Welt zu übergeben. In wenigen Jahren vielleicht werden jene Völker von der Oberfläche der Erde gänzlich verschwunden sein, und nicht mehr wird von ihnen in Erinnerung sein, als daß sie vorhanden waren und unter die Barbaren gerechnet wurden, die ehemals diesen Kontinent bewohnten.«

Das vorliegende Buch hat sich zum Ziel gesetzt, ein Bild vom Alltagsleben der nordamerikanischen Indianer zu entwerfen, zusammengesetzt aus Berichten von Augenzeugen, die diesen Alltag auch tatsächlich erlebt und die nicht nur oberflächliche Eindrücke gewonnen haben. Wer waren nun diese Augenzeugen? Im wesentlichen lassen sich drei Gruppen unterscheiden: »Weiße Indianer«, Bleichgesichter also, die sich anfangs nur gezwungenermaßen bei den Indianern aufhielten und später Stammesmitglieder wurden, Missionare, die sich von Berufs wegen oft jahrzehntelang bei den Indianern aufhielten und tiefe Einblicke in Sitten und Gebräuche gewannen, und schließlich Weiße, die aus unterschiedlichen Beweggründen längere Zeit mit Indianern freiwillig zusammenlebten, sei es als Wissenschaftler, Künstler oder Abenteurer.

Von den »weißen Indianern« kehrten viele erst nach Jahren, sehr viele überhaupt nicht in die »Zivilisation« zurück, ja, sie weigerten sich nicht selten, »befreit« zu werden. Heute noch bekannt sind die Gefangenenberichte Mary Jemisons, die bis ins hohe Alter bei den Seneca – einem der Irokesenstämme – lebte, John R. Jewitts, der vier Jahre bei den Nootka an der Nordwestküste zubrachte, James W. Schultz, der eine Schwarzfuß-Indianerin heiratete und Stammesmitglied wurde, oder John Tanners, dessen Erlebnisse während seines dreißigjährigen Aufenthalts bei den Chippewa und Ottawa noch heute einer breiten Leserschaft bekannt sind. Einen Sonderfall bilden die Oatman-Mädchen, deren Schicksal als Gefangene der Yavapai und später der Mohave von einem geschäftstüchtigen Schreiber in gedruckte Form gebracht und vermarktet wurde. Es gab jedoch auch »weiße Indianer«, die es in ihrem Stamm zu großer Bedeutung brachten, wie beispielsweise Blue Jacket (Weh-yah-pih-ehr-sehn-wah), der

Kriegshäuptling der Shawnee, der sich große Verdienste im Kampf gegen die Amerikaner erworben hatte. Er lebte von 1754 bis 1810. Berühmtheit erlangte auch Cynthia Ann Parker, die als Mädchen von den Comanchen geraubt und in den Stamm aufgenommen wurde, einen jungen Kriegshäuptling heiratete und die Mutter des berühmten Quanah Parker (1848–1911), eines der bedeutendsten Häuptlinge der Comanchen, wurde. Leider hinterließen weder Blue Jacket noch Cynthia Ann Parker autobiographische Aufzeichnungen.

Zu den hervorragendsten Vertretern des Berufsstandes der Missionare zählen die Missionare der Herrnhuter Brüdergemeinde – jeder Zoll das Gegenteil von Kreuz und Schwert schwingenden Fanatikern. Eine ihrer herausragendsten Erscheinungen war David Zeisberger, der mehrere Indianersprachen fließend beherrschte und der jahrzehntelang vor allem bei den Delawaren und Irokesen wirkte. Er befaßte sich eingehend mit den Charaktereigenschaften, den Sitten und Gebräuchen dieser Stämme; seine Berichte wurden von seinem Ordensbruder Georg Heinrich Loskiel zu einer großangelegten »Geschichte der Mission der evangelischen Brüder unter den Indianern Nordamerikas« verarbeitet.

Aus dem Werk eines anderen Vertreters dieses Ordens, John Heckewelder, schöpfte James Fenimore Cooper, der Verfasser der »Lederstrumpf«-Erzählungen, sein Wissen über die Delawaren, Mohikaner und Irokesen. Cooper selbst hatte zeit seines Lebens keinen »wilden« Indianer gesehen.

Zur dritten Gruppe gehören so unterschiedliche Persönlichkeiten wie die Wissenschaftler Edwin James, der auch die Erlebnisse John Tanners zu Papier gebracht hat, und Johann Georg Kohl, dessen Buch »Kitschi-Gami« eine Fundgrube an Details über das Leben der Indianerstämme am Oberen See ist, der Maler Friedrich Kurz, der aus künstlerischem Idealismus einige Jahre bei den Indianern am mittleren und oberen Missouri lebte und sogar eine Indianerin heiratete, oder die letztlich aus Abenteuerlust nach Nordamerika ausgewanderten Kaufleute Friedrich Armand Strubberg und Friedrich J. Pajeken und der sich nicht für die Offizierslaufbahn geboren fühlende Balduin Möllhausen. Alle drei wurden später berühmte Reise- und Abenteuerschriftsteller, die in ihren Romanen und Erzählungen aus Selbsterlebtem schöpfen konnten. Strubberg und Pajeken lebten längere Zeit in unmittelbarer Nachbarschaft von Comanchen und Mescalero-Apachen bzw. von Arapaho, während Möllhausen eine Zeitlang im Stamm der Oto als »weißer Indianer« verbrachte. Wie sehr durch solche Erfahrungen die Sichtweise geprägt wird, zeigt beispielsweise Möllhausens Schilderung von seiner Begegnung mit den Mohave – dem Stamm, bei dem zur gleichen Zeit Olive und Mary Ann Oatman lebten. Die folgende Passage stammt aus seinem ersten großen Reisewerk »Tagebuch einer Reise vom Mississippi nach den Küsten der Südsee« (Leipzig 1858):

»Als es Abend geworden, blickten wir auf die reißenden Fluten, die wir zu überschreiten hatten, und nach dem jenseitigen Ufer hinüber, wo wir am Abend des folgenden Tages unser Lager aufschlagen sollten; hin und wieder bemerkten wir aus dem Wasser Gruppen schwarzer Köpfe von Indianern hervorragen, die zu ihren Wohnungen auf dem anderen Ufer heimkehrend, mit Weib und Kind, anscheinend mit Leichtigkeit den Strom durchschwammen. Ein rührendes Schauspiel ergötzte mich an diesem Abend besonders: Es war eine junge Frau, die sich in unserer Nähe ihres Rockes entledigte, diesen zusammen mit ihrem kleinen Säugling in einen flachen, aber festen Korb legte, und mit diesem unter dem Arm und einem kleinen Kind von etwa vier Jahren an der Hand in die Fluten stieg, während ihr noch zwei Kinder von sechs bis acht Jahren folgten. Es war eine reizende Gruppe, diese braune Mutter, die den Säugling in dem Korb vor sich her schob, das ihr zunächst plätschernde Kleine zugleich unterstützte und sich bisweilen nach ihren beiden ältesten umschaute, die lärmend und spielend in der ihnen durch kleine Wellen bezeichneten Bahn schwammen. Ich blickte ihr nach, wie sie mit den Ihrigen auf der Insel landete, schnell über dieselbe hinwegschritt und auf dem anderen Ende sich wieder ins Wasser begab; ich sah noch, wie sie schwimmend dem dicht bewachsenen Ufer zueilte, daselbst landete und bald hinter bergendem Gebüsch mit ihrer Familie verschwand. Wer nur ein klares, ungetrübtes Auge hat für Heiliges und Edles in der Natur, wer es nur sehen will, der wird selbst in dem Wesen der Urwilden, der Heiden, Göttliches entdecken und verehren lernen.«

Für wertvolle Diskussionen bei der Auswahl der Augenzeugenberichte danke ich Frau Renate Aechter, die auch das Kapitel von der Gefangenschaft der Oatman-Mädchen ins Deutsche übertragen hat, sowie Herrn Manfred Grieger, dem Herausgeber der Zeitschrift »Americana«. Für die Bereitstellung von Bildmaterial danke ich Frau Ilse Möllhausen, die großzügigerweise die Genehmigung zur Wiedergabe von Bildern aus Balduin Möllhausens Skizzenbüchern erteilt hat, Herrn Klaus Schmid für die Anfertigung der Aufnahmen aus den Skizzenbüchern sowie den Herren Rüdeger Lorenz und Dr. Friedrich Schegk für die Öffnung ihrer Bildarchive. Ich möchte es aber auch nicht versäumen, mich bei Frau Sabine Jaenicke, der Lektorin des nymphenburger Verlages, für die engagierte Betreuung dieses Buches zu bedanken.

Siegfried Augustin

I.

James Smith wurde 1737 in Franklin County, Pennsylvanien, geboren. Als Achtzehnjähriger wurde er von Indianern gefangengenommen, als diese einen Trupp Arbeiter angriffen, der für den britischen General Braddock die erste Straße über das Alleghany-Gebirge baute. Er wurde in das französische Fort Duquesne geschafft, wo kurz darauf die Nachricht von der schweren Niederlage Braddocks (Braddock's Defeat) am 9. Juli 1755 gegen die Franzosen und die mit ihnen verbündeten Indianer eintraf.
Smith wurde von Caughnewago-Indianern in ihr Dorf gebracht und in den Stamm aufgenommen. Vier Jahre lang lebte er als »weißer Indianer«, ehe er bei Montreal entfliehen konnte. Er stellte sein Wissen über die Indianer den Weißen zur Verfügung und wurde 1764 Leutnant bei General Henry Bouquet. Mehrere Jahre war er Anführer der Black Boys, einer Regulatorentruppe, die – nach Indianerart mit schwarzbemalten Gesichtern – für Ruhe und Ordnung an der Indianergrenze sorgen wollte.
Später führte er die ersten Pioniere in die Gebiete westlich der Cumberland Mountains. Im Unabhängigkeitskrieg der englischen Kolonien gegen das Mutterland schlug er sich auf die Seite der Aufständischen und wurde Major unter George Washington. Als Colonel der Miliz war er an einem Überfall auf ein Indianerdorf am French Creek beteiligt. Später wurde er Mitglied der verfassunggebenden Versammlung Kentuckys und vertrat als Delegierter das Bourbon County.
1799 erschien in Lexington, Kentucky, der Bericht »An Account of the Remarkable Occurences in the Life and Travels of Col. James Smith«, eines der seltensten Werke aus der Pioniergeschichte Nordamerikas. Die Erstausgabe wurde 1970 für 12.500 Dollar bei einer Auktion versteigert. 1839 erschien in Chambersburg, Pennsylvanien, eine deutsche Übersetzung, die B. S. Schneck besorgte. Schneck war Prediger der altreformierten Kirche in Chambersburg und Redakteur der dortigen deutschen Zeitung.
James Smith starb 1812 in Washington County, Kentucky.

Der folgende Text umfaßt die wesentlichen Teile der »Bemerkenswerten Ereignisse im Leben des Col. James Smith«, soweit sie seine Gefangennahme, die Aufnahme in den Stamm und das Leben bei den Caughnewago betreffen. Smith war kein geübter Autor, er erzählt ohne jegliche Schnörkel und ist in seinen Beschreibungen bemerkenswert sachlich und nüchtern. Er macht das am eigenen Leib verspürte Problem der täglichen Sicherstellung der Ernährung deutlich, wobei Hungersnot und Überfluß oft rasch aufeinander folgten. Der Stellenwert der Jagd im Leben dieser Indianer wird ebenso klar wie die »Normalität« von kriegerischen Auseinandersetzungen mit indianischen und weißen Nachbarn.
Aus historischer Sicht ist Smith's Bericht insofern von Bedeutung, als es sich um den einzigen Augenzeugenbericht von der Niederlage General Braddocks aus der Feder eines Angloamerikaners handelt.

Der Alltag der Caughnewago-Indianer

James Smith

Im Monat Mai 1755 beschloß die Provinz Pennsylvanien, dreihundert Mann auszusenden, mit dem Vorhaben, einen Fahrweg auszuhauen von Fort Lauden nach dem sogenannten »Braddock's Weg« nahe an dem Turkey-foot, oder Drei-Gabel des Youghiogheny Flusses. Mein Schwager William Smith, Esq., von Conococheague, wurde angestellt, die Arbeiter dieses Weges zu beaufsichtigen.
Obschon ich damals erst achtzehn Jahre alt war, so hatte ich mich dennoch schon stark verliebt in eine junge Dame, die mir als schön und tugendhaft vorkam. Allein, da ich nicht im Liebesstern geboren wurde, so beschloß ich, meine Geliebte zu verlassen und mit dieser Gesellschaft zu gehen, um den Ausgang dieses Unternehmens sehen zu können; doch hoffte ich im Laufe des Sommers wieder in die Arme meiner Geliebten zurückzukehren.

Wir beförderten unser Geschäft ohne Hindernis bis in die Nähe des Alleghany-Gebirges. Da wurde ich beordert, zurückzugehen, um einige Proviantfuhren, die auf dem Weg waren, mit größerer Eile nachzuholen. Ich ging den Weg hinab bis an die Kreuzung des Juniata-Flusses; ich fand, daß die Fuhren so schnell wie möglich vorwärtskamen, kehrte wieder um gegen die Alleghany-Gebirge, in Gesellschaft eines gewissen Arnold Vigoras. Ungefähr vier oder fünf Meilen oberhalb Bedford hatten drei Indianer eine Blende von Gesträuch gemacht, das sie in den Grund steckten, als sei es natürlich so aufgewachsen und unter dem sie sich verbargen, etwa fünfzehn Ellen von der Straße. Als wir ihnen gegenüber kamen, schossen sie auf uns und töteten meinen Kameraden, aber ihre Kugeln verfehlten mich. Allein mein Pferd wurde unbändig, ich fiel herunter und wurde augenblicklich von den Indianern zum Gefangenen gemacht. Derjenige, der Hand an mich legte, war aus dem Conestoga-, die andern aber aus dem Delawaren-Stamm. Einer von ihnen konnte Englisch und fragte mich, ob noch mehr weiße Leute nachkämen? Ich antwortete, daß ich von keinem in der Nähe wüßte. Zwei Krieger standen bei mir, während der andere meinen Kameraden skalpierte; alsdann setzten sie ab, und liefen mit ziemlicher Schnelligkeit durch die Wälder, etwa fünfzehn Meilen; des Nachts schliefen wir, ohne Feuer, auf dem Alleghany-Gebirge.

Conestoga (Susquehanna)

Die Conestoga gehören zur irokesischen Sprachfamilie und wohnten, als Engländer, Franzosen und Holländer ins Land kamen, am Susquehanna River. 1676 wurden sie von den Irokesen besiegt und gezwungen, sich in der Nähe der Oneida in New York anzusiedeln. Später durften sie wieder in ihr altes Stammesgebiet. 1763 wurde der klägliche Rest dieses einst mächtigen Stammes von Weißen ausgerottet.

Am nächsten Morgen teilten sie die letzte Speise aus, die sie bei sich hatten und die sie von Fort Du Quesne mitbrachten. Ich erhielt einen gleichen Teil – etwa drei Unzen schimmligen Zwieback. Dieser nebst einem jungen gebratenen Erdschweinchen, ungefähr so groß wie ein

Hase, war unser ganzer Speisevorrat, bis wir an den Loyal-Hannan-Fluß – ungefähr fünfzig Meilen weg – kamen, und zwar den größten Teil ohne einen Pfad, außerordentlich felsig und mit dichtem Gebüsch bewachsen. Als wir auf die westliche Seite von Laurel Hill kamen, machten sie, wie gewöhnlich, ihr langes Skalpgeschrei, das darin besteht, daß sie ein lautes Jauchzen, oder Hallo! für einen jeden Skalp oder Gefangenen in ihrem Besitz ergehen lassen. Der letzten dieser Skalpjauchzungen folgten schnelle, scharfklingende Wirbeltöne des Triumphs. Als dieser beendet war, hörten wir eine andere Indianerschar am Loyal Hannan durch Büchsenschüsse antworten, und zwar so schnell aufeinanderfolgend, daß man das Abfeuern nicht zählen konnte. Diese Gruppe hatte ihr Lager nahe an dem Ort, wo jetzt Ligonier erbaut ist. Als wir uns näherten, vermehrten sie ihr Freudengeschrei; ich selbst nahm jedoch keinen Anteil daran. Am Lager angekommen, fanden wir bei ihnen einen Überfluß von Welschhühnern und anderes Fleisch; und obschon ich nie zuvor Hirschfleisch ohne Salz oder Brot gegessen hatte, so schmeckte es mir jetzt, da ich sehr hungrig war, dennoch über die Maßen gut. Wir übernachteten hier, und am folgenden Morgen setzten wir unsern Marsch nach Fort Du Quesne fort. Die darauffolgende Nacht stießen wir auf eine andere Indianerpartei, mit ähnlichen Zeremonien, begleitet von wildem Lärm und augenscheinlicher Freude, an der alle, ausgenommen ein einziger, Anteil nahmen. Den nächsten Morgen setzten wir wieder ab, und des Nachmittags hatten wir die Festung (oder Fort) im Augenschein, die nahe an dem Ort war, wo Fort Pitt (Pittsburg) jetzt steht. Wir machten halt am Ufer des Alleghany und wiederholten das Skalpgeschrei, das die Indianer und Franzosen in und um das Fort durch Abfeuern aller Feuergewehre und Kanonen beantworteten, wie oben erwähnt, begleitet von beständigem Jauchzen von allen Stämmen der Indianer, die da versammelt waren.

Weil mir dieses Frohlocken und Schießen unter den Indianern etwas Fremdartiges war, so glaubte ich, daß wohl Tausende von ihnen da wären, um gegen General Braddock zu kämpfen. Was mich aber noch mehr befremdete, war, daß eine Anzahl von ihnen, beinahe ganz entblößt, auf die schrecklichste Art und mit mancherlei – am stärksten aber mit hellroter – Farbe angestrichen, auf mich zulief. Als sie sich mir näherten, teilten sie sich in zwei Linien, etliche Ruten* voneinander. Ein Englisch redender Indianer sagte alsdann zu mir, daß ich zwischen diesen Linien hindurchlaufen müsse und daß sie mich die Länge hindurch peitschen würden; daß, je geschwinder ich liefe, es desto besser für mich wäre, da sie dann, wenn ich am Ende wäre, aufhören würden. So schien eine allgemeine Freude um mich herum zu sein, was aber keineswegs mich erfreuen konnte. Doch ich musterte all meine Kräfte, und begann meinen Lauf mit gestärktem Mut, und fand es so, wie man mir gesagt hatte, denn ich erhielt Peitschenhiebe längs der Linie hin. Als ich zum Ende kam, erhielt ich einen Schlag, entweder mit einem Prügel oder dem Griff eines Tomahawks, durch den ich betäubt zur Erde sank. Nachdem ich mich erholt hatte, wollte ich meine Aufgabe vollenden; aber sobald ich mich aufrichtete, wurde mir Sand in die Augen geworfen, so daß ich nichts sehen konnte. Man fuhr fort, bis ich endlich alle Sinne verloren hatte. Ich erinnere mich noch, daß, ehe ich ganz bewußtlos war, mein Wunsch dahin ging, daß sie mich gleich töten möchten, denn ich glaubte, sie hätten im Sinn mich umzubringen.

Das erste, woran ich mich erinnere, ist, daß ich mich in dem Fort befand, umringt von Franzosen und Indianern, neben einem französischen Arzt stehend, der mir eine Ader am linken Arm geöffnet hatte. Auf die Frage des Dolmetschers, wie mein Befinden sei, antwortete ich, daß ich große Schmerzen habe, worauf der Arzt meine Wunden und die zerquetschten Teile meines Körpers mit Franzbranntwein wusch. Da ich mich äußerst unwohl fühlte und der Geruch des Branntweins mir sehr stärkend war, bat ich, ein wenig innerlich nehmen zu dürfen, was mir aber von dem Arzt vermittelst des Dolmetschers versagt wurde, mit der Begründung, daß es mir in meiner Lage schädlich sein würde.
Als man fand, daß ich wieder sprechen konnte, kamen viele von ihnen zu mir her, examinierten mich, und drohten mit augenblicklichem Tod, im Fall ich ihnen nicht die ganze Wahrheit sagen würde. Die erste Frage an mich war, wieviel Männer von Pennsylvanien aus

---

* Rute = 3,77 m

Unerwartete Begegnung mit einem Weißen
(Aus: J. Pritts, *Abentheuerliche Ereignisse aus dem Leben der ersten Ansiedler …*, Lancaster 1842)

General Braddock zu Hilfe kommen würden? Ich erwiderte der Wahrheit gemäß, es wären ihrer dreihundert. Die nächste Frage war, ob sie zur Gegenwehr gut bewaffnet wären? Ich sagte ihnen, daß sie gut versehen wären zum Gefecht; meine Meinung war aber, daß sie sich mit ihren eigenen Händen wehren könnten, denn sie hatten alle zusammen nur dreißig Büchsen. Wenn die Indianer dies gewußt hätten, so würden sie unsere Leute ganz gewiß ohne Verzug zusammengemetzelt haben. Ich konnte daher mit gutem Gewissen ihnen nicht den unbewaffneten Zustand unserer Arbeiter auf dem Weg kund tun. Ich wurde alsdann nach dem Hospital geschickt, von den Ärzten gut verpflegt und in kürzerer Zeit wieder hergestellt, als ich erwartet hatte.

Delawaren

Die Delawaren zählen zur Algonkin-Sprachfamilie und bestanden aus drei Hauptgruppen: den Munsee (»Bergbewohner«), die in den Bergen nahe dem Ursprung des Delaware River wohnten, den Unami (»Menschen unten am Fluß«), die am rechten Ufer des Delaware River siedelten, und den Unalachtigo (»Menschen, die am Meer wohnen«), deren Jagdgründe im heutigen Bundesstaat Delaware lagen.
Ihren Namen haben sie vom gleichnamigen Fluß, der aber seinerseits nach dem zweiten Gouverneur von Virginia, Lord de La Warr, benannt wurde. Sie selbst nennen sich Leni Lenape, was soviel wie »wirkliche Männer« bedeutet. Im Verlauf des achtzehnten und neunzehnten Jahrhunderts wurden sie von der Atlantikküste über die Alleghanies ins Ohio-Gebiet, dann sukzessive über den Mississippi zum Missouri und schließlich ins Indian Territory zurückgedrängt, wo sie heute noch leben.

Nachdem ich einige Zeit da war, besuchte mich der oben gemeldete Delaware, der bei meiner Gefangennahme zugegen war. Obschon er die englische Sprache nicht gut verstand, so fand ich dennoch, daß er ein verständiger Mann war. Ich fragte ihn, ob ich durch irgend etwas die Indianer beleidigt habe, weswegen sie mich so unbarmherzig behandelt hätten? Er sagte nein; sondern es sei das ein alter Brauch unter ihnen und hätte soviel zu sagen als: »Wie geht es« –

und daß ich in Zukunft würde sehr gut behandelt werden. Ich frug ihn, ob es mir erlaubt wäre, bei den Franzosen zu bleiben? Er antwortete mit Nein, denn sobald ich wieder hergestellt sei, müsse ich nicht nur mit den Indianern gehen, sondern müßte selbst zu einem Indianer gemacht werden. Ich frug ihn, was man Neues von Braddocks Armee wisse, worauf er erwiderte, daß man diese jeden Tag ausspionierte. Er zeigte mit einem Stab, mit dem er Züge auf der Erde machte, daß Braddocks Armee in sehr enger Ordnung voranrückte, daß die Indianer sie umringen und, hinter Bäumen versteckt, sie wie wilde Tauben alle niederschießen würden.
Kurz darauf, am 9. Juli 1755 des Morgens, hörte ich großen Aufruhr im Fort. Da ich um diese Zeit schon mit einem Stock gehen konnte, begab ich mich an die Tür, die an die Mauer des Forts anstieß, stellte mich auf die Mauer und sah die Indianer alle in einem Haufen vor dem Tor mit Pulverfässern, Kugeln und dergleichen, wovon ein jeder nahm, was ihm beliebte. Ich sah die Indianer alle in Kriegsordnung abmarschieren, ebenso die französischen Kanadier und einige Reguläre. Nachdem ich die Indianer und Franzosen von verschiedenen Richtungen aus beobachtet hatte – es waren ihrer, zusammen genommen, etwa vierhundert – so nahm es mich Wunder, daß sie es unternehmen wollten, mit einem so kleinen Haufen gegen Braddock auszuziehen. Ich hatte nun die beste Hoffnung, daß sie bald würden zerstreut werden durch die britischen Truppen, daß General Braddock das Fort einnehmen und mich befreien würde. Folglich war ich begierig, den Ausgang dieses Tages zu wissen. Am Nachmittag desselben Tages war abermals ein großer Aufruhr und viel Lärm im Fort; und obwohl ich schon damals nichts von der französischen Sprache verstand, so war ich doch bald überzeugt durch ihr Frohlocken, daß der Ausgang für mich höchst traurig war.
Ich hatte bemerkt, daß einige der ausländischen Soldaten deutsch redeten; und da ich Deutsch konnte, ging ich zu einem von ihnen, um von ihm die Neuigkeit zu hören. Er sagte mir, daß ein Läufer soeben angekommen sei, der die Nachricht gebracht, daß Braddock ganz sicherlich zurückgeschlagen werden würde, daß die Franzosen und Indianer ihn umringt und sich hinter Bäumen und Gräben versteckt hätten, von wo aus sie beständiges Feuer auf die Englischen mach-

ten, die haufenweise umfielen. Wenn sie so weitermachten, so würde keine einzige Seele bei Sonnenuntergang übrig bleiben! Kurz darauf hörte ich das gewöhnliche Skalpgeschrei und sah eine Schar von Indianern und Franzosen zurückkommen. Ich bemerkte eine große Anzahl blutiger Skalpe bei ihnen, so wie auch Soldatenkappen, Bayonette etc. Sie brachten die Nachricht, daß Braddock geschlagen sei. Nach ihnen kam eine andere Schar, ungefähr hundert an der Zahl – alle Indianer. Ein jeder von ihnen schien mir Skalpe zu besitzen. Noch eine dritte Gruppe trat in Erscheinung, mit einer Anzahl Fuhrpferde, und ebenfalls einer großen Anzahl Skalpe. Nun begann ein ununterbrochenes Abfeuern der Büchsen und Kanonen im Fort, begleitet von dem allerfurchtbarsten, wilden Geschrei. Es schien mir, als sei das satanische Heer losgebrochen.
Um Sonnenuntergang sah ich eine kleine Gesellschaft kommen, mit ungefähr zwölf Gefangenen, ganz entblößt, ihre Hände auf den Rücken gebunden und mit geschwärzten Gesichtern. Diese Gefangenen wurden zu Tod verbrannt, auf dem Ufer des Alleghany, dem Fort gegenüber. Ich stand auf der Mauer des Forts, bis sie anfingen, den ersten zu verbrennen. Sie banden ihn an einen Pfahl, berührten ihn mit Feuerbränden und glühendem Eisen, während der arme Mensch erbärmlich winselte und die Indianer die ganze Zeit schrien wie die wahrhaftige Satansbrut. Dieser Auftritt war mir zu schreckhaft anzusehen. Ich kehrte nach meinem Quartier zurück – krank und wehmütig.
Als ich zurückkam, sah ich »Russel's Sieben Predigten«, die mir ein Franzose zum Geschenk machte und die sie vom Schlachtfeld mitgebracht hatten. Gemäß den besten Nachrichten, die ich einziehen konnte, wurden nur sieben Indianer und vier Franzosen in diesem Gefecht getötet, während fünfhundert Briten tot auf dem Feld blieben, ohne die, die ihr Leben auf der Flucht einbüßten.
Am Morgen nach der Schlacht wurde Braddocks Geschütz in das Fort gebracht. Ich sah auch am selben Tag einige Indianer in britischen Offizierskleidern mit Leibbinden, vergoldeten Hüten, etc., wie sie damals von den Britischen getragen wurden.
Einige Tage nachher kamen die Indianer, mich abzuholen, und ich mußte mitgehen. Ich konnte noch nicht gut marschieren, allein sie

Weißer am Marterpfahl

(Aus: F. Koltenkamp, *Die ersten Amerikaner*, Stuttgart 1858)

fuhren mich in einem Kanu den Alleghany hinauf nach einem Indianerdorf auf der Nordseite des Flusses, vierzig Meilen oberhalb Fort Du Quesne. Hier blieb ich ungefähr drei Wochen und wurde dann nach einem andern Dorf an der westlichen Seite des Muskingum versetzt. Sein Name war Tullihas und war bewohnt von Delawaren, Caughnewago und Mohikanern. Das Land auf unserer Reise schien meistens gutes Weizenland von zweiter und dritter Güte zu sein, und da mit reichem flachen Land versehen und überall meistens mit Schwarz- und Weißeichenholz bewachsen.
Am Tag nach meiner Ankunft in obigem Dorf versammelte sich eine Anzahl Indianer um mich her, und einer fing an, meine Haare von meinem Haupt zu raufen. Er hatte Asche auf einer Holzrinde, in die er öfters seine Finger tauchte, um besseren Halt zu nehmen, und so ging es fort, als wenn er ein Welschhuhn rupfen wollte – bis er alle Haare aus meinem Haupte hatte, ausgenommen drei oder vier Zoll viereckig auf dem Wirbel. Diese schnitten sie ab mit einer Schere, ausgenommen drei Locken, die sie nach ihrer eigenen Mode zubereiteten. Zwei davon wickelten sie mit einem von Korallen besetzten Band ein, das sie selbst zu diesem Endzweck verfertigt hatten; bei der dritten Locke flochten sie die ganze Länge des Haars und zierten diese mit daran befestigtem silbernem Schmuck. Alsdann durchbohrten sie meine Nase und Ohren, und hingen Ringe an Ohren und Nase. Darauf hießen sie mich meine Kleider ausziehen und die gewöhnliche Indianertracht anziehen, was ich auch tat. Nun strichen sie mein Gesicht, Haupt und Körper mit mancherlei Farben an. Auch hingen sie einen großen Wampumgürtel um meinen Hals und silberne Bänder an meine Hände und an den rechten Arm. So abgefertigt, führte mich dann ein alter Häuptling auf die Straße und gab den Alarmruf »Coo-wich!« etlichemal und schnell nacheinander, worauf sogleich alle im Dorf herbeieilten und um den Häuptling herumstanden, der mich bei der Hand hielt. Weil ich damals nicht wußte, auf welche Manier sie jemanden unter sich einweihten, und weil ich sah, daß sie jeden bisherigen Gefangenen getötet hatten – ich sah keinen einzigen von den Gefangenen von Braddocks Schlacht, den sie nicht mordeten – so befürchtete ich, ebenfalls ein ähnliches Schicksal zu erfahren. Der alte Häuptling hielt mich bei der Hand, während er eine lange und laute Rede hielt.

Als er fertig war, übergab er mich an drei junge Indianerinnen, die mich an der Hand faßten, hinab an das Ufer und ins Wasser führten, bis wir halb mannstief im Wasser standen. Sie machten alsdann ein Zeichen, daß ich mich in das Wasser tauchen sollte, aber ich verstand sie nicht. Ich glaubte, daß der Rat beschlossen habe, mich zu ertränken, und daß diese jungen Frauenzimmer den Beschluß ausführen sollten. Sie legten Hand an mich, und ich wehrte mich aus allen Kräften, was ein lautes Gelächter bei der am Ufer stehenden Menge verursachte. Endlich gelang es der einen, mich in gebrochenem Englisch anzureden; sie sagte zu mir: »Dir nicht weh tun.« Hierauf überließ ich mich ihnen, und sie waren so gut als ihr Wort. Zwar tauchten sie mich unter das Wasser und wuschen mich mit keiner besonderen Zärtlichkeit: allein ich kann nicht sagen, daß sie mir viel Schmerz verursachten.
Alsdann nahmen mich die gnädigen Damen zum Rathaus, wo einige Indianer Kleider für mich bereitet hatten. Sie gaben mir ein in Falten gelegtes Hemd, das ich anzog; ein paar Beinkleider, mit seidenen Bändern und Korallen ausgestattet; ein paar wildlederne Schuhe, mit Korallen eingelegte Strumpfbänder, Adlerfedern sowie auch einen goldbestickten Hut. Sie strichen abermals mein Haupt und Gesicht mit verschiedenen Farben an und hefteten ein Büschel roter Federn auf eine meiner Locken, welche fünf bis sechs Zoll in die Höhe stand. Alsdann setzten sie mich auf eine Bärenhaut, gaben mir eine Tabakspfeife, Tomahawk und einen Iltisbeutel nach echter Taschenmanier, in dem Tabak, getrocknete Sumachblätter, die sie mit Tabak mischen, sowie Zündschwamm, Feuersteine und Stahl waren. Nachdem ich so ausgestattet dasaß, kamen die Indianer in ihren prächtigsten Kleidern, setzten sich und blieben eine geraume Zeit in größter Stille. Jeder rauchte seine Pfeife, aber kein Wort wurde gesprochen. Endlich hielt einer der Häuptlinge eine Rede, die mir durch den Dolmetscher mitgeteilt wurde.
»Mein Sohn! Du bist nun Fleisch von unserm Fleisch und Bein von unserm Bein. Durch die Zeremonie, die heute verrichtet wurde, ist jeder Tropfen weißen Blutes aus deinen Adern gewaschen worden. Du bist nun in die Caughnewago-Nation aufgenommen und einem Kriegsstamm einverleibt worden. Du gehörst jetzt zu einer großen Fa-

milie und hast unter großer Feierlichkeit die Stelle eines großen Mannes eingenommen. Du bist nun, nachdem die heutige Begebenheit vollzogen wurde, gemäß einem alten Gesetz und Brauch, unsereiner geworden – Mein Sohn! Du hast nichts zu befürchten. Wir sind nun unter der nämlichen Verpflichtung, dich zu lieben, zu unterstützen und zu verteidigen, wie wir verpflichtet sind, uns untereinander zu lieben und zu verteidigen. Betrachte dich daher von nun an als einen unseres Volkes.« Ich glaubte damals nicht an die Wahrheit dieser glatten Rede; besonders nicht an den Teil, wo gesagt wird, daß mein weißes Blut aus meinen Adern gewaschen sei. Allein von jener Zeit an fand ich, daß es mit herzlicher Aufrichtigkeit geschah, denn von jenem Tag an konnte ich nie entdecken, daß sie einen Unterschied zwischen mir und ihren eigenen Leuten machten, bis zur Zeit, wo ich sie verließ. Hatten sie Kleider genug, so hatte ich auch welche, hatten wir Mangel, so betraf uns dieser alle gleicherweise.

Caughnewago (Caughnawaga)

Nach ihrer Ansiedlung am Sault St. Louis benannte, meist aus Mohawk und Oneida bestehende Abspaltung des Irokesischen Bundes. Diese Indianer wurden im siebzehnten Jahrhundert von französischen Jesuiten zum Christentum bekehrt und standen seither auf der Seite der Franzosen. Um die Mitte des achtzehnten Jahrhunderts zog ein Teil von ihnen – etwa zweihundert – ins Tal des Ohio. Durch den ständigen Kontakt mit anderen Stämmen nahmen sie wieder die »wilde« Lebensweise an, fühlten sich jedoch nach wie vor den Franzosen verbunden, während die Irokesen traditionellerweise auf seiten der Briten standen. Die Sprache der Caughnewago ähnelte derjenigen der Mohawk.

Nach Beendigung dieses Zeremoniells wurde ich mit meinen neuen Verwandten bekannt gemacht, wobei man mir andeutete, daß ich am Abend einem Fest beiwohnen müsse, was ich auch tat. Ihrem Brauch gemäß gaben sie mir auch eine hölzerne Schüssel und Löffel, die ich mit mir nahm nach einem Ort, wo eine Anzahl großer, mit gekochtem Hirschfleisch und Welschkorn angefüllter Kessel war. Jeder näherte sich mit Schüssel und Löffel und erhielt seine Portion. Danach hielt einer der Häuptlinge eine kurze Rede, und dann fingen wir an zu essen.

Der Name eines der Häuptlinge in diesem Dorf war Tecanyaterichto (sonst auch Pluggy), der des andern war Asallecoa (sonst auch Mohawk Solomon). Indem Pluggy und seine Partei den nächsten Tag in den Krieg gehen wollten – an die Virginische Grenze – so mußte jetzt noch ein Kriegsgesang und Kriegstanz abgehalten werden. Bei dem letzteren wurde gesungen und mit Instrumenten gespielt. Sie hatten ein kurzes, hohles und an einem Ende offenes Stück Gummi, zum Teil mit Wasser angefüllt. Das offene Ende wurde mit Pergament überzogen, auf das mit einem Stab geschlagen wurde. Die Töne waren die einer verhüllten Trommel. Diejenigen, die in den Krieg gehen wollten, kamen herbei und stellten sich in gehörige Ordnung. Ein alter Indianer fing nun an zu singen und hielt den Takt durch das Schlagen der Trommel, so wie die Alten es mit der Pauke zu tun pflegten. Alsdann marschierten die Krieger vorwärts, gleich den besten Truppen geübt zur Musik. Jeder Krieger hatte Tomahawk und Speer in seiner Hand. Sie bewegten sich alle in gehöriger Ordnung gen Osten – nach der Richtung ihres Kriegsplatzes. Endlich richteten sie ihre Tomahawks auf einmal nach dem Potomac zu, schrien gar fürchterlich, drehten sich schnell herum und tanzten auf dieselbe Weise wieder zurück. Darauf folgte der Kriegsgesang. Dieser geschah auf folgende Weise: Nur einer sang zur nämlichen Zeit, in einer bewegenden Positur, einen Tomahawk in der Hand haltend, während die übrigen Krieger alle mit lauter Stimme riefen, he-uh, he-uh, was repetiert wurde, solange der Gesang dauerte. Als der Krieger, der gesungen hatte, fertig war, schlug er seinen Tomahawk heftig an einen Kriegspfosten, und mit lauter Stimme erzählte er, wieviel er schon ausgerichtet hätte im Krieg, und was er in Zukunft noch verrichten wolle. Das Gesagte wurde mit viel und lautem Beifall von den andern erwidert; und manche von ihnen wurden durch diese Anrede so begeistert, daß, obschon sie vorher nicht im Sinn hatten mitzugehen, sie jetzt den Tomahawk ergriffen und in den Kriegsgesang einstimmten, worauf die übrigen mit lautem Frohlocken erwiderten, weil sie nun in die Kriegsgesellschaft aufgenommen wurden. Den nächsten Morgen versammelten sie sich alle an einem Ort, ihre Häupter und

Gesichter ganz gefärbt, ihre Schnappsäcke auf dem Rücken tragend. Sie marschierten ab in größter Stille, ausgenommen der Befehlshaber, der voranging und das Abschiedslied sang, das mit den Worten »hoo caugh-tainte heegana« anhebt. Sowie die letzten an das Ende des Dorfes kamen, fingen sie an, ihre Gewehre auf langsame Weise abzufeuern, von einem Ende zum andern, begleitet mit Jauchzen und Frohlocken von allen Seiten her.
Diesen Abend wurde ich eingeladen zu einem andern, mehr gewöhnlichen Tanz. Die jungen Männer standen in einer Reihe und die jungen Frauenzimmer in einer andern, etwa eine Rute voneinander, mit gegeneinander gekehrtem Gesicht. Derjenige, der den Gesang anfing, hielt einen hohlen Kürbis in seiner Hand, in dem entweder Korallen oder kleine Steine waren, mit denen er einen rasselnden Takt hielt. Manns- und Frauenzimmer sangen und tanzten miteinander, beugten sich vorwärts, bis sie sich aneinander stießen, und hörten alsdann auf zu tanzen mit lautem Geschrei; traten zurück und fingen wieder an, was sie beständig wiederholten, drei oder vier Stunden lang, ohne sich auch nur einmal zu erholen. Diese Übung schien mir anfangs einfältig und unvernünftig zu sein, allein ich fand, daß sie in ihren Gesängen Gebrauch von ya, ne, no, hoo, wa, ne etc. machten, so wie unser fa, so, la. Obgleich sie nichts von der Reimkunst verstehen, so sind sie dennoch imstande, sich strophenweise durch ihre Noten auszudrücken, und zwar im Einklang miteinander. Ich brachte in Erfahrung, daß dies eine Art des Tanzes war, um sich füreinander zu bewerben, und daß sie sich während des Tanzes vorwärts bückten und einander in die Ohren flüsterten.

Später ging ich auf die Jagd, in Begleitung von Mohawk Solomon, einigen der Caughnewago und eines Delawaren, der mit einer Caughnewagofrau verheiratet war. Wir gingen in südlicher Richtung von diesem Dorf. In der ersten Nacht töteten wir nichts; allein wir hatten grünes Welschkorn bei uns, das wir geröstet aßen. Den nächsten Tag lagerten wir mittags, und die Jäger gingen aus, um etwas zu schießen. Während der Zeit ging ich mit einigen Knaben und Frauen den Bach hinab, um Pflaumen zu suchen, die wir in großer Menge vorfanden. Nach unserer Rückkehr sah ich ein großes Stück Fleisch

daliegen, das sehr fett war. Der Delaware, der ein wenig Englisch reden konnte, fragte mich, als er mich mit Staunen das Fleisch beobachten sah: »Was für Fleisch du denkst das is?« Ich erwiderte ihm, daß ich es für Bärenfleisch hielt. – Er lachte und sprach: »Ho! Du all ein närrisch bist. Bär just nau elendig arm is« – dann zeigte er auf die andere Seite des Lagers, indem er fortfuhr: »Seh das Haut, du denks das Bärhaut?« Ich ging nun darauf zu und hob diese Haut auf, die wie eine Ochsenhaut aussah. »Was du denks das is?« fuhr er fort. Ich sagte ihm, es schien mir eine Büffelhaut zu sein. Er brach wieder in Lachen aus und sprach: »Du nochmol ein närrisch bis du nicks weis – du denks das Büffelfarb is?« Ich bekannte ihm, daß ich nicht viel von solchen Dingen verstünde, und daß ich nie zuvor einen Büffel gesehen habe – worauf er erwiderte: »Über weil du sols viel Nummer Büffel sehn. Er nau geht an große Leck. Das Haut net Büffelhaut, das Haut is Bock Elenhaut (Buck Elk).« Nun gingen sie mit einigen Pferden und holten den übrigen Teil dieses Tieres, von dem das fetteste Fleisch war, das ich wohl je gesehen habe. Wir verweilten an diesem Lager acht oder zehn Tage und töteten eine Anzahl Hirsche etc. Wir hatten zwar weder Brot noch Salz, aber wir waren gut mit gebratenem und gekochtem Fleisch versehen, und ich wurde oft zum Essen eingeladen, ohne daß ich dazu Appetit hatte. Darauf gingen wir an die Büffellecke, wo wir etliche Büffel töteten, und in ihren kleinen messingenen Kesseln machten sie etwa ein halbes Bushel* Salz. Diese Lecke mag etwa dreißig bis vierzig Meilen von obigem Dorf entfernt gewesen sein, zwischen dem Muskingum, Ohio und Scioto Revier. Um die Lecke her war ein offener Wald, mit dünnen Weißeichen bewachsen. Damals waren es zwei große Fahrwege, die auf die Lecke zuführten. Von dieser Lecke gingen wir an einem kleinen Wasserlauf sechs oder sieben Meilen weiter, wo wir wieder lagerten.
Obgleich die Indianer mir eine Büchse gaben, so erlaubten sie mir doch noch nicht, aus dem Lager zu gehen, um zu jagen. Hier aber hieß mich Mohawk Salomon mit ihm gehen, was ich sogleich befolgte. Nach einiger Zeit sahen wir Büffelspuren. Ich hatte vor diesem schon bemerkt, daß die Indianer auf ihrer Hut waren und sich vor

---

* Bushel = 35,237 Liter

Bisonjagd im Winter
(Aus: M. H. Eastman, *Chicóra and other Regions*, Philadelphia 1854)

Feinden fürchteten, denn bisher waren sie mit den südlichen Nationen im Krieg. Als wir den Büffelspuren nachfolgten, ging Salomon sehr langsam und bedächtig, stand oft still und lauschte, als sei er verlegen. Bald kamen wir an sandigen Boden, wo die Spuren ganz deutlich zu sehen waren, und ich bemerkte zu ihm, daß dies ganz sicher Büffelspuren wären. »Still!« sagte er, »du nicks weis; mögen Büffel, mögen auch Catawbaspuren sein.« Er ging sehr behutsam, bis wir frischen Büffeldünger sahen; alsdann lächelte er und sagte: »Catawba nicks so machen kann.« Jetzt hielt er inne und erzählte mir vieles von den Catawba. Früher kamen sie öfters an ihre Jägerhütten und versteckten sich in ihrer Nähe; und um sie herauszulocken, schickten die Catawba einige von ihnen des Nachts an dem Lager vorbei, mit Büffelfüßen an den Schuhen, um falsche Spuren zu machen. Des Morgens folgten die im Lager sich befindenden Indianer den Spuren nach, sicherlich glaubend, daß es Büffel sein müßten, bis sie endlich von den Catawba beschossen und einige getötet wurden. Die andern Indianer flohen, brachten eine Anzahl ihrer Leute zusammen und folgten den Catawba nach. Aber in ihrer Schlauheit gelang es ihnen wieder zu siegen. Sie hatten nämlich Schlangengift mitgebracht, das sie von der Blase, die zwischen den Zähnen liegt, gesammelt hatten. Dieses verkorkten sie in ein kurzes Stück Stabrohr. Sie hatten auch dünnes Schilfrohr bei sich, ungefähr so dick wie Kornstengel, das sie an einem Ende ganz spitz machten, in das Gift tauchten und dann in das Gras mitten unter ihre eigenen Spuren steckten, so daß es den an-

Catawba

Die Catawba gehören zur Sioux-Sprachfamilie. Ihre Heimat lag im heutigen Bundesstaat South Carolina und erstreckte sich auch auf Teile von North Carolina und Tennessee. Durch ständige Kriege mit ihren nördlichen Nachbarn, den Irokesen, Delawaren, Shawnee und anderen Stämmen sowie durch Alkohol und Pocken wurde ihre Bevölkerungszahl ständig dezimiert. Um die Mitte des achtzehnten Jahrhunderts umfaßten sie noch etwa tausend Köpfe, 1759 wurden sie durch eine abermalige Pockenepidemie fast halbiert. Die Reste des einst mächtigsten östlichen Sioux-Stammes leben heute noch in South Carolina.

Der Bison wird enthäutet
(Aus: M. H. Eastman, *Chicóra and other Regions*,
Philadelphia 1854)

dern in die Füße spießen würde, wenn sie daher kämen. Sie erreichten auch ihren Zweck; die Catawba ließen Läufer zurück, um die andern zu beobachten, wie sie ihnen nachjagten. Als sie halb Gelähmte und Krüppel durch das Gift fanden, kehrten die Catawba um und skalpierten und töteten alle, die gelähmt waren.

Als Salomon diese Erzählung beendigt hatte und fand, daß ich ihn verstand, sagte er noch zum Schluß: »Du net Catawba kens; Catawba schlechte Insch sin; Catawba all ein' Satan Insch sin.«

Einige Zeit nachher wurde mir befohlen, die Hunde mitzunehmen und hinab ans Wasser zu gehen, daß ich vielleicht ein Welschhuhn schießen könnte. Weil es am Nachmittag war, befahl man mir, nicht weit vom Wasser zu gehen und wieder das Wasser heraufzukommen, damit ich mich nicht verliere. Nachdem ich eine Strecke das Wasser entlanggegangen war, sah ich frische Büffelspuren vor mir; und weil ich viele Hunde bei mir hatte, so glaubte ich, den Büffeln nachfolgen und vielleicht einen töten zu können. Kurz vor Sonnenuntergang fing ich an zu bezweifeln, ob ich die Büffel sehen würde, und dachte nun, wie ich vor Nacht wieder zum Lager kommen könnte. Weil die Spuren mich etliche weite Krümmungen geführt hatten, so glaubte ich, ich würde am besten nicht dem Wasser nach, sondern über die Hügel geradeaus gehen, was mich nahe bei dem Lager wieder an das Wasser führen würde. Allein es war dunkler Abend, ich war ein unerfahrener Jäger und konnte weder den Strom noch das Lager finden. Als es anfing Nacht zu werden, feuerte ich meine Büchse einigemal los, und rief mit lauter Stimme, erhielt jedoch keine Antwort. Am folgenden Morgen waren die Indianer früh auf dem Weg, mich zu suchen, und da ich zehn oder zwölf Hunde bei mir hatte und das Gras sehr hoch war, konnten sie mich leicht aufspüren. Als sie mich endlich fanden, schienen sie sehr guten Muts zu sein. Ich fragte Salomon, ob er gedacht, daß ich mich aus dem Staube hätte machen wollen? Er sagte: »No, no, du gehs zu viel klumm.« Als wir zum Lager zurückkamen, wurde mir meine Büchse genommen; für meine Unbedachtsamkeit mußte ich für zwei Wochen mit Bogen und Pfeil vorliebnehmen. Wir waren dieses Mal ungefähr sechs Wochen auf der Jagd. Die Gegend ist ziemlich bergig, wiewohl auch viel gutes Bauland und einige gute Flächen zu sehen sind.

Als wir zum Dorf zurückkamen, waren Pluggy und seine Company schon da und hatten eine ziemliche Anzahl Skalpe sowie auch Gefangene von dem südlichen Zweig des Potomac mitgebracht. Sie brachten auch eine englische Bibel, die sie einer deutschen Frau, einer Gefangenen, gaben; weil sie aber nicht Englisch lesen konnte, so machte sie mir ein Präsent mit der Bibel, was mir sehr angenehm war.

Wyandot (Wendat, Huronen)

Die Wyandot zählen zur irokesischen Sprachfamilie; den Namen Huronen erhielten sie von den Franzosen, die beim Anblick der Frisur der Krieger an die gesträubten Borsten eines Ebers – l'huire – erinnert wurden. Die Heimat der Wyandot, einer ursprünglich aus vier größeren und mehreren kleineren Stämmen bestehenden Konföderation, lag im Tal des St. Lorenz-Stromes und im Gebiet der heutigen kanadischen Provinzen Ontario zwischen dem Ontario-See und der Georgian Bay des Huron-Sees. 1648/49 führten die Irokesen einen furchtbaren Vernichtungsfeldzug gegen die Wyandot. Die Überlebenden wurden teilweise von den Irokesen aufgenommen, teilweise fanden sie Schutz bei den Franzosen in Quebec oder flohen nach Westen. Für viele von ihnen war dies der Beginn einer langen Odyssee, die sie um die Mitte des achtzehnten Jahrhunderts in das Ohio-Gebiet führte. Dort lebten um 1765 etwa 1250 Wyandot. 1867 wurden sie in das Indian Territory übersiedelt.

Ich blieb in diesem Dorf bis Oktober, als mein angenommener Bruder, Tontileaugo, der eine Wyandot-Frau heiratete, mich auf eine Reise nach dem Erie-See mitnahm. Wir gingen den westlichen Arm des Muskingum River hinauf, wo wir viel schönes und gutes Land antrafen. An der Quelle dieses Stroms und von da nach den Gewässern des Canesadooharie, ist sehr schön gelegenes und gutes Land – meistens mit Zuckerholz, Walnuß, Kirschen- sowie auch mit Hickory- und Eichenholz bewachsen. Unsere Reise war um die Zeit, als die schwarzen Mehlbeeren reif waren, die wir hier in großer Menge antrafen.
Wir hatten keine Pferde bei uns. Meine Jagdtasche, in der ich einige Bücher, Hirschfleisch und einen Teppich hatte, war mein ganzes

Gepäck. Ich hatte auch keine Büchse; allein mein roter Bruder hatte eine bei sich, mit der er täglich Hirsche, Racoons* oder Bären tötete. Das Fleisch ließen wir liegen, nachdem wir uns gesättigt hatten; wir nahmen aber die Häute mit uns, die wir jeden Abend, wo wir übernachteten, ausspannten; und nachdem wir sie am Feuer getrocknet hatten, packten wir sie ein und nahmen sie mit.

Nachdem Tontileaugo nicht Englisch reden konnte, so war ich genötigt, das wenige, was ich von der Caughnewagosprache verstand, zu gebrauchen, was mir noch sehr schwer fiel: aber ich lernte desto geschwinder, weil ich niemand hatte, mit dem ich Englisch reden konnte.

Als wir den Canesadooharie hinabgingen, wurde unser Gepäck so schwer wegen der Tierfelle, daß wir nur acht bis zehn Meilen pro Tag marschieren konnten. Wir kamen an den Erie-See, etwa sechs Meilen westlich von der Mündung des Canesadooharie. Weil es ein stürmischer Abend war, als wir anlangten, wurde ich erschreckt durch das Rauschen des Wassers und das Toben der aufgetürmten Wellen – beinahe wie die Wellen des Meeres. Wir lagerten an einem Bach nahe an dem See; und weil es am nächsten Morgen nicht mehr so stürmisch war, so konnten wir auf dem Sand am Ufer gehen, wo wir oft wegen unseres schweren Gepäcks rasten mußten. Entlang des Wassers sah ich viele große Fische, die durch das Zurücktreten der Wellen, auf flachem Land oder in ausgehöhlten Orten, mit wenig oder gar keinem Wasser zurückblieben, was aber von den Adlern, die scharenweise zu sehen waren, zu ihrem Vorteil wohl genutzt wurde.

Am Nachmittag kamen wir an ein großes Lager der Wyandot, an der Mündung des Canesadooharie, wo Tontileaugos Frau war. Hier wurden wir freundschaftlich aufgenommen. Sie gaben uns eine Art rauher, brauner Kartoffeln, die von selbst aufwuchsen und von den Caughnewagas Ohenata genannt wurden. Diese Kartoffeln wurden in Racoonfett getaucht und schmeckten unseren süßen Kartoffeln sehr ähnlich. Sie gaben uns auch eine Art Mais (Homony) von grünem getrockneten Welschkorn und Bohnen bereitet, den sie Caneheanta nannten.

---

* Racoon: Waschbär

Vom obern Teil des Canesadooharie bis an diesen Ort ist das Land meistens gut; die einzige Ausnahme sind die Sümpfe, die zu naß sind, um vielen Nutzen daraus zu machen – obschon ich der Meinung bin, daß gutes Wiesenland aus manchen von ihnen könnte gemacht werden, wenn Ableiter gegraben würden. Die Wälder bestehen aus Schwarzeichen, Walnuß, Hickory, Kirschen, Locust, Zucker und Ulmenholz; dann gibt es auch noch einen, doch nur geringen Teil, der mit Weißeichen und Buchen bewachsen ist. Dieses kann man zur dritten Güte rechnen. Auf den Flächen und auch sonstwo ist eine große Anzahl Wildäpfel, Pflaumen usw. Es schien gut mit Wasser und Wiesen versehen zu sein. Bären, Welschhühner, Racoons und Hirsche trafen wir auf dieser Reise die Menge, aber weder Büffel noch Elentiere.

Wir verweilten eine geraume Zeit hier, töteten viele Racoons und auch einige Hirsche; erstere waren ungewöhnlich groß und fett. Endlich schifften wir uns in einem Kanu von Birkenrinden ein – etwa vier Fuß breit und fünfunddreißig Fuß lang; und ob es schon eine schwere Ladung tragen konnte, so war es doch so geschickt zubereitet, daß es von vier Mann etliche Meilen weit getragen werden konnte. Wir fuhren nun einige Meilen den Canesadooharie hinauf, landeten am Ufer an, und – gingen auf die Jagd. Zu meinem Erstaunen trugen sie unser Kanu auf das Ufer, kehrten den Boden nach oben, und nun diente es zu einer Wohnung! Wir hatten ein angenehmes Feuer darunter und kochten unser Essen dabei! Zwar lebten wir etwas gedrängt in unserem Hause mit dem vielen Gepäck, das wir bei uns hatten, allein es schützte uns ganz herrlich vor dem Regen.

Wir fuhren fort, unsere Jägerei zu treiben längs dem Strom hinauf, bis wir an den Wasserfall kamen. Hier machten wir halt für einige Wochen und ertappten eine Anzahl Hirsche und einige Bären, sowie auch eine Menge Racoons. Von der Mündung dieses Stroms bis zum Wasserfall zählte man ungefähr fünfundzwanzig Meilen. Auf unserer Fahrt aufwärts war ich nicht weit vom Ufer abgekommen; aber soviel ich urteilen konnte, war es gutes und ebenes Land. Nahe um den Fall her ist dünnes Kastanienland, beinahe das einzige, das ich in dieser Gegend gesehen habe.

Während unseres Aufenthalts ließ ich meine Bücher und Jagdtasche,

Das Bisonfell wird behandelt
(Aus: Francis S. Drake, *The Indian Tribes of the United States*,
London und Philadelphia 1885)

in einem Teppich eingerollt, im Lager, und ging aus, um Kastanien zu suchen. Bei meiner Zurückkunft waren meine Bücher fort. Ich fragte die Indianer, ob sie wüßten, wo die Bücher wären, allein sie gaben mir zur Antwort, daß es ganz wahrscheinlich sei, daß die jungen Hunde sie fortgetragen hätten. Ich fing an zu vermuten, daß die Indianer sie aus dem Weg geschafft hätten, weil sie vielleicht verdrießlich gewesen, daß ich so oft und viel bei meinen Büchern säße.

Späterhin ging ich wieder aus, um Nüsse zu suchen. Auf meinem Rückweg sah ich etwas Neuerrichtetes, bestehend aus zwei jungen Bäumen, etwa fünfzehn Fuß voneinander und zwölf Fuß in der Höhe, mit einer Gabel. Auf diese Gabel legten sie eine lange Stange, recht galgenmäßig aussehend. Die Pfosten waren sehr glatt, und hie und da rot angestrichen. Ich konnte nicht einsehen, zu welchem Zweck dies dienen sollte – ausgenommen sie hätten Verdruß an mir genommen wegen meines Bücherlesens und wollten mich nun töten. Den nächsten Morgen brachten sie ihre Tierfelle dahin, und hingen sie auf diese Stange, um sie vor der Witterung zu bewahren. Dies beruhigte mich. Ihr großes Kanu gruben sie in die Erde, um es den Winter hindurch aufzubewahren.

Wir hatten keine Pferde bei uns, weswegen jeder einen Pack auf seinen Rücken nahm. So beladen, gingen wir östlich ungefähr zwölf Meilen und übernachteten dort. Den folgenden Morgen gingen wir, wie schon gemeldet, zehn Meilen weiter bis zu einem bedeutenden Wasserstrom, der sich in den Erie-See ergießt, zwischen Canesadooharie und Cayuga. Hier errichteten sie ihr Winterquartier auf folgende Weise: Sie bereiteten fünfzehn Fuß lange Blöcke, die sie aufeinander legten, mit Pfosten an beiden Enden, um diese zusammenzuhalten. Die Pfosten wurden oben mit Rinde zusammengebunden. Auf diese Art errichteten sie eine fünfzehn Fuß lange und vier Fuß hohe Wand. Etwa zwölf Fuß davon errichteten sie noch eine Wand auf die gleiche Weise. Dann senkten sie Gabeln in den Grund, im Mittel an beiden Enden, und legten einen schweren Pfosten auf diese Gabeln, von einem Ende bis zum andern. Von den Wänden bis zu den Stangen legten sie Stangen anstatt Sparren, und auf diese wurden kleine Stangen anstatt Latten gelegt. Darauf legten sie Lindenrinde, die als Dach diente.

Der Saft der Lindenbäume fließt im Winter – nicht jedoch von allen. Um daher zu erfahren, in welchem Baum Saft ist, schneiden sie die Rinde nahe an der Wurzel ein. Wenn sie Saft finden, so fällen sie den Baum und schälen die Rinde mit dem Tomahawk nahe am Gipfel. Alsdann legen sie den Griff des Tomahawks unter die Rinde und ziehen es bis zum untern Ende durch. Manchmal mißt eine Rinde dreißig Fuß in der Länge. Diese zerteilen sie dann in gehöriger Länge und bedecken damit ihre Hütte. Am anderen Ende einer jeden Wand richteten sie gespaltene Balken auf, so daß sie ringsumher Gehölz hatten, ausgenommen an den Türen. Anstatt eines Schornsteins ließen sie eine Öffnung durch das Dach. Die Rinde diente ihnen schon als Bettstätte, auf die sie Bärenfelle breiteten. Von einem Ende bis zum anderen, in der Mitte, hatten sie ihren Feuerherd, für den die Squaws trocknes Holz zubereiteten. Die Löcher an der Hütte wurden mit Moos ausgefüllt, das die Weiber herbeischafften. Anstatt einer Tür hing man ein Bärenfell auf, und obschon wir einen harten Winter erlebten, so war es doch viel erträglicher, als ich erwartet hatte.
Im Monat Dezember wurde unsere Winterhütte fertig. Aber nachdem wir in dieses verhältnismäßig schöne Wohnhaus eingezogen, zeigte sich eine andere Schwierigkeit. Wir hatten nichts zu essen! Solange ich mit Tontileaugo reiste, hatten wir einen Überfluß an Hirsch-, Bären- und Racoonfleisch; und ich konnte kaum damit vorlieb nehmen, weil kein Brot und Salz dabei war. Darum wäre ich oft dankbar gewesen für irgend etwas Eßbares, um nur den nagenden Hunger zu stillen.
Während die Jäger alle ausgingen, um aus allen Kräften Proviant herbeizuschaffen, gingen die Weiber und Knaben – unter Letztere wurde ich gerechnet – hie und da hin, um rote oder schwarze Mehlbeeren und Nüsse zu sammeln. Es war aber schon spät in der Jahreszeit, und daher bekamen wir wenig Beeren – doch gelang es uns, eine ziemliche Menge Nüsse unter einem leichten Schnee zu sammeln. Nach uns kamen auch die Jäger zurück – allein sie brachten nur zwei kleine Welschhühner – eine sparsame Portion für acht Jäger, dreizehn Weiber, nebst Knaben und Kindern. Doch es wurde alles gleicherweise geteilt, nach Recht und Billigkeit.
Den folgenden Tag gingen die Jäger wieder fort und erlegten einen Hirsch und drei Bären.

Einer dieser Bären war ungewöhnlich groß und fett. Wir hatten Fleisch genug, um ein herzhaftes Abendessen und Frühstück nehmen zu können.
Die Squaws und überhaupt alles, was tragen konnte, gingen jetzt aus, um das Fleisch herbeizutragen. Jeder hatte seinen Teil zu tun. Ich, der ich Lasten zu tragen nicht gewohnt war, wurde sehr müde und beklagte mich darüber mit dem Bedeuten, daß ich es auf einmal nicht nehmen könne. Sie hielten inne, lachten über mich und gaben einen Teil davon einem jungen Mädchen, das vorher schon soviel wie ich auf ihren Schultern hatte.
Dieser Verweis wirkte dermaßen auf mich, daß ich mich in Zukunft mehr anstrengte, als wenn ich mit der Rute für Trägheit wäre gezüchtigt worden. Die Jäger hielten nun Rat und beschlossen, sich Pferde anzuschaffen, um ihre Lasten zu tragen, und daß sie in den Krieg gehen wollten, obwohl es schon Winter sei, um diesen Endzweck zu erreichen.
Tontileaugo wünschte einer der Krieger zu sein; aber die Mehrheit war dagegen, weil er einer der besten Schützen war. Er und drei andere blieben daher zurück, um für die Weiber und Kinder zu sorgen, und die übrigen vier gingen in den Krieg.
Sie begannen nun ihre Zeremonien wie gewöhnlich, indem sie ihre Kriegslieder sangen, tanzten usw., worauf sie ihr Abschiedslied sangen und ihre Büchsen abfeuerten. Unser Lager schien erfreut zu sein; allein mir war es schmerzlich, daran zu denken, daß manche unschuldige Menschen würden ermordet werden, ohne im mindesten daran zu denken.
Nach dem Abreisen der Krieger hatten wir harte Zeiten; und obgleich wir nicht gänzlich ohne Speise waren, so mußten wir dennoch sehr genau leben.
Endlich war aber Tontileaugo so glücklich, einen großen Vorrat von Wildpret zu erhalten, der uns zehn Tage lang versorgte. Dann nahm er mich mit, um einen Versuch in einiger Entfernung zu machen. Wir nahmen nichts mit auf den Weg, auf unser Glück vertrauend, weil die Weiber und Kinder doch auch versorgt werden mußten. In südlicher Richtung den Strom hinauf, etwa zwölf Meilen von hier, schlugen wir unser Winterquartier auf. Es war immer noch kalt und der Schnee

mit einer Kruste versehen, so daß es nicht möglich war, den scharf lauschenden Hirschen nachzuspähen, weswegen wir uns am Abend ohne Nachtessen zum Schlaf begeben mußten. Das einzige, was uns jetzt noch übrigblieb, war Bären in ihren Höhlen zu fangen; und weil diese Tiere um Weihnachten ihren Aufenthalt für den Winter aufsuchen, in dem sie drei bis vier Monate, ohne etwas zu sich zu nehmen, zubringen, so lebten wir guter Hoffnung.

Am folgenden Morgen machten wir uns auf den Weg. Fanden wir einen Baum, dessen Rinde verscharrt war und mit einer Öffnung von hinlänglicher Größe, um einem Bären Einlaß zu gestatten, so fällten wir einen jungen Baum auf oder nahe an dieser Höhle. Es war dann meine Pflicht, hinaufzuklettern, um den Bären auszutreiben, während Tontileaugo sich mit Bogen und Büchse bereithielt, ihn zu töten. Der Tag verstrich, aber wir hatten keinen Bären. Spät am Abend fanden wir einen Baum, dessen Rinde verscharrt war, mit einer Öffnung vierzig Fuß hoch; aber es war kein junger Baum in der Nähe, den wir hätten an das Loch bringen können. Tontileaugo machte sich aber eine lange Rute, auf der er faules, dürres Holz und Rinde befestigte, und kletterte auf den nächststehenden Baum, mit diesem Holz nebst Feuer und Zündschwamm. Als er droben war, erreichte er die Öffnung mit seiner Rute und daran befestigtem Zündschwamm und Feuer. Sobald letztere hinuntergefallen waren, schnauzte der Bär, worauf Tontileaugo eiligst herunterkam. Er griff nach seiner Büchse und wartete auf das Erscheinen des Bären. Dieser brauchte jedoch ziemlich lange; als er aber endlich sichtbar wurde und Tontileaugo anlegen wollte, war es zu dunkel, um das Biest zu sehen. Plötzlich legte er die Büchse zur Seite, spannte seinen wohlgeübten Bogen, legte einen Pfeil darauf und traf Seine Bärische Majestät hinter den Schultern. Ich hatte mich auch mit Bogen und Pfeil bereit gehalten, allein er rief mir zu, nicht zu schießen, weil es nicht nötig sei; in demselben Augenblick fiel der Bär herunter.

Weil wir großen Hunger hatten, zündeten wir ein Feuer an, öffneten den Bären, nahmen die Leber heraus, legten Netzenfett um diese und befestigten die Leber an einem hölzernen Spieß über dem Feuer, um sie zu braten. Alsdann zogen wir das Fell ab, bereiteten unseren Kessel zum Kochen, und nun hatten wir Gesottenes und Gebratenes zum

Essen, was uns eine treffliche Mahlzeit schien. Als ich zur Genüge gegessen hatte, schlief ich ein; aber mein roter Bruder weckte mich auf und sagte: »Komm, iß herzhaft; wir haben ja jetzt Fleisch genug.«
Den nächsten Morgen fällten wir einen Lindenbaum, schälten die Rinde und machten uns ein Obdach, mit einer südlichen Richtung und einem großen Block zwischen uns und Nordwesten. Auch hatten wir ein gemütliches Feuer vor uns und unseren Fleischvorrat auf einer Seite aufgehängt. Nachdem wir unsere Hütte fertig gemacht hatten, gingen wir wieder auf die Jagd. – Wir machten zwei vergebliche Versuche, um Bären in hohlen Bäumen zu ertappen. Am Nachmittag, als der Schnee anfing, weich zu werden, tötete mein Kamerad einen Hirsch, den wir in unser Lager schleppten.
Tags darauf, als wir wieder auf die Jagd gingen, fanden wir einen Baum nahe an unserer Hütte, der von einem Bären verfraßt war; allein das Loch war vierzig Fuß hoch; auch war kein Baum nahe dabei, den wir hätten vor das Loch legen können. Da wir aber feststellten, daß der Baum hohl sei, beschlossen wir, ihn mit unseren Tomahawks zu fällen, was uns beinahe den ganzen Tag beschäftigte. Als der Baum umfiel, eilten wir dem Loch zu – Tontileaugo mit Büchse und Bogen, ich mit gespanntem Bogen. Er traf den Bären mit der Kugel hinter den Schultern; ich aber traf ihn weiter hinten, aber wegen meines Mangels an Übung in diesem Geschäft drang mein Pfeil nur einige Zoll durch die Haut. Wir töteten diesmal eine Bärin und drei Junge und schleiften sie auf dem Schnee unserem Lager zu, sammelten Holz, richteten ein Feuer an zum Kochen, das wir noch zur Not ausrichten konnten, ehe es Nacht wurde.
Früh am andern Morgen schlenderten wir wieder in den Wald, machten Versuche an etlichen Bäumen – aber vergebens. Auf unserem Rückweg erjagten wir einige Racoons in einer hohlen Ulme.
Wir blieben zwei Wochen, während der wir vier Bären, drei Hirsche, etliche Welschhühner und eine Anzahl Racoons töteten. Wir packten soviel Fleisch zusammen, als wir mitnehmen konnten, und machten uns auf den Weg nach unserem Winterquartier. Als wir dort ankamen, waren alle hocherfreut, weil die drei zurückgelassenen Jäger sehr wenig Wildpret getötet hatten. Alle, die etwas tragen konnten, wallfahrten nach der kleinen Hütte, um Fleisch abzuholen.

Im Monat Februar kehrten die vier Krieger zurück mit zwei Skalpen und sechs Pferden von der Pennsylvanischen Grenze. Nun konnten die Jäger sich in größerer Entfernung voneinander teilen, und das getötete Wild auf Pferden zum Lager bringen. Wir hatten auch von nun an keinen Mangel mehr zu erleiden.
In diesem Monat fingen wir an, Zucker zu kochen. Weil einige von den Ulmenbäumen sich zu dieser Zeit schon schälen ließen, so machten sich die Frauen daran, solche zu fällen, mit einem krummen, an einem Ende gespitzten Stecken, um daraus Gefäße für das Zuckerwasser zu machen. Solche Gefäße machten sie über hundert, wovon ein jedes etwa zwei Gallonen* hielt. In die Zuckerbäume machten sie Rinnen mit einem Tomahawk, und mit einem eingelegten Span leiteten sie das Wasser in die darunter stehenden Gefäße. Wegen der großen Menge des Zuckerholzes zapften sie selten einen Baum an, der weniger als zwei oder drei Fuß dick gewesen wäre. Auch machten sie Gefäße, um Wasser herbeizutragen, die etwa vier Gallonen hielten. Sie hatten zwei metallene Kessel von etwa fünfzehn Gallonen Inhalt, nebst kleineren Kesseln, in denen sie das Wasser kochten. Weil sie aber das Wasser nicht immer schnell genug verkochen konnten, so machten sie sich auch noch andere Gefäße von Rinde, die bis an die hundert Gallonen hielten, um darin das Wasser aufzubewahren. Obgleich der Saft nicht jeden Tag lief, so hatten sie doch beständige Beschäftigung im Kochen während der ganzen Jahreszeit des Zuckerkochens.
Den Zucker verbrauchten wir gewöhnlich dadurch, daß wir mit demselben Bärenfett ganz süß machten, und alsdann tauchten wir unser gebratenes Hirschfleisch darin. Um diese Zeit waren auch einige der Knaben mit mir beschäftigt, um Fallen für Füchse, Racoons und Wildkatzen zu machen und abzuwarten.
Weil Racoons eine Art Wassertiere sind, so stellten wir unsere Fallen nahe an kleine Bäche, und zwar so: Wir legten einen jungen Baum auf den anderen und schlugen Pfähle auf beiden Seiten in den Grund, um sie vom Fallen zu bewahren. Den oberen Baum erhöhten wir etwa achtzehn Zoll und setzten ihn so, daß wenn ein Racoon eine

* Eine Gallone = 3,785 Liter

Schnur oder ein Stück Rinde berührte, der Baum auf ihn fallen und töten würde. Um das Tier zu bewegen, nicht vorbeizugehen, legten wir Gebüsch auf beiden Seiten des Stroms, so daß wir nur die Mitte des Stroms offen ließen.
Die Fuchsfallen waren auf ähnliche Weise zubereitet, nahe an einem hohle Block, usw. Während die Weiber am Zuckerkochen waren, beschäftigten sich die Männer und Knaben mit Jagen.

Gegen Ende des März-Monats begannen wir uns zu rüsten, um nach unserem Dorf zurückzukehren und Welschkorn zu pflanzen. Die Weiber kochten alsdann das letzte ihres Bärenfetts und machten sich Gefäße, um es darin zu bewahren. Diese Gefäße machten sie aus Hirschfellen, die vom Hals abgezogen wurden, ohne die Haut aufzuschneiden. Nachdem sie das Haar abgesondert hatten, legten sie das Fell am Halsende in Falten und zogen es mit einer Schnur zusammen wie einen Beutel. Dann wurde es wie eine Blase mit Wind angefüllt, bis es getrocknet war – alsdann sah es aus wie ein Zuckerhut, nur mehr rund am unteren Ende, wovon eins ungefähr vier oder fünf Gallonen hielt. Darin trugen sie nun ihr Bärenfett.
Nachdem alles fertig war, zogen wir zurück nach dem Canesadooharie-Wasserfall. Auf diesem Weg fanden wir meistens gutes Land, aber zu viel Wiesenboden im Vergleich mit dem Fruchtland, meistens mit Weißeichen, Ulmen, Schwarzeichen, Linden, Kirschen, Zucker, Maulbeeren, Lorbeeren u. dgl. Hie und da findet man Buchen, wo das Land nicht so gut ist. An einigen Orten befinden sich große Sümpfe, die nicht bebaut werden können.
Als wir an dem Fall ankamen, war das Kanu, das wir daselbst vergraben hatten, nicht hinlänglich, alles zu tragen, indem wir auf unseren Pferden etwa zweihundert Gewicht Zucker, eine große Quantität Bärenöl, Felle u. dgl. mitbrachten. Wir waren daher genötigt, ein anderes Kanu zu machen von Ulmenholz. Während wir hier waren, wurden meine Bücher von einer jungen Wyandot-Frau gefunden. Sie kamen nun alle zusammen, und da ich eine Strecke von dem Zelt weg war, konnte ich nicht begreifen, was das bedeutete. Man rief mich jetzt mit meinem Indianernamen Scoouwa wiederholt herbei. Als ich in größter Eile bei ihnen angekommen war, zeigten sie mir die

Bücher mit dem Bemerken, daß es ihnen sehr lieb sei, diese gefunden zu haben, indem sie wohl wußten, daß der Verlust mich gekränkt habe. Da ich zu dieser Zeit schon etwas Indianisch sprechen konnte, besonders in der Caughnewago-Sprache, die nebst der der Wyandot hier geredet wurde, sagte ich ihnen, daß ich ihnen für ihre Freundschaft, die sie mir allezeit erwiesen, herzlich dankte, und besonders für diesen letzten Beweis, die Auffindung meiner Bücher. Sie fragten mich, ob diese beschädigt worden wären, worauf ich antwortete, daß der Schaden unbedeutend sei, da nicht der Druck, sondern nur der Einband gelitten hatte. Dann zeigten sie mir, wo und wie diese gelegen hatten, nämlich in einem Hirschfellbeutel, und zwar so, daß der Regen ihnen am wenigsten schaden konnte. Bei dieser Gelegenheit fühlte ich zum erstenmal mein Herz zu den Indianern hingezogen. Denn ob sie gleichwohl liebreich gegen mich vorher waren, so konnte ich dennoch nicht ihre Grausamkeiten vergessen, die sie bei Braddocks Niederlage verübt hatten. Aber ich entschuldigte sie nun, wegen ihres Mangels an Erkenntnis.

Als wir zum Auszug fertig waren, wollte Tontileaugo nicht mit zum Dorf, sondern wollte den Fluß hinauf gehen, um zu jagen, und fragte mich, ob ich nicht mit ihm gehen wolle. Ich erklärte ihm meine Bereitwilligkeit, und nun gingen wir, nachdem wir uns mit Zucker, eingerolltem Bärenöl und gedörrtem Hirschfleisch versehen hatten, den Canesadooharie dreißig Meilen hinauf, wo wir uns lagerten. Zu dieser Zeit wußte ich weder den Tag in der Woche, noch den Tag des Monats, vermutete aber, es sei Anfang April. Wir waren ziemlich glücklich. Auch fanden wir ein verlorenes Pferd, eine Mähre und ein Füllen; und obschon sie den ganzen Winter im Wald umherliefen, waren sie dennoch in gutem Zustand. Es ist hier den ganzen Winter Gras unter dem Schnee zu finden, was solche Pferde, die gewohnt sind, in Wäldern zu sein, sich zunutze zu machen wissen.

Allein die gemeldeten Pferde waren durch ihre lange Waldbewohnung wild geworden. Eines Nachts beschloß mein Tontileaugo, daß wir diese zähmen wollten; und als ich äußerte, daß das wohl schwerlich tunlich sei, sagte er, er habe zu seiner Zeit Bären, Büffel und Elentiere müde gemacht, und in den großen Ebenen habe er einstmals einen Hirsch, und zwar auf einem mit leichtem Schnee bedeckten Boden, ausgelaufen – und er glaube, daß er in einem ganzen Tag vier der besten Tiere, ausgenommen einen Wolf, müde laufen könne. Ich sagte ihm, daß, obschon ein Hirsch das flinkste Tier sei, so wäre er doch eher ermüdet als ein Pferd. Allein er war entschlossen, den Versuch zu machen. Er hatte von den Wyandot gehört, daß ich ein schneller Läufer sei, und nun wolle er es erfahren. Ich sagte ihm, daß ich nie einen ganzen Tag, und mit den Wyandot nur sieben oder acht Meilen gelaufen wäre. »Das ist nichts«, sagte er, »wir müssen entweder diese Pferde fangen oder den ganzen Tag laufen.«

Am nächsten Morgen machten wir uns bei Sonnenaufgang auf den Marsch, nachdem wir uns vorher beinahe aller Kleidung entledigt hatten. Um zehn Uhr konnte ich weder die Pferde noch Tontileaugo mehr sehen. Allein da die Pferde den ganzen Tag nur vier Meilen im Viereck herumliefen und endlich an den Ort kamen, wo ich war, so folgte ich ihnen des Nachmittags um drei Uhr wieder nach, und zwar vor Tontileaugo. Bald hörte ich ihn aber mir zurufen: »Chakoh, Chakoanaugh« (in Deutsch: »Tue dein Bestes.«). Wir gingen drauf los, und nach Verlauf einer Meile lief Tontileaugo vor mir. Etwa eine Stunde vor Sonnenuntergang verzweifelten wir an der Hoffnung, die Pferde zu fangen, und kehrten nach unserem Lager zurück, wo wir unsere Kleider gelassen hatten.

Ich erinnerte Tontileaugo an das, was ich ihm gesagt hatte, worauf er mir zur Antwort gab, er hätte nicht gewußt, was Pferde tun könnten. Sie wären mächtige Tiere zum Laufen, aber wir hätten sie doch müd' gemacht. Nun kam er zu dem Entschluß, zu tun wie die Indianer mit wilden Pferden im Krieg tun – nämlich, sie durch den Hals unter den Mähnen zu schießen, was sie zu Boden brächte, bis man sie halftern könne, ohne ihnen jedoch viel zu schaden. Dieses versuchte er nun auch, allein die Mähre war so wild, daß er ihr nicht nahe kommen konnte, um sie an der rechten Stelle zu treffen. Er legte indessen sein Gewehr an und feuerte: aber der Schuß war zu niedrig, und die Mähre blieb tot liegen! Das andere Pferd aber, so wie das Füllen, die sich in der Nähe aufhielten, ergriffen wir und nahmen beide mit nach unserm Zelt.

Wir blieben zwei Wochen hier und töteten eine Anzahl Bären, Racoons und auch Otter. Wir machten ein Kanu von Ulmenrinde, und

Tontileaugo fuhr darin bis Abends nach dem Fall. Ich hingegen schwang mich auf das mit Bärenhaut besattelte Pferd – die Steigbügel waren aus Rinde gemacht – und erreichte den Fall am folgenden Morgen. Unser Kanu und Gepäck trugen wir jenseits des Falles.
Dieser Fall ist ungefähr zwölf bis fünfzehn Fuß hoch, und das Wasser fließt sehr schnell, schon eine bedeutende Strecke oberhalb. Dieser Strom Canesadooharie vereinigt sich mit dem westlichen Arm des Muskingum River, fließt in nördlicher Richtung und ergießt sich auf der südlichen Seite in den Erie-See, etwa acht Meilen östlich von Sandusky, oder zwischen Sandusky und Cayuhaga.
Wir gingen nun wieder dem See entgegen, ich zu Pferd und Tontileaugo zu Wasser. Das Land ist hier meistens gut, nur hatte ich Schwierigkeit, um die Sümpfe zu kommen. Als wir an den See kamen, ritt ich längs dem Strand hin, Tontileaugo hielt sich nahe am Ufer.
Wegen des Sturms auf dem See blieben wir einige Tage hier. Tontileaugo ging auf die Jagd, und als er fort war, kam ein Wyandot an unser Lager, dem ich ein Stück gebratenes Hirschfleisch gab, das ich soeben am Feuer hatte, was er sehr dankbar von mir annahm. Als Tontileaugo zurückkam, erzählte ich ihm den Vorfall, worauf er seine Befriedigung ausdrückte, er hoffte aber, daß ich dem Besucher doch auch Zucker und Bärenöl werde gegeben haben. Ich sagte ihm, daß diese Artikel drunten in dem Kanu gewesen seien, ich aber zu bequem war, sie zu holen. »Du hast dich gerade wie ein Holländer betragen«*, war seine Antwort. Weißt du nicht, daß wenn ein Fremdling in unser Lager kommt, wir ihm allzeit das Beste vorsetzen sollen?« Ich bekannte meinen Fehler, und er entschuldigte mich meiner Jugend wegen, wünschte aber, daß ich mich in Zukunft wie ein braver Krieger betragen und mir nie wieder solche kleinlichen Taten zuschulden kommen lassen möchte.
Da der See wieder ruhig wurde, reisten wir ab und kamen glücklich nach Sunyendeand, einem kleinen Wyandot-Dorf, an einem Flüßchen gelegen, das sich in den kleinen See unterhalb der Mündung des Sandusky ergießt.

---

* Die Holländer nannte er Skoharehaug, was seinen Ursprung von einem holländischen oder niederdeutschen Settlement, genannt Skoharey, herleitet.

Das Dorf war ungefähr achtzig Ruten von der Mündung des Stroms entfernt, auf der südlichen Seite einer großen Ebene, die mit Nesseln und Gras bewachsen war. An manchen Orten war nichts als drei Fuß langes Gras und an andern nichts als sehr große Nesseln, wo auch der Boden außerordentlich stark und gut war. Hier pflanzten sie ihr Welschkorn. In diesem Dorf waren auch französische Handelsleute, die unsere Felle und Pelzwerk kauften, wofür sie uns neue Kleider, Farbe, Tabak und dergleichen anschafften.
Nachdem ich meine neuen Kleider angezogen und meinen Kopf gleich einem roten Specht geziert hatte, ging ich mit andern jungen Indianern nach dem Welschkornfeld, wo die Weiber arbeiteten. Diese baten mich, mein Geschick mit der Hacke an den Tag zu legen. Nachdem ich mich eine Weile damit beschäftigt hatte, lobten sie mich nicht wenig als einen guten Schaffer; als ich aber nach dem Dorf zurückkam und die alten Männer davon hörten, tadelten sie mich und sagten, daß ich an die Stelle eines großen Mannes aufgenommen worden und daß ich nicht, wie die Weiber, Welschkorn hauen müsse. Dies ließ ich mir nicht zum zweitenmal sagen, denn ich war nie ein besonderer Liebhaber der Arbeit gewesen.
Die Indianer bringen gewöhnlich einen großen Vorrat von Bärenöl, Zucker, gedörrtem Hirschfleisch usw. von ihrer Winterjagd, aber sie sind auch nicht sparsam im Essen, noch im Austeilen für andere. Sie haben keine regelmäßigen Mahlzeiten wie Morgen-, Mittag- oder Abendessen; und wenn irgend jemand in ihr Haus kommt, sei es auch zwei- oder dreimal des Tags, so muß er eingeladen werden, das Beste zu essen – und sie rechnen es höchst unhöflich, eine solche Einladung abzuschlagen, denn sie betrachten es als einen Beweis, daß man ihnen nicht wohlgesonnen sei.
Um diese Zeit, wo gedörrtes Welschkorn mit Bärenöl und Zucker gemengt im Überfluß zu haben ist, wurde dieses Mahl jedem zu jeder Stunde des Tages angeboten. Auf diese Weise geht es fort, bis Zucker, Bärenöl und Hirschfleisch aufgezehrt sind, dann essen sie das Welschkorn allein, ohne Salz, Brot oder irgend etwas; dennoch muß jeder, der hereinkommt, essen, was sie haben, sei es auch noch so wenig, bis nichts mehr vorhanden ist. Alsdann entschuldigt man sich mit der ganz triftigen Ursache, »daß nichts mehr da sei«.

Die Jäger und Krieger blieben wohl sechs Wochen im Dorf und benutzten diese Zeit mit Anstreichen, Besuchen von Haus zu Haus, Essen, Rauchen und Spielen mit einem gewissen Rasselspiel. – Eine Anzahl Pflaumensteine, auf der einen Seite geschwärzt, werden in eine Schüssel gelegt; alsdann wird die Schüssel gerüttelt, wo sie die Worte »hits, hits, hits, honesey, honesey, rego, rego«, ausrufen, mit denen sie nach schwarzen oder weißen Steinen fragen, oder sonst irgendeine Farbe, die sie verlangen. Alsdann werfen sie die Schüssel um und zählen die weißen und schwarzen Steine. Einige schlugen ihre Trommel und sangen; andere spielten auf einer Art Flöte und wieder andere auf der Maultrommel. Ein Teil der Zeit wurde auch im Rathaus zugebracht, wo die Häuptlinge, und wer Lust hatte, dabei waren; des Nachts wurde gesungen und getanzt. Gegen Ende Juni 1756 machten sie alle Vorbereitungen zum Krieg an der virginischen Grenze. Als sie fertig waren, gingen sie durch all ihre Zeremonien, sangen ihre Kriegslieder u. dgl. Dann marschierten alle ab, die über sechzehn Jahre alt waren. Ja sogar einige Knaben – nicht über zwölf Jahre alt – waren schon mit Bogen und Pfeil ausgestattet und gingen mit in den Krieg. Es blieben also nur die Weiber und Kinder, ausgenommen ein sehr alter Mann, ein anderer etwa fünfzig Jahre alt, der ein Krüppel war, und ich selbst zurück.
Die Indianer waren damals in guter Hoffnung, daß sie die Virginier alle über das Meer treiben könnten. Sie hatten auch ziemliche Aussichten, dies zu bewerkstelligen, weil damals die Amerikaner gänzlich unbekannt mit Kriegsübungen waren, und waren daher nicht bereit, mit solch schlauen Feinden wie den Indianern Krieg zu führen. Die zwei alten Indianer fragten mich, ob ich nicht dächte, daß die Franzosen und Indianer ganz Amerika überwältigen würden, ausgenommen Neuengland, was sie vor Zeiten schon versucht hätten. Ich sagte ihnen, daß ich es bezweifelte. Sie erwiderten, daß sie jetzt schon alle zwischen den Bergen vertrieben hätten. Sie hätten das große Tal zwischen dem Nord- und Süd-Berg, von dem Potomak bis zum James' River, verwüstet, was ein bedeutender Teil vom besten Land in Virginien, Maryland und Pennsylvanien sei, und daß ihnen die Weißen als recht törichte Leute vorkämen, die sich leicht überraschen ließen und weder laufen noch fechten könnten. Dies, sagten

sie, wären ihre Gründe zur Vermutung, daß sie leicht zu vertreiben wären. Sie fragten mich nach den Gründen meiner Meinung und wünschten, ich möchte mich frei ausdrücken. Ich sagte ihnen, die weißen Leute im Osten wären zahlreich wie die Bäume; und obschon sie ihnen töricht vorkämen, weil sie mit der Indianerart, Krieg zu führen, nicht bekannt wären, sie dennoch keine Toren wären. Die Weißen würden bald lernen, mit ihren roten Brüdern zu streiten, und alsdann würden sie diese vertreiben, oder wenigstens sich selbst verteidigen können. Ich fand wohl, daß die alten Indianer selbst nicht glaubten, daß sie Amerika bezwingen könnten, sondern daß sie durch solch eine Idee bloß ihre jungen Männer zum Krieg ermuntern wollten.

Als die Krieger das Dorf verließen, hatten wir weder Fleisch, Zucker noch Bärenöl übrig. Wir hatten nichts als Mais oder grob gestoßenes Welschkorn. Dieses kochten sie in Wasser, so daß es wie eine steife Suppe aussah, ohne das geringste Gewürz. Für eine Zeitlang hatten wir genug davon, aber wir wurden bald spärlicher versorgt, und indem die Krieger nicht so geschwind, als sie erwartet hatten, zurückkamen, waren wir dem Verhungern nahe, hatten auch nur eine Büchse und wenig Pulver und Blei. Der alte lahme Wyandot beschloß, auf die Jagd in dem Kanu zu gehen, und ich sollte mit ihm gehen. Er hoffte, daß, da es die Zeit war, wo die Hirsche zum Wasser kämen, wir welche dort bekommen könnten. Wir gingen den Sandusky einige Meilen aufwärts, lenkten dann in einen Bach ein und lagerten. Wir versahen uns mit Fackeln, da wir des Nachts jagen wollten, und steckten auch Rinde und Gebüsch in das Kanu, um uns zu verbergen. Ein kleiner Knabe, der bei uns war, hielt die Fackel; ich fuhr, und der Alte, mit gespannter Büchse, mit grobem Schrot geladen, feuerte auf die armen Hirsche, wenn wir nahe genug zu ihnen kamen. Wir töteten drei Hirsche in weniger als einer Nacht und kehrten zurück, um die Hungernden im Dorf zu sättigen.

Als wir dort ankamen, schrien die Kinder vor bitterem Hunger. Wir legten alles, was wir gebracht hatten, vor sie, und obschon es für so viele doch nur wenig war, so wurde doch strenge Gerechtigkeit in der Austeilung beobachtet. Wir gingen sogleich wieder auf die Jagd; ehe wir aber wieder zurückkehrten, waren die Krieger zurückgekommen

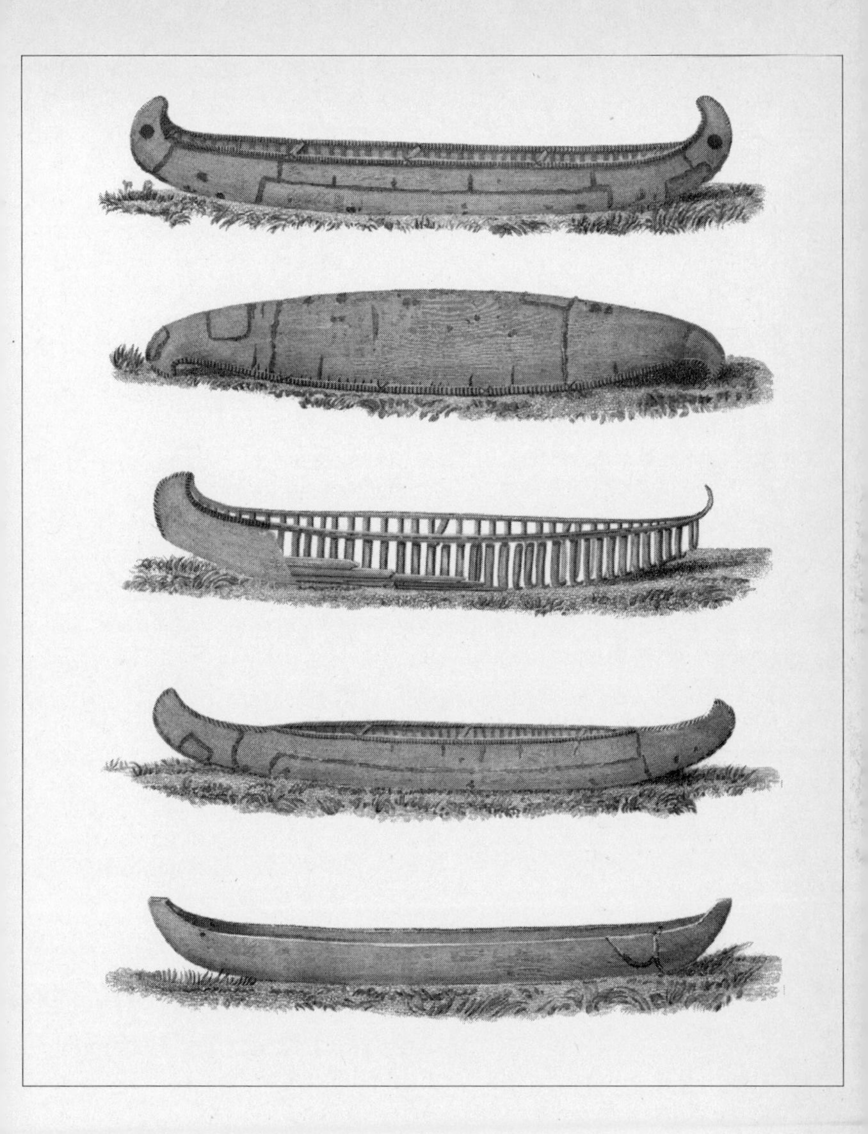

Verschiedene Bauarten von Kanus

(Aus: Francis S. Drake, *The Indian Tribes of the United States*, London and Philadelphia 1885)

und hatten eine Quantität Fleisch auf ihren Pferden mitgebracht. Diese Krieger hatten sich in verschiedene Abteilungen geteilt und an verschiedenen Orten in Augusta County Angriffe gemacht. Sie brachten eine ziemliche Anzahl Gefangener, Skalpe, Pferde und andere Beute. Eine Abteilung brachte mit sich einen gewissen Arthur Campbell, jetzt Colonel Campbell, am Holston Revier, nahe bei Royal Oak. Da die Wyandot zu Sunyendeand und die zu Detroit miteinander verbunden waren, so wurde Herr Campbell nach Detroit genommen. Er blieb jedoch eine Zeitlang bei mir in diesem Dorf. Seine Gesellschaft war mir sehr angenehm, und ich wurde mit Betrübnis von ihm getrennt. Während seines Aufenthalts im Dorf lieh er von mir meine Bibel und machte viele treffliche Bemerkungen über das Gelesene. Über die Stelle (Klagl. Jerem. 3, 27), »Es ist ein köstliches Ding einem Manne, daß er das Joch in seiner Jugend trage«, sagte er, daß wir uns dem Willen der Vorsehung ergeben sollten, weil wir jetzt das Joch in unserer Jugend zu tragen hätten. Herr Campbell war damals, dem Ansehen nach, sechzehn oder siebzehn Jahre alt.

Wie gesagt, die Krieger hatten eine Anzahl Gefangene mitgebracht; und als sie Spießruten laufen sollten, sagte ich ihnen, wie sie sich dabei verhalten sollten. Ein gewisser John Savage, etwa vierzig Jahre alt, wurde hervorgebracht, um Spießruten zu laufen. Auch ihm sagte ich, wie er sich dabei benehmen sollte. Danach stellte ich mich in die Reihen der Indianer, und jauchzte und frohlockte mit ihnen. Weil sie ihn nicht sehr rauh behandelten, schlug ich ihn mit einem Stück Kürbis, worüber sich die Indianer lustig machten. Mir aber tat er sehr leid.

Ungefähr um die Zeit der Rückkehr der Krieger wurde das Welschkorn eßbar. Wir hatten daher entweder grünes Welschkorn oder Hirschfleisch, oder manchmal beides zusammen – was für uns ein Leckerbissen war. Hatten wir gekochtes Welschkorn genug, so wurden die Jäger saumselig und brachten ihre Zeit mit Singen, Tanzen u. dgl. zu. Sie schienen dem buchstäblichen Sinn der Schrift, »nicht für den andern Morgen zu sorgen« nachzukommen. Auch lebten sie friedlich, liebevoll und freundschaftlich miteinander, ohne Zänkerei. In dieser Hinsicht beschämen sie manche, die sich Christen nennen. Auf diese Weise lebten wir bis zum Oktober. Alsdann fanden sich

Gänse, Enten, Schwäne und dergleichen in großer Menge auf diesem kleinen See.

Im Juli 1759 wurde Smith von den Franzosen gefangengenommen und vier Monate in Montreal festgehalten. Im November kam er in Crown Point im Zuge eines Gefangenenaustausches frei und traf zu Beginn des Jahres 1760 in seiner Heimat ein.

Früh im Jahr 1760 kam ich in meine Heimat in Conococheague. Meine Verwandten hatten nie erfahren können, ob ich getötet oder gefangen worden sei. Sie nahmen mich mit Freude auf, waren aber erstaunt, mich so indianisch in Gang und Gebärden vorzufinden. Auf meine Erkundigung erfuhr ich, daß meine Geliebte etliche Tage vor meiner Rückkehr geheiratet hatte. Was ich dabei fühlte? Darüber zu urteilen will ich denjenigen meiner Leser überlassen, die die Schmerzen enttäuschter Liebe selbst erfahren haben, denn es ist unmöglich, jetzt zu beschreiben, wie mir damals zumute war.

II.

Georg Heinrich Loskiel wurde im November 1740 in Angermünde in Kurland geboren. Er entstammte einer protestantischen Familie, sein Vater war Minister. 1759 trat er dem Orden der Mährischen Brüder bei und war bis 1782 in verschiedenen Ämtern tätig. Er wurde dann Superintendent in Livland und Ordensbeauftragter in Rußland. In dieser Zeit verfaßte er seine »Geschichte der Mission der evangelischen Brüder unter den Indianern in Nordamerika«, die 1789 veröffentlicht wurde. Darin verarbeitete er zum überwiegenden Teil Material des Missionars David Zeisberger, der mehr als vierzig Jahre in der Indianermission tätig gewesen war, zu einem kleinen Teil auch Informationen des Bischofs August Gottlieb Spangenberg, der ebenfalls jahrelang im Indianerland gearbeitet hatte.

David Zeisberger wurde am 11. April 1721 in Zauchenthal, einem Ort südlich von Troppau im nordöstlichen Mähren geboren. 1726 übersiedelte die Familie, die wegen ihrer evangelischen Gesinnung harter Unterdrückung durch die Behörden ausgesetzt war, nach Herrnhut in Sachsen; in der neugegründeten Brüderkolonie fanden viele Mitglieder der alten böhmisch-mährischen Brüderkirche Zuflucht. 1736 wanderten die Eltern nach Nordamerika aus und siedelten sich in Georgia an. David blieb jedoch unter der Obhut des Grafen Zinzendorf zurück, der ihn mit nach Holland in die neue Brüderkolonie Herrendyk bei Utrecht mitnahm. Wegen der mangelnden Entfaltungsmöglichkeiten riß David zusammen mit einem Freund aus und stand einige Zeit später vor seinen staunenden Eltern. 1740 zog die Familie nach Pennsylvanien, wo im Jahr darauf an einem Nebenfluß des Delaware River die Brüdergemeinde Bethlehem gegründet wurde. Dort konnte der junge Zeisberger alle Fähigkeiten eines Farmers und Jägers in der Praxis lernen, die er als Indianermissionar gut gebrauchen konnte.
Bemerkenswert ist auch, daß Zeisberger und seine Brüder die Sprache der Delawaren und Irokesen perfekt beherrschten.
Auf Drängen der Brüdergemeinde heiratete Zeisberger mit sechzig Jahren die deutschstämmige Susanna Lecron. Am 8. Januar 1808 starb Zeisberger (nach anderen Quellen am 17. November desselben Jahres).

Als Loskiel seine »Geschichte der Mission« schrieb, hatte er Nordamerika noch nicht betreten. Die Berichte, die seine Brüder in aller Welt regelmäßig schreiben und nach Europa schicken mußten, waren jedoch derartig präzis und fußten überdies auf einem solchen Einfühlungsvermögen in die Kulturen der Delawaren, Irokesen und sonstigen Indianer Pennsylvaniens, daß Loskiel daraus ein hochwertiges Porträt dieser Völkerschaften, ihrer Sitten und Gebräuche abfassen konnte, wie es kaum seinesgleichen hat. Im selben Jahr, in dem sein Buch erschien, wurde Loskiel Pastor in Gnadenfels in Schlesien, später noch von anderen Orten Deutschlands. 1802 wurde er Bischof und ging nach Nordamerika. 1810 trat er von seinem Amt zurück und zog sich nach Bethlehem in Virginia zurück. 1812 erreichte ihn ein Ruf, nach Europa zurückzukehren und eine Aufgabe im Direktorium der Mährischen Brüder zu übernehmen. Wegen des Krieges zwischen den USA und England und seines sich verschlechternden Gesundheitszustandes konnte er die Reise nicht antreten. Er starb am 23. Februar 1814.

Der Versuch einer generellen Beschreibung der Indianer, ihres Körperbaus und ihres Wesens überhaupt basiert auf den Erfahrungen der Herrnhuter Missionare und gilt daher in erster Linie für die Indianerstämme Pennsylvaniens und des »alten Nordwestens«, wie man die Gebiete um die Großen Seen und am Ohio damals nannte. Die Stämme der Prärien und Plains, die Sioux, Chayenne, Comanchen etc. lebten zu dieser Zeit noch weitgehend unbehelligt in ihren Jagdgründen ebenso wie die Stämme des fernen Westens. Da sie auf Grund ihrer ganz anderen Lebensgrundlagen auch andere Mentalitäts- und Kulturformen entwickelten, sind die Ausführungen Loskiels auf sie nicht übertragbar.

Körperliche Eigenschaften und Gemüt der Indianer

Georg Heinrich Loskiel

Die Delawaren und Irokesen und die mit ihnen verbundenen Nationen haben sowohl hinsichtlich des Körpers als auch des Gemüts sehr viel ähnliches. Die Mannsleute sind meistenteils schlank, von mittelmäßiger Größe, wohlgestaltet und gut gewachsen. Selten sieht man unter ihnen Verwachsene oder Krüppel. Die Frauensleute sind klein, nicht so wohl gewachsen und haben ein etwas plumperes Aussehen. Die Haut der Indianer hat eine rötlichbraune, dem Kupfer ziemlich ähnliche Farbe, doch mit Unterschieden. Einige sind so gelbbraun, daß sie den Mulatten nicht viel nachgeben; andere so hellbraun, daß man sie von bräunlichen Europäern nicht unterscheiden würde, wenn ihre Haare und Augen sie nicht kenntlich machten. Erstere sind kohlschwarz, lang und grob, beinahe wie Pferdehaar. Im Alter werden sie weiß. Krause Haare sind selten.

Die Meinung einiger Schriftsteller, daß die Indianer selbst in ihren reifsten Jahren bloß Haare auf dem Kopf hätten und alle übrigen Teile des Körpers davon frei blieben, ist unbegründet. Sie sind darin von anderen Menschen nicht verschieden. Weil sie aber den Auswuchs der Haare auf ihrem Körper für häßlich halten, so bringen sie es mit vieler Mühe dahin, daß fast keine Spur davon an ihnen zu sehen ist. Ihre Augen sind groß und schwarz, und in ihrem rohen Zustand haben vorzüglich die Mannsleute einen überaus wilden, oft fürchterlichen Blick. Ihre Gesichtszüge sind regelmäßig, und ihre Bildung ist meistenteils angenehm. Ihre Wangenknochen stehen etwas hervor, doch bemerkt man dieses mehr bei dem weiblichen als bei dem männlichen Geschlecht.

Irokesen

Die Irokesen sind die wichtigsten Vertreter der nach ihnen benannten Sprachfamilie, zu der außerdem noch die Huronen, Tuscarora, Erie, Susquehanna und Attiwandaronk sowie einige kleinere Stämme gehören. Mit den Irokesen verwandt sind auch die Cherokee.
Ursprünglich waren die Stämme der Mohawk, Seneca, Cayuga, Oneida und Onondaga noch völlig unabhängig voneinander und bekriegten sich erbittert. Ihre Wohngebiete lagen im Seengebiet des heutigen Staates New York sowie im mittleren und oberen Teil des Mohawk-Tales. Sie waren ringsum von ihnen feindlich gesinnten Völkerschaften umgeben, darunter den Mahican und Delawaren im Osten, den Huronen und deren Verbündeten im Norden und den Susquehanna im Süden. Obwohl es Zeiten gab, in denen die Irokesen mit ihren Nachbarn in Frieden lebten, legte die ständige Ungewißheit den Gedanken der Schaffung einer Stammeskonföderation nahe. Der Überlieferung nach leiteten zwei Männer um 1570 das Einigungswerk ein: Dekanawida und Hiawatha. Die Irokesen verglichen ihre Konföderation mit einem Langhaus, ihrer typischen Hausform. Die Onondaga waren darin die »Hüter des Feuers« und hatten somit den Vorsitz im Stammesrat; die Mohawk als östlicher Stamm hatten die Aufgabe, das »östliche Tor« des Langhauses zu bewachen; die Seneca am Genesee River das »westliche Tor«; die Oneida und Cayuga, die »jüngeren Brüder«, saßen entlang der »nördlichen und südlichen Wand«, also am St.-Lorenz-Strom und am Susquehanna. Ihre Konföderation war das am höchsten entwickelte Staatswesen nördlich von Mexiko.

Beide aber haben durchgängig schöne weiße Zähne und in gesunden Tagen nicht leicht einen übelriechenden Atem.
In Ansehung der Leibeskräfte haben sie vor den Südamerikanern und den Bewohnern der Westindischen Inseln einen merklichen Vorzug. Die Mannsleute gehen stark, sind leicht auf den Beinen und zum schnellen Laufen ungemein geschickt. Sie haben einen sehr feinen Geruch und ein ungemein scharfes Gesicht und Gehör.
Ihr Gedächtnis ist so stark, daß sie jeden kleinen Umstand anführen können, der vor vielen Jahren in ihren Ratsversammlungen vorgekommen ist, und wissen genau zu sagen, zu welcher Zeit der Rat gehalten wurde, von dem eben die Rede ist. Ihre Einbildungskraft ist überaus lebhaft und trägt nicht wenig dazu bei, daß sie in vielen Sachen leicht und geschwind eine Fertigkeit erlangen. Alles, was zu ihrer Lebensart gehört oder nach ihrer Einsicht zu ihrem Vorteil dient, erlernen sie bald, und erhalten durch beständige Übung und außerordentliche Aufmerksamkeit auf ihre Bedürfnisse, wozu sie von Jugend auf gewöhnt werden, manche Vorzüge vor andern Völkern. Dazu kommt, daß sie für gewöhnlich nur wenig Gegenstände haben, worauf sie ihre ganze Aufmerksamkeit richten, und diese also nicht sehr teilen dürfen. Daß ihre Verstandskräfte nicht gering sind und daß ihre Überlegungs- und Beurteilungskraft von Natur gut ist, zeigt sich bei vielen Gelegenheiten sehr deutlich. Manche unter ihnen lassen in Geschäften und im Umgang mit andern viel gesunde Vernunft sehen und halten auf Recht und Billigkeit; womit sie beweisen, daß sie die Sachen im rechten Licht ansehen. Je mehr Veranlassung sie bekommen, ihren Verstand anzuwenden, desto mehr wird man gewahr, daß sie reichlich von Gott damit begabt sind.
So wenig Kultur unter den Indianern ist, so zeichnen sie sich doch in ihrem sittlichen Leben so aus, daß vielleicht kein anderes heidnisches Volk so viel Schein des Guten und der Tugend hat. Man vergleiche nur ihr Betragen untereinander mit dem Betragen ähnlicher heidnischer Völker, so wird der Unterschied zum Vorteil der Indianer leicht wahrzunehmen sein.
Im gemeinen Leben und Umgang zeigen die Indianer nicht wenig guten äußerlichen Anstand. Für gewöhnlich begegnen sie sowohl einander als auch Fremden freundlich und bescheiden, aber ohne

leere Komplimente. Ihr ganzes Betragen erscheint ins allgemeine gesetzt und vorsichtig. In wichtigen Fällen pflegen sie jedes Wort und jede Handlung mit anscheinender Gemütsruhe und Ernsthaftigkeit zu überlegen und sich vor Übereilung in acht zu nehmen. Bei genauerer Bekanntschaft mit den Handelnden entdeckt man doch leicht, daß ihre Vorsichtigkeit vorzüglich dem Mißtrauen entspringt und ihre Gemütsruhe mehr im Schein besteht. Die Kunst, sich zu verstellen, verstehen sie vollkommen. Hat der Indianer z. B. durch Feuer Hab und Gut verloren, so redet er davon mit einer Gleichmütigkeit, die nur bei den gleichgültigsten Dingen natürlicherweise stattfindet. Doch läßt in dergleichen Fällen der weniger Stolze deutliche Merkmale der Betrübnis sehen.

Im Umgang beider Geschlechter zeigen sie sich züchtig und anständig. Wenigstens wird öffentlich nicht leicht etwas geiles, ungesittetes und unanständiges bei ihnen wahrzunehmen sein, so daß man nicht leugnen kann, daß sie hierin die meisten Völker weit übertreffen. Aber darum sind sie von der Unzucht nicht frei und selbst unnatürliche Sünden unter ihnen nicht ungewöhnlich.

Sie sind gesellig und freundlich. Gegenseitige Besuche sind unter ihnen sehr gewöhnlich. Zank, Spötterei und jede Art der Beleidigung wird dabei sorgfältig vermieden. Niemanden beschämen sie, keinem werden Vorwürfe gemacht, selbst einem bekannten Mörder nicht. Die Jagd, die Fischerei und ihre Staatssachen machen gewöhnlich den Inhalt ihrer vertraulichen Gespräche aus. Keiner fällt dabei dem andern in die Rede. Mit Neuigkeiten lassen sie sich gar zu gern unterhalten. Ob sie wahr oder falsch sind, darauf kommt es ihnen nur selten an. Auch darum nehmen sie gern Fremde auf; doch fragen sie diese nicht eher um Neuigkeiten, als bis eine Pfeife Tabak geraucht worden ist. Fluchen und Schwören ist bei ihren Gesprächen ungewöhnlich. Dazu haben sie keine Formeln, wie sie unter anderen Völkern eingeführt sind.

Aus ihrem Betragen läßt sich auf das beste Vertrauen gegeneinander schließen. Ihr Jagdgerät, ihr Wildpret lassen sie oft mehrere Tage frei liegen. Just nicht, weil sie auf die Ehrlichkeit und Treue ihrer Landsleute sichere Rechnung machen; denn Stehlen ist unter ihnen nicht ungewöhnlich: sondern weil die Indianer jedes Mißtrauen gegen sie für hohe Beleidigung halten.

Eine Unterscheidung der Stände mit allen ihren Folgen findet unter den Indianern nicht statt. Sie sind alle gleich vornehm und frei. Nur Vermögen, Alter, Geschicklichkeit, Tapferkeit und Ämter geben unter ihnen Vorzüge. Wer den Oberhäuptern viel Wampum* verschafft, wird für einen vornehmen reichen Mann gehalten. Das Alter ist durchgängig bei ihnen in großer Achtung, weil sie mit dem Begriff eines langen Lebens auch den Begriff der Weisheit verbinden. Junge Indianer suchen durch Geschenke, die sie alten Männern auf die beste Weise machen, von ihnen nützlichen Unterricht zu erhalten, wie sie ebenfalls zu einem hohen Alter gelangen können. Jetzt aber hat sich die indianische Jugend auch in dieser Absicht sehr verschlechtert. Ein geschickter Jäger, ein tapferer Anführer der Kriegsleute und ein weißer Chief stehen bei ihnen in großer Achtung; und kein Indianer, so frei er sich auch dünkt, weigert sich, seinem Anführer im Krieg und seinem Chief zu folgen.
Sie lieben die Geschenke, sind aber sehr geneigt, sie als Schuldigkeiten anzusehen. Sie nehmen es übel, wenn man damit nicht fortfährt. Einige alte Männer und Weiber wollen gar die Kunst verstehen, durch ein Beson** zu bewirken, daß ihnen Geschenke an Kleidern und Lebensmitteln gemacht werden müssen. Wenigstens ist der Handel mit dergleichen Besons ihnen einträglich.
Die Gastfreiheit der Indianer ist berühmt. Sie erstreckt sich auch auf Fremde, die zu ihnen ihre Zuflucht nehmen. Dies halten sie für eine ihrer heiligsten Pflichten, der sich niemand entziehen darf. Wer sie ihnen verweigert, beleidigt sie und setzt sich selbst allgemeiner Verachtung und Schande sowie der Rache des Beleidigten aus.
Gegen ihre Feinde sind sie grausam und unerbittlich, und wenn sie vom Zorn übermannt werden, gehen sie gleich auf Mord und Totschlag los. Sie wissen zwar ihre Leidenschaft geschickt zu verbergen und deren Befriedigung auf eine gelegene Zeit zu verschieben. Desto heftiger ist aber alsdann der Ausbruch. Ihre Rachbegierde hat keine Grenzen; und wenn sie sich nicht selbst rächen können, so fordern sie ihre Brüder und Nachkommen dazu auf. Die längste Zeit ist nicht

---

* Wampum: Gürtel der Indianer des Waldlandes (vgl. S. 72, S. 95ff.).
** Beson: Zaubermittel (vgl. S. 73).

Indianerlager im Wald:
Gewinnung von Ahornzucker
(Aus: Francis S. Drake, *The Indian Tribes of the United States*,
London and Philadelphia 1885)

lang genug, ihren Haß zu dämpfen, und der entlegenste Ort setzt ihren Feind gegen ihre Rache nicht in Sicherheit.
Hurerei, Ehebruch, Stehlen, Lügen und Betrügen halten sie für unrecht, für Schandtaten, die sie verschieden bestrafen.
Einem Ehebrecher sucht der Beleidigte gleiches mit gleichem zu vergelten oder ihn aus der Welt zu schaffen. Die Ehebrecherin wird entweder bloß verstoßen oder gar ums Leben gebracht.
Ein Dieb muß das Gestohlene ersetzen; hat er aber selbst nichts oder kann nicht belangt werden, so müssen seine Verwandten für ihn büßen. Bei gewaltsamen Räubereien werden die Künste der Zauberer zu Hilfe genommen, die den Räuber auf eine unerklärbare Weise in die andere Welt schicken.
Mord und Totschlag kommen unter den Indianern, seitdem sie dem Rum so unmäßig ergeben sind, sehr häufig vor. Selten endet eines ihrer Feste ohne Blutvergießen. Die Schuld wird zwar lediglich auf den Rum geschoben: gleichwohl wird auch der Mord in besoffenem Mut bestraft. Für eine Mannsperson muß der Mörder hundert Klafter* Wampum, und für eine Weibsperson zweihundert erlegen. Kann er aber dies nicht, wie es gewöhnlich der Fall ist, und seine Verwandten und Freunde können oder wollen ihm nicht dazu behilflich sein, so muß er sich der Verfolgung des Bluträchers durch die Flucht entziehen. Am leichtesten kommt der Mörder eines Blutsverwandten durch. Denn die Familie, der allein die Blutrache zukommt, will nicht gern durch strenge Bestrafung des Mörders auf einmal zwei Mitglieder verlieren und sich dadurch schwächen. Daher suchen sie, die Sache in Güte zu vermitteln oder gar den Mörder zu rechtfertigen.
Dem Stehlen und Lügen, der Zanksucht, der Verleumdung und Schwätzerei ist sonderlich das weibliche Geschlecht unter den Indianern ergeben.
Es ist schon bemerkt worden, daß die Indianer viel Fähigkeit zu allerhand Arbeiten besitzen. Einige, die viel unter weißen Leuten gewesen sind, haben z. B. ohne eigentliche Anweisung angefangen zu schmieden und Beile, Äxte und dergleichen sehr gut zu verfertigen. Das ist aber etwas Seltenes. Denn jede mühsam anhaltende Arbeit ist

* Klafter: Entspricht 1,9 Meter.

ihnen zuwider. Sie werden weder durch die Erziehung dazu angeführt, noch durch ihre Bedürfnisse dazu genötigt. Die Indianer, in Gänze genommen, sind ruheliebend, sonderlich die Mannsleute. Auf die Jagd, die ihre Hauptbeschäftigung ist, verwenden sie anhaltend nur einige Monate im Jahr. Die übrige Zeit verbringen sie größtenteils im Müßiggang. Den Weibsleuten aber fällt schon etwas mehr Arbeit zu, denn sie haben die ganze Hauswirtschaft allein zu besorgen. Nur Hunger und Mangel kann den Indianer aus seiner Trägheit reißen und tätig machen.

Dem Indianer liegen die Ehre und der Wohlstand seiner Nation sehr am Herzen. Denn obgleich weder Macht noch Gesetze die Indianer miteinander verbinden, so sehen sie sich doch als ein Volk an, von dem sie einen hohen Begriff und an ihren Stamm eine außerordentliche Anhänglichkeit haben. Die Unabhängigkeit scheint ihnen ein alles übertreffender Vorzug ihrer Nation und jedes einzelnen Indianers zu sein. Den Europäern gestehen sie gern ihre Vorzüge, in gewissen Künsten zu; aber sie verachten sie, weil sie ihnen mit mühsamer Dienstbarkeit verbunden zu sein scheinen. Die Vorzüge, die sie in der Jagd, Fischerei und selbst in der Moralität vor den Europäern zu haben vermeinen, achten sie höher als alle europäische Kultur. Dieser Nationalgeist der Indianer bewirkt zum Besten ihres Volkes die größten Taten. Zu dessen Verteidigung scheuen sie keine Gefahr, ertragen die empfindlichsten Schmerzen mit Gelassenheit und gehen selbst dem Tod unerschrocken entgegen. Noch in ihren letzten Augenblicken behaupten sie zur Ehre ihres Volks die größte Unempfindlichkeit, rühmen sich gegen ihre Feinde ihrer Beherztheit und trotzen den heftigsten Leiden und Martern mit wildem Stolz.

Sie halten zwar die Europäer für ein besonders kunstfertiges und arbeitsames Volk, aber auch größtenteils für ihre Feinde. Sie haben zu nichts weniger Lust, als ihre Lebensart mit der europäischen zu vertauschen. So wenig der Fisch zur Lebensart des Vogels paßt und nach Gottes Absicht passen soll, ebensowenig, sagen sie, würde es sich schicken, wenn die Indianer europäisch leben wollten. Daß sie aber den Europäern nicht gut sind, dazu meinen sie Grund genug zu haben. Unser Land, sagen sie, haben sie uns zum Teil weggenommen; unsre Jagdreviere durch ihr Vieh eingeschränkt; viel anderes Unheil, sonderlich durch Einführung des Rums, unter uns gestiftet; und wahrscheinlich gehen sie damit um, unser Land vollends in Besitz zu nehmen und uns zu vertilgen. Ist gleich diese Widrigkeit bei den Delawaren durch den langen Umgang mit den Europäern gemildert, so haben sie doch im ganzen weder Liebe noch Vertrauen zu ihnen. Den größten Anteil an der Gunst der Indianer haben die Franzosen, die sich in ihre Lebensart sehr gut schicken können und immer aufgeräumt sind. Den Engländern ziehen sie sie weit vor.

Seit dem letzten Krieg, in dem sich die amerikanischen Kolonien die Unabhängigkeit erwarben, werden alle weißen Amerikaner von den Indianern Langmesser genannt, von den langen Degen, die sie trugen.

Wenigstens die Irokesen haben sich in dem Glauben erhalten, daß man sich auf ihre Treue in der Einhaltung öffentlicher Verträge verlassen könne.

Als Geistliche interessierten sich die Herrenhuter Missionare natürlich besonders für diejenigen Facetten des Lebens, für die sie aus ihrem Glauben heraus Alternativen anzubieten hatten: für Heiratsgebräuche und Kindererziehung. Es war für Zeisberger und seine Mitbrüder selbstverständlich, daß eine Hinlenkung der Indianer zum Christentum nur auf der Grundlage einer genauen Kenntnis der indianischen Einstellung zur Ehe erfolgen konnte.

Heiratsgebräuche, Ehe und Kindererziehung

Georg Heinrich Loskiel

Die Delawaren und Irokesen heiraten frühzeitig, Mannsleute oft im achtzehnten, Weibsleute schon im vierzehnten Jahre. Heiraten unter Blutsfreunden und nahen Verwandten finden unter ihnen nicht statt. Das soll auch nach ihrer einstimmigen Behauptung die eigentliche Ursache sein, warum die Indianer-Nationen sich in Stämme geteilt haben, damit niemand jemals in Versuchung und Gefahr kommen möge, eine nahe Verwandte zu heiraten, was jetzt nicht wohl möglich ist, da ein jeder, der in die Ehe treten will, eine Person aus einem andern Stamm, und nie eine aus seinem eigenen wählt.

Bei den Irokesen werden nicht selten Kinder von vier bis fünf Jahren schon füreinander bestimmt. In diesem Falle muß die Mutter des Mädchens wöchentlich ein- bis zweimal einen Korb mit Brot ins Haus des Knaben bringen, auch Holz für ihn dahin schaffen. Dagegen müssen die Eltern des Knaben das Mädchen mit Fleisch und Kleidung versorgen, bis sie beide mannbar werden, aber alsdann kommt es doch auf die freie Entschließung beider Personen an, ob sie einander haben wollen oder nicht, denn keines wird dazu gezwungen.

Hat ein Delawarisches Mädchen seine erste Reinigung, so muß es dieselbe außer dem Dorfe in einer abgesonderten Hütte abwarten.

Dabei wird ihr der Kopf zwölf Tage lang verhüllt, daß sie niemanden sehen kann; sie muß Brechmittel einnehmen, wenig essen und darf nichts arbeiten. Nachher wird sie gewaschen und neu gekleidet; aber noch zwei Monate lang darf sie niemand sehen. Der Schluß ist, daß sie für mannbar erklärt wird. Bei andern indianischen Nationen werden dabei weniger Umstände gemacht.

Will ein erwachsener Indianer freien, so schickt er an die Blutsfreunde der Person, die er sich erwählt hat, ein Geschenk von Blanket, Tuch, Leinwand, etwa auch ein paar Belts of Wampum. Sind diese mit dem Geschenk und dem guten Namen und Betragen des Freiers zufrieden, so tun sie dem Mädchen den Heiratsantrag kund, das sich gewöhnlich dem Gutfinden ihrer Eltern und Verwandten gemäß erklärt. Darauf wird sie ohne weitere Umstände ihrem Bräutigam zugeführt. Findet aber der Antrag des Freiers nicht Beifall, so wird's ihm durch Zurücksendung seines Geschenks zu verstehen gegeben. Nach vollzogener Heirat wird das Geschenk, das der Freier gegeben hat, unter die Freunde der jungen Frau ausgeteilt. Dagegen bringen sie dem neuen Ehepaar Welschkorn, Bohnen, Kessel, Schüsseln, Löffel, Siebe, Körbe, Beile u. dgl. m. feierlich ins Haus. Die jungen Eheleute wohnen aber gemeiniglich so lange bei einem ihrer Freunde, bis sie sich ein eigenes Haus bauen können.

Einige Nationen in Westen halten zwar den Ehebruch für ein großes Verbrechen und strafen ihn mit Strenge, die jungen Leute aber unter den Delawaren, Irokesen und andern mit ihnen verbundenen Völkern haben schon seit geraumer Zeit selten dauerhafte Ehen, besonders, wenn sie nicht bald Kinder bekommen. Oft verläßt ein Indianer seine Frau, weil sie ein Kind zu säugen hat, und heiratet eine andre, von der er sich in der Folge aus gleicher Ursache trennt.

Auch die Weiber verlassen ihre Männer, besonders dann, wenn sie erst viele Geschenke von ihnen bekommen und nun weiter keine zu erwarten haben. In Hoffnung, dergleichen zu erhalten, verheiraten sie sich dann an andere. Nicht selten trennt sich eine Frau von ihrem Manne, weil sie gleich anfänglich keine Neigung zu ihm hatte, und durch ihre Verwandten, bloß um die Geschenke behalten zu können, beredet worden, ihn wenigstens auf eine kurze Zeit zu nehmen. Darum sehen auch mehrere Indianer ihre Weiber als Fremdlinge an;

mancher sagt ganz frei: meine Frau ist nicht mein Freund, d. h. sie ist nicht mit mir verwandt und geht mich weiter nichts an.
Doch sind nicht alle Männer gegen dieses leichtsinnige Betragen ihrer Weiber gleichgültig. Manchem geht die Untreue seiner Frau so zu Herzen, daß er aus Verzweiflung eine Giftwurzel ißt, die ihn in ein paar Stunden unfehlbar tötet. Bisweilen bringen sich auch Weiber aus Verdruß über ihrer Männer Untreue ums Leben. Diesen traurigen Folgen zuvorzukommen, bedienen sich einige gewisser Mittel, die zwischen Gift und Arznei in der Mitte stehen, die sie Beson nennen, und denen sie Zauberkräfte zuschreiben. Sie glauben nämlich, wenn ein Gatte dergleichen heimlich bei sich trage, so wirke es auf den anderen so, daß seine Liebe und Treue unveränderlich werde. Wird es aber entdeckt, so findet sich der andere Teil so dadurch beleidigt, daß die Ehe aufgehoben wird und an keine Versöhnung zu denken ist. Gleichwohl gibt es auch Indianer, die ihre Ehe ordentlich führen, und mit einer Frau wohl fünfzig Jahre leben. In solchen Familien sind gewöhnlich die meisten Kinder. Man findet Männer, die mit ihren Weibern verträglich leben, um sich nur nicht von ihren Kindern zu trennen. Manche Indianer halten auch Kebsweiber, die aber um des Hausfriedens willen nicht bei ihnen im Hause wohnen dürfen, das gestatten die rechten Weiber nicht, lassen sich's aber gleichwohl gefallen, bei ihren Männern zu bleiben, um der Kinder willen. Die Ehe der Indianer ist nie fest, auch nicht bei den ziemlich alten. Eine unbedeutende Kleinigkeit, ein unebenes Wort kann sie trennen.
Die Vielweiberei ist bei den Delawaren und Irokesen erlaubt, aber nicht so gewöhnlich, als bei manchen anderen Indianernationen, deren Oberhäupter sechs bis zehn und wohl noch mehr Weiber haben, die geringeren aber so viele nehmen, als sie ernähren können. Sehr selten hat ein Delaware oder Irokese zwei, noch seltener mehr rechte Weiber. Denn der Hausfriede hat bei ihnen aus Liebe zur Bequemlichkeit, die ihnen über alles geht, einen hohen Wert. Mit einer Negerin verheiratet sich der Indianer ohne Bedenken, und so auch der Neger mit einer Indianerin.
Gegen die Ihrigen nehmen die Indianer einen Schein von Gleichgültigkeit an, die auffallend ist. Ein Hausvater, der nach langer Abwesenheit von den Seinen eingeholt wird, geht stolz bei ihnen vorbei,

ohne ihren Gruß zu erwidern oder sich nach ihrem Befinden zu erkundigen. Nachrichten von seiner Kinder Wohlverhalten oder Unglück im Kriege scheinen ihn nicht zu rühren. Mehrenteils aber ist es eine angenommene Kaltblütigkeit, worin er eine Größe sucht, und man würde sich irren, wenn man daraus schließen wollte, daß das natürliche Gefühl bei ihnen unterdrückt wäre.

In dem Betragen der Eheleute im Hausstande ist zwischen den Delawaren und Irokesen ein merklicher Unterschied. Bei den Delawaren gehen die Männer auf die Jagd oder Fischerei, schaffen Fleisch in die Haushaltung, versorgen ihre Weiber und Kinder mit Kleidung, bauen und bessern ihre Häuser oder Hütten aus und zäunen die Felder ein. Die Weiber hingegen kochen, tragen Brennholz herbei, bearbeiten das Feld und den Garten, wobei ihnen jedoch manchmal die Männer zu Hilfe kommen. Im Hauswesen läßt der Mann seine Frau nach Belieben handeln und hütet sich, ihr bei den Geschäften, die ihr zukommen, etwas vorzuschreiben. Sie kocht des Tages ordentlicherweise zweimal. Tut sie es aber einmal nicht zu rechter Zeit oder gar nicht, so zankt der Mann nicht mit ihr, er geht lieber irgendwohin zum Besuch, weil er weiß, daß ihm allenthalben Essen vorgesetzt wird. Er pflegt auch kein Stück Holz zum Feuer zu legen, es wäre denn, daß er Gäste oder andere außerordentliche Veranlassung dazu hätte. Merkt er bei seiner Frau ein besonders Verlangen nach Fleisch, oder gibt sie es ihm auf eine bedeckte Weise zu verstehen, so geht er gemeiniglich des Morgens nüchtern aus, und kommt nicht gern leer wieder, sollte es auch erst Abends spät sein. Bringt er nun etwa einen Hirsch, so wirft er ihn vor der Türe nieder, geht ins Haus und sagt kein Wort. Die Frau aber hat schon gehört, daß er die Ladung abgeworfen hat, gibt ihm zu essen, hängt seine nassen Kleider zum Trocknen auf, und dann erst holt sie das Fleisch ins Haus. Damit kann sie nun schalten und walten, wie sie will. Der Mann läßt sich's gefallen, wenn sie auch das meiste davon ihren Freunden schenkt, was bei ihnen gewöhnlich ist. Will der Mann auf die Jagd gehen oder sonst verreisen, so sagt er es seiner Frau, die sodann ohne weiteres schon weiß, daß sie Proviant für ihn zurechtzumachen hat.

Entsteht zwischen Eheleuten ein Verdruß, so ist gemeiniglich das erste, was der Mann dabei tut, daß er sich mit seiner Büchse in den

Indianerinnen verscheuchen die Vögel
von ihrem Maisfeld
(Aus: Francis S. Drake, *The Indian Tribes of the United States*,
London and Philadelphia 1885)

Busch begibt, ohne der Frau zu sagen, wohin er geht. Manchmal kommt er nach etlichen Tagen erst wieder; darüber haben bisweilen beide Teile ihren Streit vergessen und leben wieder im Frieden zusammen.

Die meisten Eheleute haben sich so miteinander verstanden, daß alles, was der Mann auf der Jagd erwirbt, der Frau gehört. Sobald er also die Felle und das Fleisch nach Hause gebracht hat, sieht er es als Eigentum seiner Frau an. Dagegen wird auch das, was die Frau im Garten und auf dem Felde erzieht und einerntet, dem Manne zugeeignet, und sie muß ihn davon mit allem versorgen, was er auf der Jagd und sonst nötig hat. Einige Männer aber behalten ihre Felle, kaufen für ihre Weiber und Kinder, was sie brauchen, und lassen sie nicht Not leiden. Haben sie Kühe, so gehören sie der Frau, die Pferde aber dem Manne, der ihr doch wohl auch eins so überläßt, daß sie es als das Ihrige ansehen kann.

Aus diesem allen erhellet, daß die Delawaren-Weiber es so gut haben, als es die Lebensart der Indianer zuläßt. Bei den Irokesen aber ist ihre Lage so gut nicht. Der wilde Irokese ist stolz auf seine Stärke, Herzhaftigkeit und andere männliche Vorzüge und begegnet seinem Weibe mit Kaltsinn, Verachtung und nicht selten mit Grobheit. Außer der Jagd und dem Krieg scheint er alle übrige Arbeit für schimpflich zu halten und sie darum dem Weibe zu überlassen. Auf diese fällt also eine Menge von Geschäften. Sie muß nicht nur die ganze Haus- und Feldwirtschaft allein besorgen, sondern auch das Feld einzäunen, die Hütte ausbessern und überhaupt alles, was Arbeit ist, zu ihrer Sache machen. Auf der Reise trägt sie das Bündel, auch die Flinte ihres Mannes hinter ihm her, und wenn dieser Wild geschossen hat, so läßt er's durch seine Frau nach Hause schaffen.

Die indianischen Weiber sind fast durchgängig von einer besonders starken Leibesbeschaffenheit und haben bei ihrer Niederkunft sehr selten fremde Hilfe nötig. Eigentliche Hebammen haben sie auch nicht; aber an erfahrenen Weibern, die ihnen mit Rat und Tat behilflich sein können, fehlt es nicht. Gegen die Zeit der Niederkunft bereiten sie selbst alles, was sie zu ihrer eigenen Erleichterung und Pflege und zur Besorgung des Kindes für nötig halten, und lassen sich durch ihre Niederkunft gemeiniglich nur etliche Stunden von

ihren häuslichen Verrichtungen abhalten. Einige starke Weiber halten ihre Niederkunft ganz einsam im Busche und kommen mit dem neugeborenen Kinde nach Hause.
Gleich nach der Geburt wird das Kind auf ein mit Moos bestreutes Brett gelegt und in ein Fell oder Tuch eingewickelt. Eine solche Wiege, an der auf beiden Seiten kleine krumm gebogene Stöcke angebracht sind, damit das Kind nicht herausfalle, wird mit Riemen an den Ast eines Baumes gehängt oder sonstwo befestigt, indem die Mütter ihre anderen Geschäfte abwarten.
Die mehresten Mütter stillen ihre Kinder bis ins zweite Jahr und länger. Wo das nicht stattfindet, werden die Kinder mit Welschkornsuppe genährt.
Ungeachtet sie frühzeitig heiraten, so haben sie doch nur wenig und selten über sechs Kinder. Gegen diese haben sie eine zärtliche Liebe, und man kann sich die Gunst der Eltern nicht leichter erwerben, als wenn man ihre kleinen Kinder liebkost oder beschenkt.
Die Mütter tragen ihre Kinder gemeiniglich in Blankets auf dem Rücken bei allen ihren Geschäften mit sich herum. Die ehemals übliche Art, kleine Kinder auf ein Brett aufrecht zu stellen, an welches die Füße desselben mit einer Schnur befestigt waren, und das Brett an einem Tragbande auf den Rücken zu hängen, ist fast überall abgekommen. Die Beispiele vieler dadurch verunglückter Kinder haben einen Abscheu gegen diese Art der Wartung erregt.
Die Kinder werden in allen Fällen als der Mutter gehörig angesehen. Bei vorkommender Ehescheidung fallen sie ihr alle zu; nur den Erwachsenen steht es frei, beim Vater zu bleiben.
Beiden Teilen liegt sehr viel daran, die Liebe ihrer Kinder zu gewinnen. Darin liegt ein Grund ihres Betragens gegen dieselben. Sie wollen nämlich durch Einschränkung ihres Willens ihre Zuneigung nicht verlieren. Eigentliche Kinderzucht findet bei ihnen nicht statt. Die Kinder haben ihren freien Willen und werden nie zu etwas gezwungen. Die Eltern hüten sich, sie zu schlagen oder sie auf eine andere Weise zu züchtigen, aus Furcht, die Kinder möchten es ihnen einmal gedenken und sich an ihnen rächen. Gleichwohl findet man unter ihnen oftmals recht artige Kinder, die sich den Eltern gefällig und gegen jedermann dienstwillig bezeigen, welches die natürliche Folge

eines vernünftigen Betragens der Eltern gegen sie ist ; so wie aus dem entgegengesetzten Bitterkeit, Haß und Verachtung ihrer Eltern entsteht.

Auf den Anzug und Putz ihrer Kinder wenden sie wenig. Bis ins sechste Jahr und länger geht der Knabe nackt. Die erste Kleidung, die er hernach bekommt, besteht in einem schmalen Streifen von blauem Tuch, der zwischen den Beinen locker durchgeht und mit einem Riemen gebunden wird. Den Mädchen hingegen wird, sobald sie gehen lernen, ein Röckchen umgebunden.

Gewöhnlich gibt der Vater seinem Kinde im fünften oder sechsten Jahre einen Namen, der, nach seinem Vorgehen, ihm durch einen Traum bekannt gemacht worden. Dieses geschieht bei einem Opfer, auf eine feierliche Weise durch Gesang. Das nennen sie »über das Kind beten«. Ebenso feierlich gehen sie zu Werke, wenn sie einem Erwachsenen, der schon einen Namen hat, um ihn zu ehren, einen dazu geben. Wenn aber die Mutter dem Kinde einen Namen gibt, so macht sie nicht soviel Umstände und nennt es etwa nach einer Eigenschaft, die ihr an demselben besonders gefällt, als das schöne Kind, das Großauge, u. dgl. Einem Kinde, das sie nicht lieb haben, geben sie auch wohl einen garstigen Namen.

Wenn die Mädchen heranwachsen, so suchen die Mütter sie nach und nach zur Arbeit zu gewöhnen, lassen sie daher gelegentlich ihnen zur Hand gehen und sind überhaupt darauf bedacht, daß sie die weiblichen Geschäfte in Zeiten lernen. Die Knaben aber werden zu keiner Arbeit angehalten; gehen also ihren Einfällen nach, nehmen vor, was ihnen beliebt, und niemand wehret ihnen. Tun sie anderen Schaden, werden sie nur mit guten Worten darüber erinnert, und die Eltern bezahlen den Schaden lieber doppelt und dreifach, als daß sie ihre Kinder darüber bestrafen sollten.

Da die Knaben Jäger und Krieger werden sollen, so üben sie sich schon früh im Gebrauch des Bogens und schießen nach einem Ziel. Werden sie größer, so schießen sie Tauben, Eichhörnchen und anderes kleines Wild und erlangen darin eine große Fertigkeit. Wächst der Knabe noch mehr heran, so bekommt er eine Flinte oder gezogene Büchse. Der erste Hirsch, den er schießt, veranlaßt allemal eine Feierlichkeit. Ist es ein Bock, so wird er gleich mit Haut und Haar einem al-

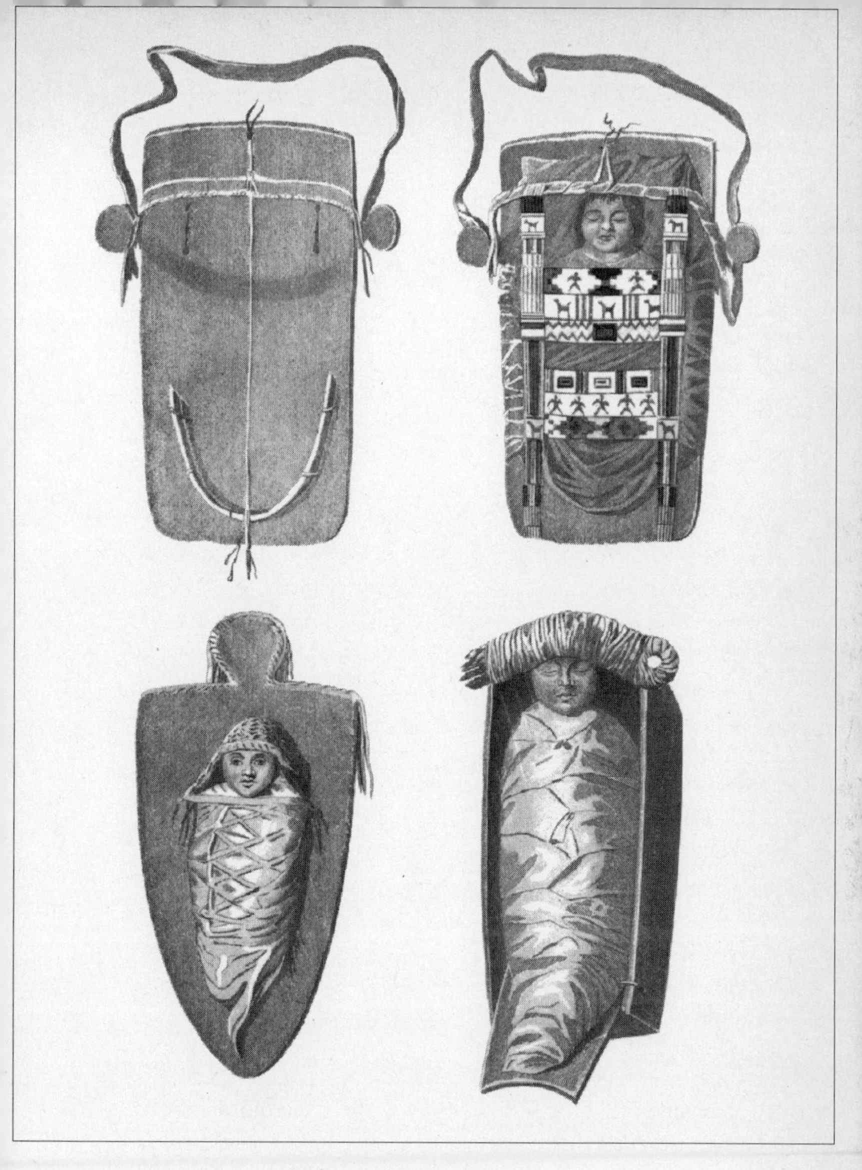

Indianische Kindertragen

(Aus: Francis S. Drake, *The Indian Tribes of the United States*, London and Philadelphia 1885)

ten Manne geschenkt, der damit alle alten Männer im Dorfe traktiert. Bei der Mahlzeit geben diese dem Knaben, der dabei nur Zuschauer ist, allerlei gute Lehren, die Jagd und sein ganzes Leben betreffend. Sonderlich ermahnen sie ihn, ihnen gehorsam zu sein. Zugleich bitten sie Gott für ihn um Glück und langes Leben. Ist aber sein erstes Wild eine Hirschkuh, so wird sie einer alten Frau geschenkt, welche dabei ebenso verfährt wie der alte Mann bei dem Hirschbock.

Bisweilen werden junge Knaben auf eine sonderbare Weise zu dem, was man gern aus ihnen machen möchte, vorbereitet oder geprüft, wozu sie etwa ein besonderes Geschick haben. Man läßt sie zu dem Ende so oft und so streng fasten, daß sie von allen Leibeskräften abkommen, in seltsame Phantasien geraten und wunderliche Träume haben, über die sie fleißig befragt werden, bis sie endlich einen bedeutenden bekommen oder gehabt zu haben vorgeben. Dieser wird umständlich ausgelegt und ihnen demgemäß feierlich angekündigt, wozu sie bestimmt sind. Das prägt sich ihrem Gemüte tief ein, und je älter sie werden, desto eifriger suchen sie ihre vermeinte Bestimmung zu erreichen, und halten sich für ganz besondere Menschen, die vor anderen einen großen Vorzug haben. So wird aus einem solchen Knaben ein Arzt, ein großer Jäger, ein reicher Mann, ein Zauberer oder ein Capitain, je nachdem sein Traum beschaffen war, oder vielmehr, er wird das, wozu seine Eltern oder Freunde ihn bestimmt hatten. Dabei handelt er in seinem Privatleben schon als Jüngling völlig nach seinem eigenen Gefallen, ist sich seiner Freiheit bewußt und verträgt keinen Zwang. Die Eltern sehen dieses mit Wohlgefallen, und mancher Vater freut sich, einen so mannhaften Sohn zu haben, der sich selbst regieren kann. Im übrigen werden die Kinder durch den Unterricht und das Exempel ihrer Eltern gleichsam von der Wiege an gewöhnt, alle Leidenschaften zu unterdrücken, und sie bringen es darin unglaublich weit.

Sind die Eltern versichert, daß ihre Kinder versorgt oder doch imstande sind, sich selbst Nahrung und Kleider zu verschaffen, so sorgen sie für dieselben weiter nicht, tragen es auch nie drauf an, ihnen eine gute Erbschaft zu hinterlassen. Denn jeder Indianer weiß, daß nach seinem Tode alles, was er hat, Fremden zuteil wird.

Wird eine Frau Witwe, so nehmen die Verwandten des Verstorbenen alles weg, was ihm gehörte, und teilen es an fremde Leute aus, ohne

das geringste davon für sich zu behalten. Das tun sie, weil sie den Toten vergessen wollen und sich fürchten, es möchte durch ein Stück von seinen Sachen sein Andenken bei ihnen erneuert werden. Die Kinder erben also sowenig wie die Witwe und die Verwandten. Vermacht ein Indianer ausdrücklich seine Büchse oder sonst etwas einem seiner Freunde, so bleibt es dabei, und niemand wendet etwas dagegen ein. Auch was der Mann seiner Frau bei Lebzeiten geschenkt hat, behält sie als ihr Eigentum. Man wird sich also nicht wundern, daß indianische Eheleute nicht in Gemeinschaft der Güter leben. Wäre es anders, so würde die Frau nach ihres Mannes Tode ebenso wenig behalten wie der Mann nach dem Tode seiner Frau.
Eine Witwe, die sich nach dem alten Herkommen richten will, darf unter einem Jahr nicht wieder heiraten. Denn ihr Mann verläßt sie, wie die Indianer sagen, nicht eher als nach einem Jahr; alsdann erst geht seine Seele an ihren Ort. Gleichwohl muß sie selbst sehen, wie sie sich durchbringt, und erlebt gemeiniglich böse Tage, sonderlich wenn sie noch unerzogene Kinder hat. Fleisch kann sie nicht einmal für Bezahlung bekommen, denn die Indianer haben den Aberglauben, daß ihre Büchsen verderben würden, daß sie damit kein Wild mehr töten könnten, wenn eine Witwe von einem Tier äße, das sie geschossen haben. Doch wird ihnen bisweilen von guten Freunden etwas zugesteckt. Ist aber das Witwenjahr verflossen, so wird sie von den Freunden ihres verstorbenen Mannes gekleidet und ernährt, und ihre Kinder werden ebenso versorgt. Auch schlagen sie ihr gern einen andern Mann vor oder sagen ihr wenigstens, daß sie nun frei sei und für sich selbst sorgen könne. Hat sie aber ihr Witwenjahr nicht ausgehalten, sondern vor der Zeit wieder geheiratet, so bekümmern sie sich nicht weiter um sie. Auf ähnliche Art wird ein Witwer von den Freunden seiner verstorbenen Frau behandelt; sie glauben, daß er noch zu ihrer Familie gehört. Ist sein Witwerjahr zu Ende, so schaffen sie ihm gern wieder eine Frau nach ihrem Sinne. Hat die Verstorbene etwa eine Schwester hinterlassen, die noch ledig ist, so tragen sie vorzüglich darauf an, daß er diese heirate.
Bei dieser Gelegenheit bemerke ich nur noch, daß die Verwandtschaften der Indianer ungemein weitläufig sind, weil sie so oft ihre Weiber wechseln.

Während viele Bleichgesichter das medizinische Wissen der Indianer geringschätzten, suchten die Herrenhuter Missionare auch auf diesem Gebiet in die Denkweisen und Erfahrungen ihrer »roten Brüder« einzudringen. Was sie zutage förderten, ist auch heute noch von Interesse, allein schon deshalb, weil es die enge Verbindung der Indianer mit der Natur zeigt.

Krankheiten der Indianer und ihre Mittel dagegen

Georg Heinrich Loskiel

Diejenigen Indianer, von denen hier die Rede ist, sind fast mehr Arten von Krankheiten unterworfen als die Europäer, wozu ihre Lebensart, sonderlich die Jagd, vieles beiträgt. Denn auf der Jagd schleichen sie nicht etwa nur im Busche herum, das Wild unvermerkt zu erhaschen; sondern laufen so schnell hinter demselben her, daß sie oftmals die Hirsche ermüden, und so anhaltend, daß sie sich manchmal über zwei Meilen weit von ihrer Jagdhütte entfernen. Auch wissen sie alsdann beim Heben und Tragen weder Maß noch Ziel zu halten. Einen Hirsch von hundert bis hundertfünfzig Pfund ein großes Stück Weges aus dem Busch nach Hause zu schleppen, hält der Indianer für etwas leichtes und tut wenigstens nicht, als ob es ihm schwer würde; wenn man gleich sieht, daß er darunter erliegen möchte. Dabei hungern sie oft von früh bis in die Nacht. Dazu kommt noch der oftmalige schnelle Übergang aus dem äußersten Mangel in den reichsten Überfluß, dabei sie ihrem Appetit keine Schranken setzen. Die Folgen davon zeigen sich gemeiniglich im Alter aufs empfindlichste.

Die Weibsleute tragen alles mit dem Kopfe, an einem Tragbande, das um die Stirn herum befestigt ist. Daran hängt die ganze Last, die auf ihrem Rücken ruht und nicht selten über einen Zentner beträgt. Da-

her kann es kommen, daß sie bei zunehmenden Jahren oft mit Reißen und Steifigkeit im Nacken und Rücken beschwert sind.
Die gewöhnlichsten Krankheiten der Indianer sind Seitenstechen, Schwäche und Schmerzen des Magens und der Brust, Schwindsucht, Gliederreißen, die rote und weiße Ruhr, kalte und hitzige Fieber. Die Epilepsie und Raserei ist selten. Unter den Weibsleuten ist der Blutfluß sehr gemein, auch bei alten.
Die Blattern wurden ihnen von den Europäern zugebracht, und das ist eine der vornehmsten Ursachen, warum sie den Europäern nicht gut sind. Denn diese Krankheit ist ihnen überaus ekelhaft und fürchterlich, und man sieht sie fast nie so mut- und ratlos, als wenn sie sich unter ihnen äußert. Ihre nächsten Blutsfreunde, die damit befallen werden, können sie im Busche einsam liegen lassen, nur daß sie ihnen etwas Speise und Trank hinsetzen. Die Kranken selbst scheinen sogleich voll Verzweiflung zu sein und wissen nicht, was sie vor Unmut angeben sollen. Die meisten sterben, ehe die Blattern recht zum Vorschein kommen.
Seit einiger Zeit ist auch die venerische Seuche unter ihnen eingerissen, und verbreitet sich immer mehr. Auch die Einführung dieses Übels schreiben sie den Europäern zu.
Durchgängig sind die Indianer elende Krankenwärter. Solange jemand noch essen kann, halten sie ihn nicht für krank; erst wenn er alle Eßlust verloren hat, wird sein Zustand als gefährlich angesehen. Hat er sich wund gelegen, und kann er sich nicht mehr rühren, so wird er neben dem Feuer auf Gras oder Heu gelegt und unter ihm ein Loch in die Erde gemacht, wo hinein er seine Notdurft verrichtet. Eine dünne Suppe von gestoßenem Welschkorn, ohne Butter und Salz, ist die gewöhnliche Speise der Kranken, die sich aber nicht immer dieser Diät untergeben, sondern manche essen und trinken auch in kranken Tagen, was sie gelüstet.
Ihr allgemeines und erstes Hilfsmittel gegen alle großen und kleinen Krankheiten ist das Schwitzen. Daher findet man bei jedem Dorfe einen von den Wohnungen etwas abgelegenen Schwitzofen, der entweder von Pfählen und Brettern gemacht und mit Erde zugedeckt ist, oder in einem Loche besteht, das in einen Hügel gegraben ist. Wenn sie nun schwitzen wollen, so kriechen sie nackt hinein und lassen ei-

nige heißgemachte Steine hineinlegen. Alsdann wird das Türchen des Ofens fest zugemacht, und so geraten sie in einen Schweiß, der ihnen tropfenweise vom Leibe fließt. Sobald es ihnen aber zu heiß wird, kriechen sie heraus, springen in das nahe fließende Wasser, darin sie doch nicht leicht über eine halbe Minute bleiben. Aus dem kalten Wasser kriechen sie geschwind wieder in den Ofen, und wiederholen dieses drei- bis viermal. Hernach rauchen sie ihre Pfeife mit Wohlgefallen und verlieren alle Müdigkeit. Die Weibsleute haben entweder ihren besonderen Schwitzofen; oder sie bedienen sich dieser Kur gar nicht.

Hier und da trifft man größere Schwitzöfen an, darin mehrere Personen Platz haben. Manche begießen die glühenden Steine von Zeit zu Zeit mit Wasser, um den Dampf zu vermehren und den Schweiß zu fördern.

Viele Indianer haben auch in gesunden Tagen die Gewohnheit, daß sie wöchentlich ein paarmal in den Schwitzofen kriechen, bloß um sich zu erfrischen. Einige bereiten sich dadurch auf ein Geschäft vor, das viel Überlegung und List erfordert.

Will das Schwitzen gegen den Anfall einer Krankheit nicht hinlänglich sein, so versuchen sie andere Mittel. Die meisten glauben, daß nur diejenigen Mittel helfen, die ihnen von Ärzten gegeben werden, deren es unter ihnen sehr viele aus beiden Geschlechtern gibt.

Diese haben ihre Kunst entweder durch Unterricht von anderen, oder sie haben selbst mit verschiedenen Arzneien Proben gemacht und dadurch einige Erfahrung erlangt. Besonders verlegen sich alte Indianer, die mit Jagen nichts mehr erwerben können, sehr gern auf die Arzneikunst; weil sie dabei ihr Durchkommen reichlich finden können. Einer hat von den Kräften einiger Wurzeln und Kräuter gute Kenntnisse, der andere von Baumrinden; nur wissen sie nicht, wo und wie sie dieselben sicher anwenden sollen. Daher gar viele Kranke Opfer ihrer Unwissenheit werden. Ihre Kenntnisse halten sie gewöhnlich sehr geheim, so daß sie mit ihrem Tode gemeiniglich verlorengehen. Einige aber teilen sie kurz vor ihrem Tode einem ihrer Kinder oder guten Freunden als Vermächtnis mit.

Die indianischen Ärzte lassen es nie bei dem bloßen Gebrauch der Arzneien bewenden, sondern nehmen immer besondere geheimnisvolle Zeremonien mit zu Hilfe, um ihren Kuren das Ansehen zu geben, als ob etwas mehr als Natürliches dahinter wäre. Das scheint ihnen darum nötig zu sein, weil ihre Patienten glauben, daß in allen Krankheiten etwas Übernatürliches sei. Die Ärzte sammeln also die Wurzeln und Kräuter mit wunderlichen Zeremonien und bereiten sie zu Arzneien unter Anrufung des großen Geistes, mit dem sie in besonderer Gemeinschaft zu stehen vorgeben. Auch die Anweisung, die sie den Kranken über den Gebrauch derselben geben, erfolgt unter allerhand gaukelhaften Bewegungen und Äußerungen. Sie behaupten, daß sie den bösen Geist, der die Leute krank mache, in die Wildnis treiben und daselbst binden können. Um so mehr aber verlangen sie auch von ihren Patienten den pünktlichen Gehorsam und versichern oft mit großem Nachdruck, daß derjenige, der sie verachte und ihre Mittel nicht brauchen wolle, notwendig sterben müsse. Ihren Beruf zur Ausübung der Arzneikunst beweisen sie allenfalls aus sonderbaren Träumen, die sie in ihrer Jugend gehabt haben, wodurch ihnen eine besondere Macht erteilt worden, Kranke gesund zu machen. Dieser Kunstgriff dient ihnen nicht selten, ihr wankendes Ansehen wieder zu festigen. Dabei lassen sie sich durchgehend sehr gut bezahlen. Will ein Kranker einen Arzt haben, so muß die Bezahlung schon bereitliegen, wenn derselbe ins Haus kommt, und sie muß ansehnlich sein. Ist sie gering, so können die Patienten darauf rechnen, daß auch weniger Umstände und Zeremonien mit ihnen gemacht und die Mittel nach ihren Gedanken nichts helfen werden. Wenn daher ein Kranker so arm ist, daß er die Bezahlung nicht aufzubringen weiß, so treten die Verwandten bisweilen zusammen und geben so viel her, daß der Arzt bezahlt werden kann. Hat dieser Punkt seine Richtigkeit, so fängt er an als Arzt zu handeln, bezeigt sich überaus wichtig und sagt mit großer Zuversicht, was für eine Krankheit es sei, woher sie entstanden und ob der Kranke wieder gesund werden könne. Dabei schreibt er ihm umständlich vor, wie er im Essen und Trinken sich zu verhalten habe, auch wohl, was für ein Opfer er tun müsse, und hierauf folgen die Arzneien. Wird der Patient besser, so schreibt er es der Geschicklichkeit seines Arztes zu. Erfolgt das Gegenteil, so wendet er sich an einen anderen, und von diesem zum dritten, worüber er in die bitterste Armut geraten kann.

In weiblichen Krankheiten wissen die weiblichen Ärzte verschiedene Mittel, die ihre Wirkung sehr geschwind tun. Bei einer schweren Niederkunft, dergleichen zwar nicht oft, aber doch bisweilen vorkommt, sind sie imstande, sehr geschwind zu helfen. Wenn Mütter ihre Kinder aus Mangel an Milch nicht säugen können, so wissen sie durch einen Trank diesem Mangel gar bald abzuhelfen. Sie tun aber auch mit ihrer Wissenschaft äußerst geheim.
Ein Hauptfehler ihrer Ärzte ist, daß sie beim Gebrauch innerer Arzneien das rechte Maß nicht zu halten wissen und oftmals die Naturen zu stark angreifen. Äußerliche Schäden verstehen sie besser und leichter zu heilen. Quetschungen und Wunden behandeln sie mehrenteils recht gut; auch können sie Splitter, Stücke Eisen und dergleichen so geschickt herausziehen, daß die Wunde dadurch nicht größer wird. Mit Arm- und Beinbrüchen wissen sie vortrefflich umzugehen, auch verrenkte Glieder wieder in Ordnung zu bringen. Ersteres kommt selten, letzteres hingegen sehr oft vor. Ein Indianer, der ganz allein im Busche sich den Fuß oder das Knie verrenkt hat, hilft sich selbst damit, daß er zum nächsten Baume kriecht, an welchem er das eine Ende seines Tragbandes, welches er immer bei sich hat, und das andere an dem verrenkten Fuß befestigt; hierauf sich auf den Rücken legt und zieht, bis das Glied wieder in Ordnung ist.
Ein Dekokt, ein Absud, von Buchenblättern dient den Ärzten bei Brandschäden und Frostbeulen als ein sicheres und geschwind wirkendes Mittel. Auf andere Beulen und Blutschwären, die man häufig bei den Indianern findet, legen sie warmen Brei von Welschkornmehl, erweichen sie damit, und schneiden sie hernach auf. Zum Aderlassen brauchen sie ein Stückchen Feuerstein oder Glas, binden es an ein Stöckchen, setzen es auf die Ader und schlagen darauf, bis Blut kommt. Zum Zahnausziehen ist ihnen fast jede Zange gut genug. Wer unter der plumpen Operation klagt und schreit, wird vom Arzt und den Umstehenden nur ausgelacht.
Das Gliederreißen behandeln die meisten Ärzte als einen bloß äußerlichen Schaden, lassen dabei innerlich nichts gebrauchen, sondern schröpfen denjenigen Teil des Leibes, wo die Schmerzen am heftigsten empfunden werden. Sie ritzen nämlich die Haut mit einem Messer, setzen ein Gefäß, einen kleinen Kalabasch, auf, und anstatt einer

Ein Medizinmann wacht bei einem Patienten
(Aus: Francis S. Drake, *The Indian Tribes of the United States*,
London and Philadelphia 1885)

Lampe brennen sie dabei Birkenrinde. Einige aber nehmen auch innerliche Mittel zu Hilfe, wodurch das Übel aus dem Grunde gehoben wird. Können sie mit zwei- oder dreierlei Wurzeln ihren Zweck nicht erreichen, so brauchen sie wohl zwanzigerlei auf einmal. Das Baden und Schwitzen ist dabei allemal eine Hauptsache. Manche legen in Gliederschmerzen die Weißwalnußrinde *(Juglans alba)* äußerlich auf. Dadurch treiben sie den Schmerz von einem Fleck zum andern, bis die Materie, die ihn verursacht, irgendwo ausbricht. Diese Rinde ist sehr feurig; wenn sie eine Weile gelegen hat, verursacht sie einen beißenden Schmerz, und die Haut wird, als ob sie verbrannt wäre. Bei Kopfschmerzen legen sie ein Stückchen davon auf die Schläfe, bei Zahnschmerzen aber auf den Backen, wo sich der schadhafte Zahn befindet. Gedörrte Rinde fein gestoßen, zu einer scharfen Lauge gekocht und warm auf frische Wunden gelegt, stillt das Blut vortrefflich und läßt keine Geschwulst aufkommen. Nachdem sie aber ein oder zwei Tage gebraucht worden, muß etwas anderes aufgelegt werden, z.B. die Sarsaparillen-Wurzel *(Smilax Sarsap.)* die so heilsam ist, daß die Wunde gar bald zugeht.

Vorzüglich verstehen sie sich auf die Kur der Schlangenbisse und haben gegen den Biß einer jeden giftigen Schlangenart eine besondere Arznei, z.B. den Klapperschlangen-Wegerich *(Polygala Senega)*, dessen Blätter sich gegen den Biß der Rasselschlange ungemein wirksam beweisen. Dieses Mittel hat Gott reichlich verliehen, indem es überall, wo dergleichen Schlangen sich aufhalten, häufig gefunden wird. Es ist merkwürdig, daß gerade um die Zeit, da der Biß dieser Tiere am gefährlichsten ist, auch dieses Kraut seine größte Vollkommenheit erreicht hat. Die Indianer sind von der untrüglichen Kraft dieses Gegengiftes so überzeugt, daß mancher sich für etwas Branntwein von der Rasselschlange beißen läßt. Man kaut die Blätter, legt sie sogleich auf die Wunde und läßt den Kranken etwas von dem Safte oder auch Fett oder Butter innerlich nehmen, bei entstehendem Durst aber versagt man ihm alles Trinken. Die gekaute Schlangenwurzel *(Aristolochia serpentaria)* ist ebenfalls zum Auflegen dienlich. Ein Dekokt von den Knospen oder der Rinde der weißen Esche *(Fraxinus carolin.)* innerlich gebraucht, soll gleichfalls die schädlichen Wirkungen dieses Giftes verhindern. Salz ist ein neu entdecktes Mittel. Legt man es gleich auf die Wunde oder wäscht sie mit Sole aus, so soll keine Gefahr weiter zu befürchten sein. Auch das Fett der Schlange selbst, wenn es in die Wunde eingerieben wird, soll gute Wirkung tun.

Wer durch diese Mittel gerettet worden, pflegt doch jährlich einmal eine kleine Anwandlung von den fürchterlichen Zufällen zu haben, die er empfand, als er gebissen wurde. Wird aber die Kur nachlässig behandelt, so sind die Folgen traurig. In Pennsylvanien wurde ein am Bein gebissener Knabe nicht gründlich geheilt; es währte nicht lange, so bekam sein ganzes Bein die Farben der Klapperschlange, das Fleisch faulte, fiel stückweise ab, und er kam jämmerlich ums Leben. Das getrocknete Fleisch der Rasselschlange in Suppen gekocht, soll nahrhafter als Vipernfleisch und in der Schwindsucht dienlich sein; auch ihre Galle wird als Arznei gebraucht. Wird ein Stück Vieh gebissen, so brauchen die Indianer eben dieselben Mittel, und die gute Wirkung zeigt sich noch weit geschwinder als bei Menschen.

Die Haut, die die Schlangen jährlich abwerfen, trocknen die Indianer, stoßen sie fein, und brauchen sie innerlich in vielen Fällen. Steinbirkenrinde *(Betula?)* fein gestoßen und in Wasser getan, halten sie für ein gutes Reinigungsmittel. Die Rinde und Wurzel der stachlichten Esche *(Aralia spinosa)* brauchen sie ebenfalls zur Blutreinigung, indem sie ein Dekokt davon bereiten. Ein jeder medizinischer Trank aber macht bei ihnen einen ziemlich großen Kessel voll aus. Denn alle Mittel, die ihnen helfen sollen, müssen in die Augen fallen; und weil ein solcher Trank nicht sehr stark ist, so können sie auch viel davon vertragen.

Ich will hier noch einige ihrer officinellen Pflanzen anführen: Der Zahnwehbaum *(Zanthoxylum Clava Herculis)* hat eine Ähnlichkeit mit der Esche und heißt so, weil die Indianer das Holz als ein Mittel gegen die Zahnschmerzen brauchen.

Der Tulpenbaum *(Liriodendron tulpifera)*, der auch in Pennsylvanien und allen südlichen Provinzen angetroffen wird, gehört unter die allerhöchsten und stärksten Bäume. Sein Stamm hat oft über zwanzig Fuß im Umfang, und wird zu Brettern, Booten, Schüsseln, Löffeln und allerlei Tischlerarbeit gebraucht. Die Blüte ist sehr prächtig, eigentlich aber ist nur die Frucht einer geschlossenen Tulpe ähnlich.

Manche Indianer halten letztere, wie auch die Schale der Wurzel, für ein sicheres Mittel gegen Fieber.
Hundeholz *(Cornus florida)* sieht man dort auch; doch wächst es nicht hoch und wird nicht dick. Von der Rinde glauben viele, daß sie mit der Chinarinde einerlei Kraft habe.
Wilde Lorbeeren *(Laurus aestivalis)* wachsen in den fetten Niederungen gar häufig; sie sind kleiner als die gemeinen Lorbeeren, schmecken aber fast ebenso. Sie wachsen auf Sträuchern, und das Holz hat einen starken würzhaften Geruch und Geschmack. Von letzterem bereiten die Indianer einen medizinischen Trank.
Von Sassafras *(Laurus Sassafras)* findet man zuweilen Stämme, die über dreißig Fuß hoch sind; gemeiniglich aber, und sonderlich in den nördlichen Gegenden, erreicht der Stamm nur die Höhe eines Strauches. Die Rinde und Wurzeln wären dem Holz vielleicht vorzuziehen. Die Blumen werden von vielen wie Tee gebraucht, und die Indianer bedienen sich auch der Beeren.
Der Fieberbusch *(Sambucus canadensis)* hat das Ansehen von spanischem Flieder und trägt eine rötliche Beere, die einen gewürzhaften Geruch hat. Ein Dekokt von dem Holz oder den Knospen ist ein vortreffliches Mittel gegen das kalte Fieber, und die Indianer brauchen es auch gegen alle Arten von Entzündungen.
Der giftige Fliederbaum *(Rhus Vernix)* hat die besondere Eigenschaft, daß er manchen Leuten giftig wird, selbst wenn sie ihm nur auf etliche Schritte nahe kommen und der Wind die Ausdünstung davon auf sie zuweht; dahingegen andere seine Rinde und Blätter ohne den geringsten Nachteil berühren, sogar kauen können. Sein Gift ist zwar nicht tödlich; der ganze Körper aber schwillt davon auf und wird mit einem Ausschlag bedeckt, der, wenn er seine Reife erlangt hat, zusammenfließenden Blattern ähnlich ist. Die Indianer brauchen dagegen den Safran-Tee, auch eine Salbe aus Sane und Eibisch *(Althaea offic.)*.
Wintergrün *(Pyrola umbellata)* ist eine Art von Myrtenstrauch und hat weiße Blüten. Die Beeren sind rot, so groß wie Schlehen, glatt und rund, und erreichen ihre Reife im Winter, durch die Wärme des Schnees. Die Indianer essen diese Beeren zur Stärkung des Magens.
Eine Art Steinflechte *(Lichen islandicus?)* wird von ihnen für ein gutes Mittel gegen die Auszehrung gehalten.

Narden wächst dort an Bächen, auf felsigen Stellen und wird etwa achtzehn Zoll hoch. Diese Pflanze trägt Büschel von schwarzen Beeren, die etwas größer sind als Holunderbeeren und eine balsamische Eigenschaft haben, daß wenn Branntwein darauf gegossen wird, solches ein angenehmes Mittel zur Stärkung abgibt.
Gargit *(Phytolacca decandra?)*, ein großes Kraut, hat Blätter, die etwa sechs Zoll lang und über zwei Zoll breit sind, und trägt rote Beeren, die man Taubenbeeren nennt, weil die Tauben sie vorzüglich lieben. Legt man einem Fieberkranken die Wurzel an die Hände und Füße, so zieht sie die Feuchtigkeiten stark an sich.
Die Jalappa *(Convolvulus Jalappa)*, die im Indianerland häufig wächst, verordnen die Ärzte zum Abführen; auch wenn jemand Reißen in den Beinen hat, braten sie manchmal die Wurzel, schneiden sie voneinander und binden sie dem Kranken so warm, als er es leiden kann, unter die Fußsohle.
Der Ipecacuanha *(Viola Ipecacuanha)* bedienen sie sich nicht nur als eines Brechmittels, sondern auch gegen den Schlangenbiß.
Die Sarsaparille *(Smilax Sarsaparilla)*, wovon die Rinde der Wurzel in der Medizin gebraucht wird, wächst sonderlich im Lande der Irokesen in großer Menge. Ihr vortreffliche Wirkung ist allgemein bekannt.
Sanickel *(Sanicula canadensis)* hat eine Wurzel, die, wenn Branntwein darauf gegossen wird, ein gutes Heilungsmittel bei Verwundungen abgibt.
Goldfaden *(Fibra aurea)* ist eine Pflanze, die nur an sumpfigen Orten wächst. Ihre Wurzeln sehen einem großen verwickelten Knäuel Zwirn von einer glänzenden Goldfarbe ähnlich. Die Indianer brauchen sie sonderlich bei Verletzungen im Munde. Ihr Geschmack ist ungemein bitter.
Weißwurz *(Convallaria verticillata)* wird wegen ihrer blutreinigenden Eigenschaft von den Indianern geschätzt.
Von einer Art Scabiosen *(Scabiosa succisa)*, Teufelsabbiß genannt, glauben manche Indianer, sie sei ehedem ein allgemeines Mittel gegen alle nur möglichen Krankheiten der Menschen gewesen; der böse Geist aber habe sie wegen des Besitzes dieser herrlichen Arznei beneidet und ihr einen großen Teil ihrer Kräfte durch seinen Biß geraubt.

Blutwurz *(Sanguinaria canadensis)* ist eine Art von Wegerich. Wenn man die Wurzel bricht, so läßt sie etliche Tropfen Saft fallen, die wie Blut aussehen. Dieser Saft ist ein starkes und gefährliches Brechmittel.
Zehrwurz *(Arum maculatum)* hat eine Wurzel wie eine kleine Rübe, und diese hat das Besondere, daß, wenn man dran leckt, die Zunge dadurch entzündet, wund und hart wird und eine Weile so bleibt, ohne daß ein anderer Teil des Mundes dabei leidet. Trocknet man sie, so verliert sie diese Kraft und wird zu einer guten Arznei, vornehmlich bei Krankheiten der Eingeweide.
Die Virginische Schlangenwurzel *(Aristolochia Serpentaria)* ist ungemein bitter und wird von den Indianern als ein schweißtreibendes und magenstärkendes Mittel häufig gebraucht.
Ginseng *(Panax quinquefolium)*, eine Pflanze, deren Wurzel zuerst aus Korea über Japan nach Europa gebracht wurde, wächst in Nordamerika wild. Die Wurzel wird in China und anderen asiatischen Ländern als ein Universalmittel angesehen, wozu jedermann in allen Krankheiten seine Zuflucht nimmt. Gekaut soll sie den Magen ungemein stärken. Ehedem war sie überaus teuer. In Holland galt ein Loth fünfundzwanzig Gulden. Vor etwa dreißig Jahren aber bekam ein Kaufmann in Nordamerika den Auftrag, eine Quantität von dieser Wurzel nach London zu schicken, und trug einigen Indianern auf, ihm davon soviel zu verschaffen, als sie könnten, und bezahlte es ihnen teuer genug. Seit dieser Zeit ist der Preis der Wurzel sehr merklich gefallen, weil man nun sah, daß sie so häufig zu haben war.
Eine unter den Indianern vorzüglich beliebte Arznei ist das Öl, welches aus der Erde, gemeiniglich mit Wasser zugleich, hervorquillt. Ein Indianer, der die Blattern hatte, legte sich in einen Morast, um sich abzukühlen, und ward gesund. Bei dieser Gelegenheit wurde eine Ölquelle in dem Moraste entdeckt. Seitdem hat man im Land der Delawaren und Irokesen verschiedene Ölquellen gefunden. Sie sind entweder in fließendem oder stehendem Wasser. In diesem sammelt sich das Öl auf der Oberfläche und wird abgeschöpft; in jenem fließt es mit dem Wasser fort, mit dem es zugleich aus der Erde hervorquillt. Auch mitten in Bächen und Flüssen werden dergleichen Ölquellen wahrgenommen; wie denn einige Missionarien zwei dergleichen in Ohio entdeckt haben. Sie sind leicht auszumachen; ihr star-

ker Geruch verrät sie. Selbst das Fluß- und Bach-Öl kann man in einer Entfernung von vier bis fünfhundert Schritten riechen. Das Erdreich in der Nähe der Ölquellen ist schlecht, gemeiniglich kalt, leimig und mit Sand bedeckt. Es wächst in der Nähe auch weder gutes Gras noch Holz; höchstens einige kleine und verkrüppelte Eichen. Von Steinkohlen scheint es nicht herzukommen; denn wo Ölquellen sind, hat man noch keine Spur von Steinkohlen wahrgenommen, sondern nur Sandsteine, und in den Gegenden, wo es Steinkohlen in Menge gibt, z. B. am Muskingum, sind keine Ölquellen zu finden, obgleich die Indianer fleißig danach gesucht haben. Die Farbe dieses Öls ist braun, und im Geruch hat es eine kleine Ähnlichkeit mit dem Teer. Wenn die Indianer das Öl von stehenden Wassern sammeln, so nehmen sie erst das alte ab und gießen es weg, weil es einen stärkeren Geruch hat als das frische. Alsdann setzen sie das Wasser durch Umrühren in starke Bewegung; weil der Zufluß des Öls mit der Bewegung wächst. Wenn sich das Wasser wieder gesetzt hat, schöpfen sie das Öl in Kessel und reinigen es von dem beigemischten Wasser durch Kochen. Sie brauchen es meist äußerlich und schmieren die schmerzhaften Teile damit, z. B. bei Zahn- und Kopfschmerzen, Geschwulst, Gliederreißen, Verrenkung und dergleichen mehr. Manche nehmen es auch innerlich, und es hat wenigstens noch niemandem geschadet. Es kann auch in Lampen gebrannt werden. Die Indianer lassen sich von weißen Leuten die Kanne manchmal mit vier Guineen, das ist vierundzwanzig Reichstaler, bezahlen.
Eine der traurigsten Ursachen der schmerzlichsten Krankheiten und plötzlichen Todesfälle unter den Indianern ist die Giftmischerei. Dazu fehlt es ihnen nicht an giftigen Gewächsen, deren Wirkung sehr ver-

Nanticoke (Nantikok)

Die Nanticoke zählen zur Algonkin-Sprachfamilie und sind mit den Delawaren eng verwandt. Sie lebten am Nanticoke River im heutigen Staat Maryland, wurden aber mehrmals von den weißen Siedlern vertrieben und ließen sich um die Mitte des achtzehnten Jahrhunderts am oberen Susquehanna nieder, wo ihnen die Irokesen Schutz gewährten. Ihre Kopfzahl wird für 1765 auf etwa 500 geschätzt.

schieden ist. Eine Art ihres Giftes wirkt nach und nach, in drei bis vier Monaten, aber unfehlbar. Eine andere verursacht ebenfalls einen gewissen, aber noch langsameren Tod, erst in Jahr und Tag, und alle Mittel helfen dagegen nichts. Eine gewisse Art Gift wirkt schneller; aber seine Wirkung ist nicht so unwiderstehlich. Durch Brechmittel, wenn sie bald gebraucht werden, ist die Rettung des Vergifteten möglich. Ohne diese erfolgt der Tod in wenigen Stunden. Dieses Giftes bedienen sich auch die indianischen Selbstmörder.

Eine besondere Art von Gift ist den Irokesen und Delawaren durch die Nantikok bekannt geworden, womit sie Krankheiten und Tod über ganze Dörfer und Gegenden verbreiten können, daß die Leute wie an der Pest wegsterben. Die Nantikok, die unseligen Erfinder dieses mörderischen Mittels, haben sich selbst schon größtenteils dadurch aufgerieben. Es soll aber nur in dem Falle wirken, wenn etliche solcher Bösewichter eins werden, dasselbe zu brauchen. Vergeblich haben sich die Delawaren seit verschiedenen Jahren ernstlich bemüht, diese gefährliche Giftmischerei unter sich zu vertilgen. Sie sind daher immer in Furcht, vergiftet zu werden.

An gewissen seltsamen Krankheiten sollen die Zauberer schuld sein. Die rechten Meister in der Zauberkunst sollen, nach dem Vorgeben der Indianer, ohne Gift bloß durch ihre böse Kunst einen Menschen in Zeit von vierundzwanzig Stunden, oder in ein paar Tagen, töten können; wenn er auch hundert und mehr Meilen von ihnen entfernt ist. Andere sollen einem Menschen eine Krankheit anzaubern können, woran er viele Jahre zu leiden hat. Glauben die Ärzte, daß eine Krankheit Wirkung der Zauberei sei, so wissen sie weiter keinen Rat. Wenn sie aber auch einsehen, daß es bei dem Kranken, der sich für bezaubert hält, nur Einbildung ist, so lassen sie ihn gern in dem Wahn, damit sie, wenn die Kur gelingt, die Ehre haben, daß sie auch über die Zauberei Meister werden.

Auf die weißen Leute, sagen die Indianer, habe ihr Gift und ihre Zauberei wegen des vielen Salzes, das sie an ihre Speisen tun, keine Wirkung. Dadurch suchen sie doch nur die Europäer sicher zu machen. Es fehlt aber gar nicht an Beispielen, daß auch Europäer Opfer ihrer Giftmischerei geworden sind.

Für die Indianer des Waldlandes waren Wampums in Form von Schnüren und Gürteln Gegenstände von besonderer symbolischer Bedeutung. Natürlich mußten auch die Missionare genau darüber Bescheid wissen. Immerhin ist bemerkenswert, daß auch die Bleichgesichter eine bedeutende – von Loskiel extra hervorgehobene – Fertigkeit in der Herstellung von Wampumgürteln hatten. Sie resultierte aber wohl nicht aus einer Vorliebe für die indianische Kultur, sondern aus rein praktischen Erwägungen.

Wampumschnüre und Wampumgürtel

Georg Heinrich Loskiel

Die Benennungen Belt und String oder Fathom of Wampum, sind englisch-indianisch und werden, weil sie allgemein bekannt und im Gebrauch sind, hier füglich beibehalten. Wampum ist ein irokesisches Wort und heißt Seemuschelschale. Belt ist englisch und heißt Gürtel. Folglich ist ein Belt of Wampum ein aus Seemuschelschalen verfertigter Gürtel. String ist ebenfalls englisch und heißt Schnur. String of Wampum ist also eine Schnur oder ein Faden, woran Muschelschalen gereiht sind. Ist diese Schnur einen Klafter lang, so spricht man nicht von String, sondern braucht das englische Wort Fathom, d. i. ein Klafter. Ein Fathom of Wampum ist also eine ein Klafter lange Muschelschalenschnur. Aber gewöhnlich sagt man String of Wampum, die Schnur mag kurz oder lang sein.

Ehe Nordamerika von den Europäern entdeckt wurde, machten die Indianer ihre Belts und Strings meistens aus kleinen gleichgeschnittenen Stücken Holz, die sie schwarz oder weiß färbten. Nur sehr selten verfertigten sie dergleichen aus Muschelschalen, denen sie einen überaus hohen Wert beilegten, weil sie aus Mangel an Werkzeug sehr viel Zeit brauchten, um einen Wampum zu bereiten, und dennoch hatte ihre Arbeit ein ungeschicktes, rohes Aussehen.

Die Europäer fingen bald nach ihrer Ankunft in Amerika an, die Wampums aus Muschelschalen nett, sauber und in Menge zu verfertigen. Sie vertauschten sie an die Indianer gegen andere Waren und trieben damit einen sehr einträglichen Handel. Nun ließen die Indianer ihre hölzernen Belts und Strings fahren und verwendeten lauter muschelschalige, die nun zwar natürlich im Wert immer mehr fielen, ihnen aber doch jederzeit ungemein schätzbar blieben und es noch jetzt sind.

Diese Muschelschalen, die besonders von der neuengländischen und virginischen Seeküste geholt werden, haben nach ihren verschiedenen Farben verschiedenen Wert. Es gibt braune oder violette und weiße. Erstere sehen manchmal so dunkel aus, daß man sie für schwarz hält, und sind noch einmal so teuer wie die weißen. Aus solchen Seemuschelschalen werden viereckige, ungefähr ¼ Zoll lange und ⅛ Zoll dicke Stücke herausgesägt, und an einem umlaufenden Schleifstein rundlich oder oval gemacht. Der Länge nach wird ein Loch durchgebohrt, daß ein starker Bindfaden, ein Draht oder ein dünner lederner Riemen durchgezogen werden kann. Daran werden sie gereiht, und hieraus entstehen die Strings und Belts of Wampum. Eine einfache Muschelschnur heißt, wie oben erwähnt, String oder Fathom of Wampum. Wenn aber etliche solche Muschelreihen mit einem feinen Faden nebeneinander befestigt werden, so machen sie einen Belt of Wampum aus, der wegen seiner Breite das Aussehen eines Gürtels hat. Die Belts bestehen aus vier bis sechs und mehr Reihen Muschelschnüren, sind drei bis vier Finger breit und etwa drei Fuß lang, einige länger, andere kürzer. Es sind also vier, acht bis zwölf und mehrere Klafter Muschelschnüre dazu erforderlich, sowie die Länge und Breite des Belts es erheischt. Diese richtet sich nach der Wichtigkeit der Sachen, zu deren Bekräftigung oder Erläuterung sie übergeben werden, oder nach dem Ansehen und der Würde der Personen, denen man sie überreicht. Denn mit solchen Strings und Belts of Wampum wird bei allen feierlichen Verhandlungen der Indianer sowohl untereinander als mit Europäern auf beiden Seiten das, was vorgetragen wird, bestätigt und gleichsam besiegelt.

Ehedem brauchten sie statt eines Strings oder Belts auch wohl den Flügel eines großen Vogels. Bei einigen Völkern, die weiter nach We-

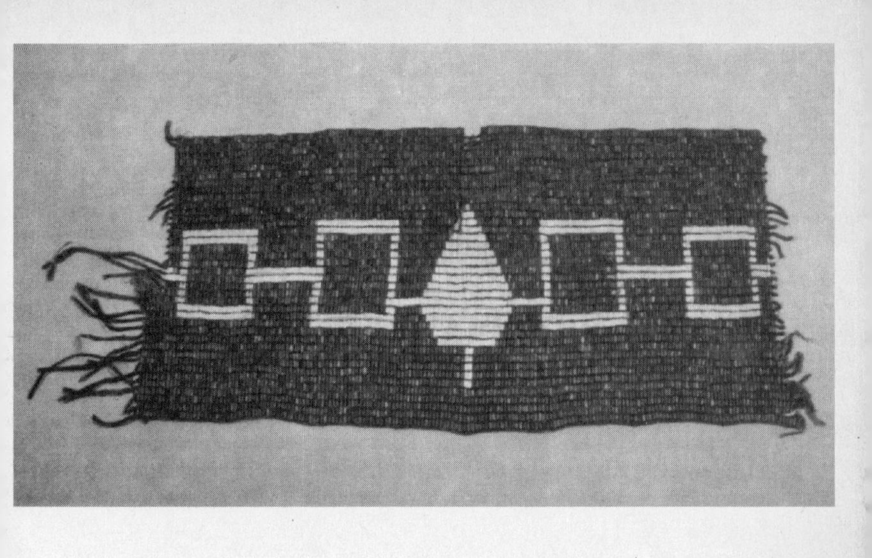

Wampum zur Vereinigung der fünf Stämme der Mohawk, Seneca, Onondaga, Oneida und Cayuga zur Irokesischen Liga

sten wohnen, ist dies noch jetzt gewöhnlich; wie man es bei etlichen Botschaften gesehen hat, die von solchen Nationen an die Delawaren gelangten.
Bei diesen aber, wie auch bei den Irokesen und den mit ihnen verbundenen Völkern sieht man schon seit langer Zeit lauter schön und sauber gemachte Strings und Belts of Wampum.
Bei einem String kann viel gesagt und eine lange Rede gehalten werden. Hingegen wird bei einem Belt nur wenig gesagt, das aber allemal viel zu bedeuten hat und oftmals einer Auslegung bedarf. Hat ein Sprecher in einer feierlichen Versammlung einen wichtigen Satz gesagt, so übergibt er eine einfache Muschelschnur und spricht: zur Bestätigung meiner Worte gebe ich diesen String of Wampum. Die Hauptsache in seiner Rede aber bekräftigt er allemal mit einem Belt of Wampum. Die Antwort, die darauf erteilt wird, muß gleichfalls durch String und Belt von eben der Größe und Anzahl bestätigt werden.
Es ist aber dabei weder die Farbe noch die übrige Beschaffenheit der Wampums gleichgültig, denn die muß sich allemal auf das beziehen, was damit bekräftigt werden soll.
Diejenigen, die aus braunen oder violetten Wampums bestehen, die die Indianer schwarz nennen, geben allemal etwas Hartes oder Bedenkliches zu erkennen, so wie die weißen etwas Angenehmes. Ist also der String oder Belt dazu bestimmt, eine scharfe Ermahnung oder einen nachdrücklichen Verweis zu bekräftigen, so werden bloß schwarze Wampums dazu genommen. Soll eine Nation zum Krieg aufgefordert oder ihr derselbe angekündigt werden, so ist der Belt ebenfalls schwarz, aber mit roter Farbe, die sie die Blutfarbe nennen, bestrichen, und in der Mitte erscheint mit weißen Wampums das Zeichen des Beils.
Die Indianerinnen verstehen die Kunst, die Belts aus den Wampums gleichsam zusammenzuwirken und mit allerhand Figuren zu zieren, je nachdem es ihre Bestimmung erfordert. Denn auch die Figuren müssen mit dem Inhalt des dabei gehaltenen Vortrags übereinstimmen. So wie sie aber in einem schwarzen Belt weiße Figuren anbringen, so machen sie auch dergleichen mit dunkelfarbigen Wampums in die weißen. In einem Friedensbelt wissen sie die Wampums so geschickt aufzureihen, daß z. B. die schwarzen zwei ineinander ge-

schlagene Hände vorstellen. Übrigens ist ein Friedensbelt ganz weiß, ein Klafter lang, und eine gute Hand breit. Um die Belts voneinander unterscheiden zu können, bringen sie in jedem eine bedeutende Figur an.

Den Kriegsbelt ausgenommen darf an keinem Belt oder String of Wampum etwas Rotes gesehen werden. Müssen sie im Notfall anstatt eines weißen Belts einen schwarzen nehmen, so überschmieren sie ihn mit weißem Ton; und dann gilt er soviel wie ein weißer, wenngleich das Braune durchscheint.

Diese Strings und Belts of Wampum dienen den Indianern auch als Mittel, sie an das Wesentliche der Verträge zu erinnern, die sie mit benachbarten Indianerstämmen oder mit den weißen Leuten geschlossen haben, und sie beziehen sich darauf, ebenso wie wir auf schriftliche Urkunden. Sie sind ihre Dokumente, die ihnen höchst wichtig sind, und daher von ihnen in eigene Verwahrung genommen und in einer Kiste sorgfältig aufgehoben werden. Zu gewissen Zeiten kommen sie zusammen, um sie wieder durchzustudieren und sich die Begriffe zu erneuern, zu deren Ausdruck und Bestätigung sie bestimmt sind. Sie setzen sich um die Kiste herum, nehmen einen String und Belt nach dem anderen heraus und lassen ihn im Kreis herumgehen, damit ein jeder ihn genau betrachten könne. Dabei wiederholen sie die Worte, die bei der Übergabe gesprochen und damit verbunden wurden. Dadurch machen sie es möglich, daß sie nach vielen Jahren alles noch genau wissen, was sie versprochen haben und was ihnen versprochen worden ist. Da sie die Gewohnheit haben, auch junge Knaben, die mit den vornehmsten Hauptleuten nahe verwandt sind, dabei zuhören zu lassen; so werden diese sehr frühzeitig mit ihren Staatssachen bekannt. Auf solche Weise wird der Inhalt ihrer Dokumente unter ihnen immer wieder erneuert und kann nicht leicht vergessen werden.

Wie vollkommen ihnen diese Mittel auch in anderen Fällen dienen, eine Sache lang im Gedächtnis zu behalten, kann man aus folgendem Exempel sehen. Ein Mann in Philadelphia hatte einem Indianer einen String of Wampum gegeben und dazu gesagt: »Ich bin dein Freund und will dir dienen, wo ich kann.« Nach vierzig Jahren brachte der Indianer den String wieder zu ihm und sagte: »Bruder! Du hast mir diesen String of Wampum gegeben mit den Worten ›ich bin dein Freund und will dir dienen, wo ich kann.‹ Jetzt bin ich alt und schwach, auch arm; tue nun, wie du gesagt hast!« Und er tat's.

III.

Johann Gottlieb Ernst Heckewelder kam am 12. März 1743 in Bedford, England, zur Welt. Sein Vater stammte, ebenso wie David Zeisberger, aus Zauchenthal in Mähren und war Prediger und Missionar der Mährischen Brüder. In dieser Funktion kam er nach England, wo sein Sohn aufwuchs. 1754 übersiedelte die Familie im Auftrag der Leitung der Mährischen Brüder nach Nordamerika und ließ sich in Bethlehem, dem amerikanischen Sitz der Brüderkirche, nieder. Dort besuchte Johann die Schule, arbeitete in der Landwirtschaft und ging bei einem Küfer in die Lehre.
1762 unternahm er mit einem Missionar seine erste Reise, die ihn an den Muskingum zu den Delawaren führte. Dort gerieten sie in die politischen Strömungen des »French and Indian War« (1754–1763), als die europäischen Mächte versuchten, die Indianer auf jeweils ihre Seite zu ziehen und gegeneinander aufzuhetzen. Wegen der ange-

spannten Lage und der zunehmenden Lebensgefahr reisten die beiden wieder nach Bethlehem zurück. Immerhin hatte Heckewelder einiges von der Delawarensprache erlernt.
Bei Johann Christian Pyrlacus wurde er zum Missionar ausgebildet und lernte dabei nicht nur vieles über die Lebensweise der Indianer, sondern erwarb auch einige Kenntnisse indianischer Sprachen, vor allem der irokesischen Sprachen.
Kurz darauf begleitete er zusammen mit einem anderen Bruder den Bischof Spangenberg nach Onondaga am Südufer des Oneidasees, wo der große Rat der Irokesen seinen Sitz hatte. Spangenberg erneuerte dabei das Freundschaftsbündnis zwischen den »Six Nations« – Seneca, Cayuga, Oneida, Onondaga, Mohawk und Tuscarora – und rauchte mit den Häuptlingen der Irokesen die Friedenspfeife. Die Brüder wurden sogar in den Bund der sechs Stämme aufgenommen, Zeisberger erhielt den Namen Ganousseracheri und lernte bei seinen weiteren Aufenthalten die Sprache der Mohawk und der Onondaga so gut, daß er als Dolmetscher zu Vertragsverhandlungen herangezogen wurde.
Im Laufe seiner jahrzehntelangen Missionarstätigkeit erwarb Zeisberger so viele und detaillierte Kenntnisse über Lebensweise, Sitten und Gebräuche der Irokesen und Delawaren wie kein anderer vor oder neben ihm.
Als 1770 der Delawarenhäuptling Netawatwees die am Susquehanna lebenden christlichen Indianer einlud, sich im Stammesgebiet der Delawaren niederzulassen, weil er sich dadurch positiven Einfluß auf die anderen, »wilden« Indianer erhoffte, entsandte die Brüder-Konferenz David Zeisberger zu den Delawaren. Dieser nahm Heckewelder als Begleiter mit und organisierte mit ihm zusammen die Umsiedlung der Bewohner ins Gebiet der Delawaren; dort errichteten sie zwei neue Siedlungen, Schönbrunn und Gnadenhütten. 1776 gründeten sie einen weiteren Missionsort, Lichtenau.
Heckewelder betätigte sich in vielfältiger Weise, unterrichtete Indianerkinder – und setzte dabei die von Zeisberger entwickelte delawarische Schulfibel ein –, arbeitete in Werkstätten und auf dem Feld und unternahm weite Reisen im Auftrag der Brüder-Konferenz, wobei er auch die amerikanischen Aufständischen gegen die britische

Kolonialherrschaft mit Informationen versorgte. Trotz der Verbrechen der Amerikaner an den Indianern stand er doch eher auf ihrer Seite.
1778 wurde er Diakon; in diesem Jahr wurde die Lage immer gespannter. Irokesen, Huronen und Shawnee standen nun endgültig auf der Seite der Engländer, die Neutralität der Delawaren bedeutete keine Sicherheit, zumal die Amerikaner sie drängten, sich auf ihre Seite zu schlagen. Dazu kam, daß immer mehr weißes Gesindel aus dem Osten heranströmte. In diesen Wirren wurde Schönbrunn zerstört, Gnadenhütten geräumt, dann doch wieder bezogen, Lichtenau geräumt, ein neuer Ort Salem gegründet. Heckewelder zog mit seiner Familie dorthin, bekam aber nur Probleme mit dem englischen Gouverneur in Detroit, der verlangte, die christlichen Indianer sollten vom Muskingum an den Sandusky übersiedeln. Einige Huronen nahmen, nachdem sich die Missionare weigerten, einen von ihnen sowie die Frau und das Kind Heckewelders gefangen.
Im Oktober 1781 mußten sich Zeisberger, Heckewelder und zwei andere Missionare vor dem englischen Gouverneur wegen des Verdachts, amerikanische Spione zu sein, verantworten. Sie wurden mangels Beweisen freigelassen. Im April wurde der Vorwurf erneut erhoben, wieder mußten die Brüder freigesprochen werden.
Nach dem entsetzlichen Massaker in Gnadenhütten, das von amerikanischer Miliz unter wehrlosen Männern, Frauen und Kindern angerichtet worden war, gründete Heckewelder eine neue Siedlung am Huron River, Neu-Gnadenhütten. Wegen der fortdauernden Wirren und unklaren politischen Verhältnisse kehrte Heckewelder mit seiner Familie nach Bethlehem zurück. Er zog sich zwar vom Missionsdienst zurück, blieb aber weiterhin aktiv, unternahm Reisen, suchte zu vermitteln, war Berater bei Verhandlungen – immer mit dem Ziel, Frieden zwischen Indianern und Weißen herzustellen.
1810 ließ er sich endgültig in Bethlehem nieder und ging daran, seine Erkenntnisse und Erfahrungen aus vierzig Jahren Leben mit Indianern auszuwerten und niederzuschreiben.
1819 erschien in englischer Sprache sein »Account of the History, Manners and Customs of the Indian Nations who once Inhabited Pennsylvania and the Neighboring States«; zwei Jahre später erschien das Buch in deutscher Übersetzung. Dieses Werk war eine

Hauptquelle für James Fenimore Cooper, der selbst nie mit Indianern in Berührung gekommen war.
1820 erschien in Philadelphia ein weiteres Werk aus der Feder Heckewelders, »A Narrative of the Mission of the United Brethren among the Delaware and Mohegan Indians ...«
Bereits 1797 hatte er – in deutscher Sprache – einen Bericht über seine Reise von Bethlehem an den Wabash River veröffentlicht, der in Halle herausgekommen war. Heckewelder war kein großer Redner und kein großer Schriftsteller, eher ein nüchterner, pragmatischer Mensch. Das spiegelt sich auch in seinen Schilderungen wider, die aber gerade dadurch ein Höchstmaß an Authentizität gewinnen.
Johann Heckewelder starb 1823 in Bethlehem, acht Jahre nach seiner Frau.

Daß »die Indianer« ihre Alten und Gebrechlichen einfach liegengelassen haben, um sich ihrer zu entledigen, wird bis heute immer wieder behauptet. Dies mag allenfalls bei den nomadisierenden Stämmen vorgekommen sein, nicht jedoch bei den seßhaften Waldlandindianern, wie Heckewelder aufgrund seiner jahrzehntelangen Erfahrungen mit Indianern glaubhaft beweisen kann. Cooper war von den Ausführungen des Missionars gerade auch zu diesem Thema so beeindruckt, daß er es in der Gestalt des greisen Tamenund in seinem »Letzten Mohikaner« literarisch verarbeitete.

Ehrfurcht vor dem Alter

Johann Heckewelder

Es gibt kein Volk auf Erden, das größere Ehrfurcht gegen das Alter bewiese als die amerikanischen Indianer. Von Kindheit auf werden sie dazu angeleitet, aufmerksam und gefällig gegen bejahrte Personen zu sein und sie niemals durch Mangel an den Notwendigkeiten oder Bequemlichkeiten des Lebens leiden zu lassen. Die Eltern sparen keine Mühe, dem Gemüt ihrer Kinder die Überzeugung einzuprägen, daß sie sich den Zorn des großen Geistes zuziehen würden, im Fall sie diejenigen vernachlässigten, denen er, nach seiner Güte, vergönnte, ein so hohes Alter zu erreichen, die er mit seiner Allmacht unter allen Gefahren des Lebens schützte, während so manche andere durch Kriege, Unfälle, allerlei Krankheiten, Zauberkünste, Mörder oder auch durch die Folge ihres eigenen unvorsichtigen Betragens umkamen.

Es ist ein heiliger Grundsatz bei den Indianern und eine von den moralischen und religiösen Wahrheiten, die sie beständig vor Augen haben, daß der große Geist, der sie erschuf und so reichlich versorgte, es den Eltern zur Pflicht machte, für ihre Kinder so lange zu sorgen, bis sie imstande sein würden, sich selbst zu helfen, und daß sie sich als

solche denen, die vor Alter schwach geworden und sich ihre Bedürfnisse selbst nicht mehr anschaffen können, erkenntlich zeigen.
Ein lebhaftes Gefühl von Dankbarkeit gegen die Eltern, ihnen von Jugend auf eingeprägt und wichtig gemacht, ist also die feste Grundlage, worauf jene Ehrfurcht für das Alter ruht, wodurch sich die Indianer so sehr auszeichnen; auch wird es weiter noch durch die begründete Hoffnung unterstützt, daß sie ihrerseits dieselbe Aufmerksamkeit und Unterstützung auch erlangen werden, wenn die schwere Hand der Zeit sie in eben den hilflosen Zustand wird versetzt haben. Deswegen bleiben sie nicht bei dem durchaus Notwendigen stehen, begnügen sich nicht damit, die Bejahrten gegen das Umkommen vor Hunger und Kälte zu schützen, sondern sie müssen auch soviel wie möglich an den Freuden und Bequemlichkeiten des Lebens ihren Anteil haben. Es ist in der Tat ein rührendes Schauspiel, die zärtliche und aufmerksame Sorgfalt zu bemerken, die sie bei jeder Gelegenheit im reichsten Maße gegen alte und abgelebte Personen beweisen. Wenn sie auf die Jagd gehen, so pflegen sie solche auf ein Pferd oder in ein Kanu zu setzen und sie in die Waldungen nach ihren Jagdplätzen mitzunehmen, um sie durch den Anblick einer Belustigung, an der sie selbst nicht mehr Anteil haben können, zu erheitern. Sie führen sie an besondere Plätze, wo sie gewiß sind, daß das Wild, dem sie nachsetzen, vorbeikommen wird, indem sie zugleich dafür sorgen, daß es nicht entwischen kann, so daß ihre bejahrten Eltern und Verwandten wenigstens, wie es in der Sprache unserer Jagdliebhaber heißt: dabei sein mögen, wenn es stürzt *(»be in, at the death«)*. Sie gehen noch weiter; die grau gewordenen Veteranen müssen auch an der Ehre der Jäger teilnehmen; wenn nämlich das gejagte Stück Wild umzingelt, unter Schuß gebracht und jede Möglichkeit des Entkommens dadurch abgeschnitten worden ist, daß die Holzung rund umher in Brand gesteckt worden, so feuern sie alle, Junge und Bejahrte zugleich, so daß es schwer wird zu sagen, wessen Kugel das Tier niederstreckte. Sie lassen aber die Entscheidung hierüber nicht ungewiß, sondern geben sie immer zu Gunsten der ältesten Männer in der Gesellschaft. Haben die jungen Leute eine Stelle entdeckt, wo die Bären ihr Lager oder ihren Winteraufenthalt genommen haben, so nehmen sie oftmals solche bejahrte Männer, die

noch gehen oder reiten können, mit dahin, wo sie nicht nur Gelegenheit haben, der Jagd zuzusehen, sondern auch ihren vollen Anteil an Fleisch und Fett bekommen.
Zu Hause werden die Bejahrten so behandelt und verpflegt, als ob sie Lieblingskinder wären. Man hält sie wert und liebkost sie, tut ihnen gütlich, wenn sie gesund sind, verpflegt sie auf dem Krankenlager und kommt allen ihren Wünschen und Bedürfnissen zuvor. Die jungen Leute suchen sie auf, denn die Unterredung der Bejahrten mit ihnen wird als eine Ehre betrachtet. Ihr Rat wird bei allen Gelegenheiten eingeholt, ihre Worte werden wie Orakel aufgefaßt, und wenn sie zuzeiten auch geschwätzig sind oder im höchsten Alter kindisch werden, so gibt dies bei den Indianern nie Stoff zum Gespött oder Gelächter. Ehrfurcht, Dankbarkeit und Liebe sind in ihrem Gemüt zu vorherrschend, als daß sich mit diesen edlen und ehrenden Gefühlen irgendeine herabwürdigende Vorstellung vermischen dürfte.
Bei jeder Gelegenheit und in allen Verhältnissen des Lebens nimmt bei den Indianern das Alter die erste Stelle ein. Selbst kleinen Knaben, wenn sie miteinander zu ihrem Vergnügen ausgehen, und wäre es nur, um Schmetterlinge zu fangen, beobachten genau diese Regel und unterwerfen sich der Leitung des ältesten unter ihnen, der ihr Befehlshaber, Anführer und Sprecher ist; werden sie auf dem Weg von irgend jemand angeredet und gefragt, wohin sie wollen oder sonst etwas, so wird sich's kein anderer herausnehmen zu antworten als der Sprecher. Eben diese Regel wird beobachtet, wenn sie heranwachsen, und in keinem Fall wird sich einer in einer Gesellschaft, einem Club oder einer Zusammenkunft einiges Ansehen über den Anführer anmaßen oder ihn zurechtweisen, wenn er den Weg verfehlen oder sich verirren sollte; noch viel weniger wird einer dem, was er sagt, widersprechen, wenn er nicht bestimmt um seine Meinung gefragt wird, und bloß in diesem Fall, sonst aber nicht, wird er sein Urteil doch immer mit großer Bescheidenheit und Schüchternheit aussprechen.
Und doch hat es Reisende gegeben, die zu behaupten gewagt haben, daß alte Leute unter den Indianern nicht nur vernachlässigt und dem Mangel preisgegeben würden, sondern daß man sie sogar, wenn sie sich selbst nicht länger helfen könnten, gänzlich aus dem Weg räumte. Ich erkläre dagegen dreist, daß wenn unter allen den India-

nervölkern, mit denen ich bekannt geworden bin, irgendeiner bloß aus dem Grund einen bejahrten Mann oder bejahrte Frau töten würde, weil sie für die Gesellschaft unnütz und eine Last geworden sind, dies als ein unverzeihliches Verbrechen würde angesehen werden; der allgemeine Unwille würde dadurch erregt und der Mörder augenblicklich zu Tode gebracht werden. Ich kann mir keine Handlung denken, die mehr Entsetzen und allgemeineren Abscheu erregen würde, so groß ist die Verehrung, die man allgemein für das Alter hegt. In der Tat, ich habe hinlängliche Ursache, mich davon überzeugt zu halten, daß dieses Gefühl, so vortrefflich es an sich ist, von den Indianern doch zuweilen übertrieben und nicht wenig Unannehmlichkeit dadurch veranlaßt wird. Einige Beispiele werden dies verständlicher machen, als weitere Erklärungen es tun können.
Im Jahr 1765 wurde es der Versammlung christlicher Indianer, nachdem sie sechzehn Monate zu Philadelphia und in der Nähe verweilt hatte, erlaubt, in ihr eigenes Land zurückzukehren, da der Friede zwischen den Indianern geschlossen worden war, die noch einige Zeit nach dem Friedensschluß unter den europäischen Mächten den Krieg fortgesetzt hatten. Sie beschlossen, sich einen Weg durch die Wildnis zu bahnen, von der Grenze der europäischen Niederlassung geradezu über die Blauen Berge am Susquehannah hin. Dieser Weg wurde von ihnen ausgehauen und gangbar gemacht, so wie sie weiter vorwärts rückten, jedesmal eine Strecke von drei oder vier Meilen, so wie die Beschaffenheit des Bodens und die Gewässer es zuließen, wobei sie ihr Gepäck auf die Weise fortschafften, daß sie zwei- oder mehrmals gingen, weil sie keine Pferde bei sich hatten. Als sie an dem großen Tannen-Morast *(great Pine Swamp)* angekommen waren, dem man damals eine Ausdehnung von vierzehn Meilen zuschrieb, fanden sie es äußerst schwierig, wegen der Dickichte und der großen Menge umgefallener Bäume den Weg weiter auszuhauen; auch war ihnen die Gegend unbekannt. Einige bejahrte Männer stellten sich nun an die Spitze und unternahmen es, ihre Wegweiser zu werden. Nach einem mühseligen Marsch von beinahe vierzehn Tagen brachte er sie jenseits des Morastes nach dem großen Wasser, das auf der anderen Seite daran grenzt. Da fanden sie einen sehr steilen Berg, wo weder unten herum noch oben hinüber zu kommen war.

Durch dieses neue Hindernis mutlos gemacht, glaubten sie keine andere Wahl zu haben, als auf demselben Weg wieder umzukehren und über Fort Allen nach Rescopeck und von da den Susquehannah hinauf zu gehen – ein Umweg von beinahe hundert Meilen. Glücklicherweise fiel es in dieser Not Hrn. Zeisberger, ihrem Missionar, ein, daß ein Indianer namens David, der mit unter dem Haufen war und sie bisher begleitet hatte, in dieser Gegend Bescheid wüßte und vielleicht imstande sein würde, ihnen einen kürzeren Weg anzuweisen. David war mit der Gegend wohl bekannt, wußte einen guten bequemen Weg, weil er aber über die Sache nicht war befragt worden, so hatte er still geschwiegen und war mit den übrigen fortgegangen, obwohl er wußte, daß sie eine falsche Richtung nahmen. Es fand darauf eine Unterredung zwischen ihm und dem Missionar statt:
Zeisb. David, du kennst, glaube ich, diese Gegend, vielleicht weißt du einen besseren und einen kürzeren Weg als den, den wir jetzt nehmen wollen.
David. Ja, es ist da ein Weg, durch den wir leicht würden durchkommen können, und der nicht so weit sein würde wie der vorgeschlagene.
Z. Wie? David, wir nehmen alle den unrechten Weg?
D. Ja, so ist's!
Z. Und dennoch sagtest du kein Wort und gingst wie die übrigen, als ob alles richtig wäre?
D. Ja; die Wegweiser sind etwas älter als ich; sie gingen voran und haben mich nie gefragt, ob ich die Gegend kennte. Hätten sie nachgefragt, so würde ich es ihnen gesagt haben.
Z. Willst du es ihnen denn jetzt sagen?
D. O nein, es sei denn, daß sie mich fragten. Es schickt sich nicht für einen Indianer, solche, die älter sind als er, zurechtzuweisen.
Auf Veranlassung Hrn. Zeisbergers wurde er nun befragt und erklärte sogleich, daß sie bis auf eine gewisse Stelle etwa sechs Meilen weit zurückkehren und von da eine mehr nordöstl. Richtung nehmen müßten, dann würden sie an eine Öffnung im Gebirge kommen, die einen bequemen Durchgang gestattete. Dies geschah, und David wurde aufgefordert, der Führer zu sein, worauf er sie zu dem angegebenen Punkt führte und von da weiter den ganzen Weg. Diese be-

schwerliche Strecke durch den Morast ist nachher Davids Pfad genannt worden. Jetzt hat die öffentliche Landstraße diese Richtung. Herr Zeisberger selbst, der immer streng bei der Wahrheit blieb, hat mir das Vorstehende erzählt, ich halte es also für vollkommen zuverlässig, und um so mehr, da ich selbst Zeuge von zwei ähnlichen Fällen gewesen bin, mit deren Erzählung ich dieses Kapitel beschließen werde.

Im Jahr 1791 hatte ich mich zufällig von meiner Gesellschaft entfernt und verirrte mich in der Waldung. Ich hatte einen jungen Indianer von etwa zwölf oder dreizehn Jahren bei mir und wünschte, daß er vorangehen möchte, worin er mir indessen nicht nachgeben wollte. Zuletzt wurden wir von unserer Gesellschaft, die uns gesucht hatte, wiedergefunden, und ich beschwerte mich über den Knaben, der nicht hatte tun wollen, was ich ihm hieß. Sie antworteten aber: er hätte recht getan, denn es schicke sich nicht für einen Knaben, vor einem Mann herzugehen und sein Führer zu sein.

Der zweite Fall dieser Art fand statt im Jahr 1798. Ich befand mich mit zwei Indianern auf der Reise von Ober-Canada nach dem Muskingum um das obere Ende des Erie-Sees herum. Da keiner von den Indianern zuvor in der Gegend gewesen war, wohin wir wollten, so wurden ihnen vor unserer Abreise Anweisungen gegeben. Der Führer namens Leonhard irrte sich indessen doch einmal im Weg, und wir reisten mehrere Meilen in einer falschen Richtung, bis ich zuletzt den Irrtum daran erkannte, daß wir den Eulenbach *(Owl creek)* zur Linken hatten, da wir ihn rechts sollten haben liegen lassen. Ich sagte dies dem hinten nachfolgenden jungen Indianer Christian, und da dieser mit mir gleicher Meinung war, so forderte ich ihn auf, hinzulaufen und den Leonhard, der weit voraus war, wieder zurückzuholen. Er sagte mir aber: das könne er nicht tun – warum nicht? fragte ich – darum nicht, antwortete er, weil ich jünger bin als er. Willst du ihm denn wohl, fragte ich darauf, eine Botschaft von mir bringen, und ihm sagen, daß ich ihn ersuchen ließe, hierher zurückzukehren, wo ich auf ihn wartete? Hierin willigte der junge Mann augenblicklich, holte Leonhard zurück, wir wendeten uns ostwärts durch das Holz nach dem Eulenbach, und als wir ihn durchquert hatten, gelangten wir auf den rechten Weg.

IV.

John Tanner wurde um 1780 in einer Ortschaft in der Nähe des Kentucky River »in beträchtlicher Entfernung von Ohio« geboren, wie er später in seinen Erinnerungen schrieb. Sein Vater stammte aus Virginia und war ursprünglich Geistlicher gewesen; nach dem Tod seiner Frau heiratete er erneut und übersiedelte mit seiner Familie in ein Gebiet an der Mündung des Großen Miami River in den Ohio. Dort wurde John Tanner 1789 von Ottawa-Indianern entführt, wurde von einer Familie adoptiert und bekam den Namen Shaw-shaw-wa-ne-base, was Falke bedeutet. Für zwei Fässer Whisky, eine Schlafdecke und ein Quantum Tabak wurde er von seinen Adoptiveltern an Net-no-kwa, eine Chippewa-Frau, verkauft, die ihren Sohn verloren hatte und ihn als Ersatz dafür ansah. Tanner lebte nun als Jäger und Krieger bei den Chippewa, heiratete zweimal und hatte eine Reihe Kinder. 1817 kehrte er erstmals in die Zivilisation zurück. Der Gouverneur von Michigan, Louis Cass, half ihm, der seinen Namen vergessen und die englische Sprache verlernt hatte, nach Kentucky zu gelangen, um dort seine Familie wiederzusehen. Sein Vater war jedoch 1811 gestorben, doch Johns Brüder und Schwestern lebten noch und freuten sich, den Verschollenen in ihre Arme schließen zu können. Tanner kehrte allerdings nochmals zu seinem Stamm zurück, um sich um seine Kinder zu kümmern. 1810 hatte er seine erste Frau, die den Namen »Morgenröte« trug, verlassen. Mit den Kindern unternahm er eine längere Reise in die Vereinigten Staaten. Nach der Rückkehr war er für die American Fur Company tätig; um 1820 wurde er Dolmetscher in Mackinack und dann in Sault Sainte Marie, wo er auch Henry Rowe Schoolcraft kennenlernte. Für diesen bedeutenden Erforscher indianischen Lebens wurde er auch tätig.
1820 hatte Tanner den Sanitätsoffizier, Naturforscher und Expeditionsbegleiter Doktor Edwin James kennengelernt, der gerade von einer Reise, bei der er Major Long in die Rocky Mountains begleitet hatte, zurückgekehrt war. Er erzählte dem Forscher seine Lebensgeschichte, die mit nie gehörten Einzelheiten aus dem Alltag der Indianer gespickt war, und dieser schrieb sie nieder, wobei er sich ziemlich genau an Tanners Worte hielt, wie er versicherte. 1830, vier Jahre nach James Fenimore Coopers »Letztem Mohikaner«, erschien »A Narrative of Captivity and Adventures of John Tanner (U.S. Interpre-

ter at the Sault de Ste. Marie) during Thirty Years Residence among the Indians in the Interior of North America. Prepared for the Press by Edwin James, M.D. Editor of the Account of Major Long's Expedition from Pittsburgh to the Rocky Mountains.«
Zehn Jahre später erschien in Leipzig 1840 die erste deutsche Übersetzung des Werkes unter dem Titel »Des Kentuckier's John Tanner Denkwürdigkeiten über seinen dreißigjährigen Aufenthalt unter den Indianern Nord-Amerikas«, aus dem Englischen von Dr. Karl Andree.
1820 hatte Tanner sich von seiner zweiten Frau, ebenfalls einer Indianerin, getrennt – sie war in ein Mordkomplott gegen ihn verwickelt. Er heiratete noch ein drittes Mal, diesmal eine weiße Frau aus Detroit, doch auch diese Ehe verlief problematisch. Möglicherweise waren sein Jähzorn und seine heftigen Wutausbrüche, von denen auch Doktor James berichtete, am Scheitern seiner Ehe mit schuld.
1846 verschwand John Tanner spurlos. Henry Schoolcraft bezeichnete ihn in seinen Erinnerungen als Halbverrückten und verdächtigte ihn, James L. Schoolcraft – Henrys Bruder – umgebracht zu haben. Jahre später gestand ein ehemaliger Offizier der US-Army den Mord, Tanner blieb jedoch verschwunden.

John Tanners Berichte und Erinnerungen sind sachlich, nüchtern, fast trocken – daran hat sein »Ghostwriter« Doktor James bewußt nichts geändert. Es wird weder etwas beschönigt noch heroisiert, obgleich Tanner dazu genug Möglichkeiten gehabt hätte und niemand es hätte nachprüfen können. Darin liegt letztlich auch der dokumentarische Wert seines Erlebnisberichtes.
Obwohl es bei den Indianern nicht unbedingt als ehrenrührig galt, einem Gegner etwas wegzunehmen, ärgerte sich John Tanner doch gewaltig, als ihm einige Assiniboin sein Pferd entführten und sich mit dieser Tat brüsteten. Zusammen mit seinem Bruder Wa-me-gon-a-biew brach er auf, um sich sein Reittier wieder zu holen.

Pferdediebstahl

John Tanner

Nachdem wir vier Tage unterwegs gewesen waren, kamen wir in die Nähe des ersten Dorfes der Assiniboin, das etwa zehn Meilen vom Kontor am Moose River entfernt lag und aus dreißig aus Fellen und Häuten errichteten Hütten bestand. Die Assiniboin erfuhren aber schon von unserem Kommen, ehe wir dicht ans Dorf gelangen konnten, denn sie – eine Bande, die sich von den Sioux getrennt und den Chippewa (siehe Seite 128) angeschlossen hatte – fürchteten, von ihren alten Stammesgenossen angegriffen zu werden, und stellten deshalb immer Späher aus, die jeden, der sich näherte, beobachteten. Der Streit, der die Trennung der Assiniboin von den Bwoir-nug (d. h. »Leuten, die etwas braten oder den Braten wenden«) – so werden die Sioux von den Chippewa genannt – zur Folge hatte, entstand wegen eines Weibes und war damals noch nicht sehr lange her. Jetzt leben aber so viele Chippewa und Cree unter ihnen, daß sie fast alle die Sprache der Chippewa verstehen. Und doch weicht ihr Dialekt bedeutend davon ab, denn er ist fast Wort für Wort jener der Sioux.

Assiniboin

Die Assiniboin gehören zur Sioux-Sprachfamilie; ihr Dialekt ist eng verwandt mit dem der Yanktonai, von denen sie sich vor 1640 abgespalten haben. Seit der zweiten Hälfte des neunzehnten Jahrhunderts lebten sie an den westlichen Ufern des Saskatchewan und des Assiniboin River in Kanada und nördlich des Milk River und des Missouri in den USA. Sie waren Nomaden und lebten von der Bisonjagd, später auch von der Pelztierjagd. Sie waren mit den Cree verbündet und lagen in ständigem Krieg mit ihren südlichen Nachbarn. 1843 wird ihre Zahl auf etwa siebentausend geschätzt. Die in den USA lebenden Assiniboin wurden in den Agenturen von Fort Belknaps und Fort Peck angesiedelt.

Unter den Männern, die uns entgegenkamen, befand sich auch Ma-me-no-kwaw-sink – derselbe, der vor einigen Monaten meinetwegen einen Streit mit Pe-schau-ba gehabt hatte. Als er nahe bei uns war, fragte er, was wir hier machen wollten.
Ich gab ihm zur Antwort: »Die Pferde, die uns die Assiniboin gestohlen haben, wollen wir wieder holen.«
»Dann ist es besser«, entgegnete er mir, »daß ihr wieder umkehrt, wie ihr gekommen seid; denn wenn ihr ins Dorf geht, so kostet es euch eure Haut.«
Ich achtete auf diese Drohungen nicht weiter und fragte nach Ba-gis-kun-nung, dessen Familie unsere Pferde gestohlen hatte. Sie sagten

Cree

Die Cree gehören zur Algonkin-Sprachfamilie und waren ursprünglich im Gebiet zwischen Red River und Saskatchewan River in Kanada zu Hause. Sie sind eng mit den Chippewa verwandt und waren eigentlich Waldbewohner; die Bisonjagd machte sie jedoch später teilweise zu nomadischen Bewohnern der Plains und Prärien. Lange Zeit blieben sie von Engländern und Franzosen unbehelligt. Gegen Ende des achtzehnten Jahrhunderts wurden sie durch Pocken stark dezimiert, von etwa 15000 auf weniger als die Hälfte. Heute leben sie in mehreren Reservaten in Manitoba, oft zusammen mit den Chippewa.

mir, Genaueres könne man mir über ihn nicht sagen; denn nach der Rückkehr vom Kriegszug wären Ba-gis-kun-nung und seine Söhne zu den Mandan gegangen und noch nicht wieder heimgekehrt. Gleich nach ihrer Ankunft bei den Mandan hatte der frühere Besitzer meiner Stute diese wiedererkannt und sie dem Sohn Ba-gis-kun-nungs abgenommen. Der aber stahl, um sich zu entschädigen, ein schönes schwarzes Pferd und machte sich damit aus dem Staub; seitdem hatte man von ihm weiter nichts gehört.
Wa-me-gon-a-biew, den ein solcher Empfang entmutigte und vielleicht einschüchterte, wollte mich überreden, die Sache auf sich beruhen zu lassen, und verließ mich, um allein nach Hause zu gehen, als er sah, daß ich unerschütterlich blieb. Mir war nämlich der Mut keineswegs vergangen, und ich wollte lieber alle Lagerplätze und Dörfer der Assiniboin durchsuchen, als ohne mein Pferd zurückzukommen.
So begab ich mich denn zum Kontor am Moose River, wo ich Ursache und Zweck meiner Reise erzählte. Ich bekam dort zwei Pfund Pulver, dreißig Kugeln, mehrere Messer und verschiedene geringfügige Gegenstände; auch beschrieben sie mir den Weg, den ich zu nehmen hatte, um zum nächsten Dorf zu gelangen. Als ich über eine sich weit ausdehnende Prärie ging, sah ich noch in ziemlich weiter Entfernung etwas auf der Erde liegen, das wie ein Stumpf von einem Baumstamm aussah; da ich aber nicht begreifen konnte, wie der gerade an jene Stelle gekommen war, wenn ihn nicht irgend jemand dort hingebracht hätte, so dachte ich, es würde vielleicht irgendein Kleidungsstück sein oder wohl gar ein Mensch, der hier auf der Reise oder auf der Jagd gestorben war. Ich näherte mich diesem Gegenstand mit der äußersten Vorsicht und sah nun bald, daß es ein Mensch war, der sich auf den Bauch gelegt hatte, ein Gewehr in der Hand hielt und den wilden Gänsen auflauerte. Er blickte nach einer ganz anderen Gegend hin als der, von wo ich kam, und so befand ich mich bereits dicht bei ihm, ohne daß er mich bemerkt hatte, als er aufsprang und auf mehrere Gänse Feuer gab.
Da rannte ich auf ihn zu; die kleinen Glocken und der Silberschmuck, den ich an mir trug, machten ihn aufmerksam auf mich, aber ich packte ihn so schnell, daß er keinen Widerstand leisten konnte, denn sein Gewehr hatte er ja abgefeuert.

Als er sah, daß er sich in meiner Gewalt befand, rief er: »Assiniboin!« Ich antwortete: »Chippewa!«
Wir waren beide sehr zufrieden miteinander, da wir sahen, daß sich's freundlich auskommen ließ; allein wir redeten jeder eine andere Sprache und konnten uns mit Worten nicht verständigen; deshalb deutete ich ihm durch Zeichen an, er möge sich setzen, und das tat er denn auch. Ich überreichte ihm eine Gans, die ich kurz vorher geschossen hatte, und nachdem wir uns ein Weilchen ausgeruht hatten, gab ich ihm zu verstehen, daß ich ihn zu seiner Hütte begleiten wollte.
Als wir etwa zwei Stunden gegangen waren, befanden wir uns in Sichtweite seines Dorfes, und er trat, vor mir hergehend, in seine Hütte ein. Ich war dicht hinter ihm und sah, daß sich ein Greis und eine alte Frau mit ihren Decken die Köpfe verhüllten, während mein Führer unverzüglich in einen kleinen Verschlag oder ein Nebengemach schlüpfte, das eben groß genug für eine Person war, die sich darin vor den Blicken der übrigen Familienmitglieder verbergen konnte; in dieses abgesonderte Zimmer brachte sein Weib ihm das Essen, und er blieb, ohne sich sehen zu lassen, darin sitzen, auch wenn er mit den anderen sprach. Sobald er herausgehen wollte, sagte es seine Frau den Alten, die dann ihre Gesichter verhüllten. So wurde es immer gehalten – auch wenn er wieder in die Hütte trat.
Diese Sitte wird von allen verheirateten Männern unter den Assiniboin genau beachtet; auch ist, wie ich glaube, unter den Dakotas dasselbe der Fall; daß sie bei den Omahas am Missouri herrscht, ist bekannt. Sie ist aber nicht bloß auf den Verkehr zwischen dem Mann und dem Vater und den Weibern beschränkt, sondern dehnt sich auch auf Vettern und Muhmen aus, und es ist Schuldigkeit für den Mann und die Eltern seiner Frau, zu vermeiden, daß sie einander sehen.
Wenn ein Mann in eine Hütte tritt, in der sich sein Schwiegervater befindet, dann verhüllt letzterer das Gesicht, bis jener wieder fortgeht. Die jungen Männer haben, solange sie in der Familie ihrer Weiber bleiben, einen kleinen abgesonderten Verschlag, der vom übrigen Teil der Hütte durch Matten und Felle abgeteilt ist. Ja, die junge Frau bringt in diesem die Nacht zu, und am Tag ist sie die Mittelsperson

zwischen denen, die einander nicht sehen dürfen. Es ist selten, daß ein Mann den Namen seines Schwiegervaters ausspricht, wenn es überhaupt vorkommt; denn das würde als eine Ungehörigkeit und ein großer Mangel an Achtung angesehen werden.
Bei den Chippewa herrscht dieser Brauch nicht, und sie betrachten ihn als eine sehr lästige Torheit.
Die Inhaber dieser Hütte behandelten mich sehr gütig. Das Getreide war in jener Gegend äußerst selten; dennoch kochten sie etwas von ihrem geringen Vorrat und gaben es mir. Der junge Mann erzählte ihnen, welchen Schreck ich ihm auf der Prärie eingejagt hätte, und sie lachten alle herzlich darüber. Das Dorf bestand aus fünfundzwanzig Hütten; ich konnte aber trotz all meiner Fragen von niemandem erfahren, wo sich Ba-gis-kun-nung zu jener Zeit aufhielt. Etwa eine Tagesreise entfernt lag ein anderes Dorf, und dorthin machte ich mich nun auf den Weg, in der festen Hoffnung, mehr Glück mit meinen Nachforschungen zu haben.
Als ich mich beinahe am Ziel meiner Wanderung befand, sah ich Gänse auffliegen; ich schoß nach ihnen, und eine davon fiel mitten zwischen einem Haufen Assiniboin nieder. Da ich unter ihnen einen bejahrten Mann bemerkte, der sehr elend aussah, so deutete ich ihm durch Zeichen an, er solle sie aufheben und behalten. Ehe er aber das tat, trat er zu mir heran und bezeugte mir seine Dankbarkeit auf eine Weise, die mir ganz neu war. Er legte nämlich seine beiden Hände auf meinen Kopf, strich damit mehrmals über mein schlicht auf die Schultern herabhängendes Haar und richtete in seiner Sprache Worte an mich, die ich nicht verstand. Dann erst nahm er die Gans und deutete mir durch Zeichen an, ich möchte mit ihm kommen und unter seinem Dach leben, solange ich mich im Dorf aufhielte.
Während er nun unser Mahl zubereitete, ging ich von Hütte zu Hütte und musterte alle Pferde durch; das meinige fand ich aber nicht. Einige junge Männer, die mich begleiteten, schienen ganz freundlich gegen mich gestimmt zu sein; indessen warf sich einer von ihnen, als ich den Weg zum nächsten Dorf einschlug, auf ein gutes Pferd und sprengte fort, um meine Ankunft zu melden.
Als ich nun dorthin kam, kümmerte sich niemand um mich, und alle taten, als merkten sie gar nicht, daß ich da sei. Mit dieser Bande As-

siniboin hatte ich nie im geringsten Verkehr gestanden; ich sah aber wohl, daß jemand sie gegen mich aufgehetzt hatte. Der Häuptling, den sie Kah-oge-maw-weet Assiniboin, d. h. Assiniboin-Häuptling, nannten, war ein ausgezeichneter Jäger. Einige Zeit nachher blieb er einmal ungewöhnlich lange auf der Jagd; seine Krieger verfolgten seine Spur und fanden ihn endlich tot auf der Prärie liegen. Er war von einem Grauen Bären angegriffen und getötet worden.
Da ich sah, daß ich bei dieser Bande gastliche Aufnahme nicht erwarten durfte, so trat ich in keine Hütte ein und besah mir bloß die Pferde, immer in der Hoffnung, meinen Gaul endlich zu finden. Ich hatte viel von der Schönheit und Schnelligkeit eines jungen Pferdes, das der Häuptling besaß, erzählen gehört und wußte, als man es mir näher beschrieben hatte, gleich, woran ich war. Ich trug eine lange Leine unter meiner Decke; die warf ich dem Pferd geschickt um den Hals und eilte dann wie im Flug davon. Das ungastliche Benehmen der Bewohner jenes Dorfes hatte mich zu dieser Tat gereizt, und sie geschah nicht etwa aus Vorbedacht, sondern aus einer augenblicklichen Eingebung.
Als das Pferd und ich den Atem zu verlieren begannen, hielt ich endlich an und sah mich um; die Hütten der Assiniboin waren kaum sichtbar und kamen mir vor wie kleine Flecken, die weit entfernt in einer Prärie liegen.
Jetzt fiel es mir ein, daß ich nicht klug gehandelt hatte, auf solche Weise das Lieblingspferd eines Mannes wegzunehmen, der wohl die gewöhnlichen Pflichten der Gastfreundschaft, die man einem Fremden schuldig ist, vernachlässigt, aber mir doch nichts Böses getan hatte. Ich sprang ab und ließ das Pferd los; aber da sah ich, daß etwa dreißig oder vierzig Assiniboin in vollem Galopp auf mich zukamen, die ich bisher, weil ein Hügel sie meinem Blick entzog, nicht hatte sehen können. Sie waren mir schon ganz nahe, und ich hatte kaum noch Zeit, in ein unweit von mir liegendes Nußbaumgebüsch zu fliehen. Sie suchten hin und her, fanden mich aber nicht, und ich konnte mich gut verstecken.
Zuletzt stiegen sie vom Pferd und stöberten überall umher; einige gingen ganz dicht an mir vorüber, aber ich lag so sicher, daß ich alles sehen konnte, ohne mich auch nur der geringsten Gefahr auszu-

setzen. Ein junger Mensch stellte sich ganz nackt hin, als wenn er ins Gefecht gehen wollte, stimmte den Kriegsgesang an, legte sein Gewehr beiseite, nahm eine Keule zur Hand und kam gerade auf die Stelle zu, wo ich mich verborgen hatte. Er trat bis auf etwa zwanzig Schritte zu mir heran; meine Flinte war geladen, und ich zielte nach seinem Herzen – da kehrte er um. Wahrscheinlich hat er mich nicht bemerkt, aber der Gedanke, von einem gut bewaffneten Feind beobachtet zu werden, mochte wohl seinen Entschluß wankend gemacht haben.
Sie suchten nach mir bis gegen Abend und nahmen dann das Pferd des Häuptlings wieder mit in ihr Dorf.
Hocherfreut darüber, daß ich dieser drohenden Gefahr so glücklich entgangen war, machte ich mich eiligst auf den Weg nach Hause, ging ununterbrochen Tag und Nacht vorwärts und langte in der dritten Nacht beim Kontor am Moose River an. Die Handelsleute sagten mir, es sei töricht von mir gehandelt, daß ich das Pferd des Häuptlings nicht mitbringe; sie hätten sehr viel von ihm gehört und würden mir viel Geld dafür gegeben haben.
In einem Assiniboindorf, das etwa zwanzig Meilen von diesem Kontor entfernt liegen mag, wohnte einer meiner Freunde namens Be-na (der Fasan), und diesen hatte ich ersucht, er möge doch während meiner Abwesenheit zusehen, ob er mein Pferd wiederfinden oder die Gegend, in der sich Ba-gis-kun-nung aufhielte, ausfindig machen könnte. Den besuchte ich, und er führte mich ohne weiteres in eine kleine Hütte, die von zwei alten Frauen bewohnt wurde. Durch die Ritzen dieser Hütte zeigte er mir die, in der Ba-gis-kun-nung mit vier von seinen Söhnen lebte. Ihre Pferde weideten in der Nähe der Hütte, und eines davon erkannten wir als den hübschen schwarzen Gaul, den sie bei den Mandan für mein Tier eingetauscht hatten.
Wa-me-gon-a-biew war im Kontor gewesen und zurückgekommen, um mich in diesem Dorf bei den Söhnen eines von Taw-ga-we-ninnes Brüdern zu erwarten, die folglich seine Vettern waren und mit ihm im freundschaftlichsten Verkehr standen. Er hatte Ba-gis-kun-nung ein gutes Gewehr, einen Häuptlingsanzug und alles, was er bei sich trug, für das Pferd geboten. Dies tadelte ich sehr und sagte ihm, daß sich, wenn Ba-gis-kun-nung jene Geschenke angenommen hätte, dar-

aus für mich der unangenehme Umstand ergeben haben würde, daß ich mich sowohl dieser als auch des Pferdes wieder hätte bemächtigen müssen.
Ohne weiteren Anstand ging ich nun zu Ba-gis-kun-nung und sagte ihm: »Ich brauche ein Pferd.«
»Ich kann dir keines geben«, gab er mir zur Antwort.
»Nun, dann muß ich mir eines nehmen.«
»Dann bringe ich dich um.«
Als er so sprach, ging ich zu Be-nas Hütte zurück und traf die nötigen Vorbereitungen, um am nächsten Morgen abreisen zu können. Be-na gab mir eine frische Bisonhaut, die ich statt eines Sattels auflegen sollte, und ein altes Weib verkaufte mir einen Riemen, dessen ich mich als Halfter und Zügel zu bedienen gedachte; denn die meinigen waren mir mit dem Pferd des Häuptlings abhanden gekommen. In der Nacht begab ich mich in die Hütte unserer Vettern und am anderen Morgen ganz früh in die Wohnung Be-nas, der noch schlief. Ich besaß eine noch sehr gute neue Decke; die breitete ich über ihn und machte mich dann, ohne das mindeste Geräusch zu verursachen, mit Wa-me-gon-a-biew auf den Weg.
Als wir der Hütte Ba-gis-kun-nungs nahe kamen, sahen wir seinen ältesten Sohn auf der Schwelle der Hütte sitzen; er bewachte die Pferde. Wa-me-gon-a-biew wollte mir abraten und sagte, ich solle keins davon nehmen, weil sie uns doch sehen könnten und dann zu gewaltsamen Maßnahmen gegen uns ihre Zuflucht nehmen würden. Ich gab ihm für den Augenblick nach, doch nur, um etwa zweihundert Ruten weit zu gehen und unser Gepäck abzulegen; dann wollte ich wieder umkehren und mich des Pferdes bemächtigen. Als ich meine Last abgelegt hatte, begann Wa-me-gon-a-biew, als er sah, daß mein Entschluß feststand, vorauszulaufen, während ich unverzüglich wieder umkehrte und zum Dorf ging.
Als Ba-gis-kun-nungs Sohn mich erblickte, schrie er aus Leibeskräften; ich verstand aber nur die Worte »Wah-kah-towah« und »Schoonton-gah« (»Chippewa« und »Pferd«).
Ich schloß daraus, daß er sagte: »Ein Chippewa stiehlt ein Pferd«, und antwortete: »Kah-ween-gwautsch Chippewa.« (»Nicht ganz und gar Chippewa.«)

Plötzlich war das ganze Dorf in Bewegung. Aus dem Benehmen der meisten, die nun zusammenliefen, konnte ich keineswegs deutlich entnehmen, ob sie entschlossen waren, sich in das, was vorging, einzumischen oder nicht; die Haltung meines Freundes Be-na und einer großen Anzahl von Crees, die bei ihm waren, gab mir Mut. Nur Ba-gis-kun-nungs Familie zeigte sich mir gegenüber offenbar feindselig. Ich war dermaßen aufgeregt, daß ich nicht mehr fühlte, ob meine Füße auf der Erde standen; aber erschrocken und furchtsam war ich nicht, wie ich glaube. Als ich dem schwarzen Pferd meinen Halfter über den Kopf gezogen hatte, zauderte ich, es zu besteigen, weil ich dadurch einen Augenblick am Gebrauch meiner Waffen gehindert werden mußte und mich der Gefahr aussetzte, von hinten angegriffen zu werden. Endlich erwog ich, daß jeder Anschein von Unentschlossenheit auf alle Anwesenden den ungünstigsten Eindruck machen würde, und wollte auf das Pferd springen; allein mein Anlauf war zu stark, mein Sprung zu heftig gewesen, und so stürzte ich auf der anderen Seite der Länge nach zu Boden, mein Gewehr in der einen, Pfeile und Bogen in der anderen Hand haltend.
Schnell raffte ich mich wieder auf und blickte umher, um zu sehen, wie meine Gegner und Feinde sich wohl benehmen würden. Alle Anwesenden lachten laut auf, die Familie Ba-gis-kun-nungs ausgenommen.
Da faßte ich mir wieder ein Herz und stieg entschlossen auf das Pferd; denn ich dachte, wenn sie einen offenen Angriff gegen mich im Schilde führten, so würden sie den Augenblick, als ich am Boden lag, benützt haben, und nicht einen solchen, wo ich imstande war, ihnen Widerstand – und zwar gefährlichen – zu leisten. Das laute, aus voller Brust kommende Lachen der Indianer war mir auch Zeugnis genug dafür, daß keineswegs alle über mein Vorhaben verärgert waren.
Als ich mit meinem Pferd fortgesprengt war, sah ich Wa-me-gon-a-biew bald wieder vor mir; er verfolgte seinen Weg wie ein aufgejagter Truthahn. Als ich ihn eingeholt hatte, sprach ich: »Mein Bruder, du bist doch wohl ermüdet; ich will dir mein Pferd borgen.« Und so setzten wir unseren Weg fort.
Endlich kamen zwei Reiter aus dem Dorf hinter uns hergesprengt. Da

wurde Wa-me-gon-a-biew ängstlich, wollte weglaufen und es mir überlassen, mich so gut aus der Verlegenheit zu ziehen, wie ich konnte; ich merkte aber seine Absicht und hieß ihn vom Pferd steigen. Das tat er auch und lief nun wieder vorwärts, so schnell ihn seine Beine trugen.
Als die beiden Männer nur noch etwa eine halbe Meile weit von mir entfernt waren, wandte ich mein Pferd um, hielt an und sah sie gerade an. Sie hielten gleichfalls an; ich guckte mich um und bemerkte, daß sich Wa-me-gon-a-biew im Gebüsch verborgen hatte. Wir – die beiden Reiter und ich – blieben in dieser Stellung bis gegen Mittag. Die Bewohner des Dorfes standen zahlreich versammelt auf einem Hügel, der sich unweit von den Hütten erhob, um zu sehen, wie die Sache ablaufen würde.
Die beiden Söhne Ba-gis-kun-nungs waren endlich des Harrens und Wartens überdrüssig; sie traten auseinander und kamen jeder von einer anderen Seite her auf mich zu. Ich war aber auf der Hut, denn ich sah wohl, daß sie meine Aufmerksamkeit ablenken wollten, um desto sicherer mit der Flinte auf mich schießen zu können. In zwei Absätzen kamen sie mir immer näher und stellten sich dann zwischen mich und Wa-me-gon-a-biew, um mir den Rückzug abzuschneiden. Ich wurde endlich dieser Geschichte, bei der sie sich offenbar feig benahmen, müde, ließ mein Pferd im Galopp ansprengen und ritt gerade auf sie zu; da rissen sie aus und flohen dem Dorf zu.
Bei diesem Vorfall bewies sich Wa-me-gon-a-biew noch mehr als andere Male als herzloser Prahlhans. Zum Glück für mich waren die Häuptlinge und alle geachteten Männer der Bande, der Ba-gis-kunnung angehörte, einverstanden mit meinem Unternehmen; denn dieser Mensch und seine Söhne galten als Ruhestörer und Taugenichtse. Wäre dem nicht so gewesen, so würde ich, da mich Wa-me-gon-a-biew völlig im Stich ließ, sicherlich meinen Zweck nicht erreicht haben. Ich ritt also meines Weges, und mein Bruder kam im gleichen Augenblick aus seinem Versteck hervor.
In jener Nacht erreichten wir die Hütte unseres alten Freundes Waw-so, der lange Zeit bei Pe-schau-ba gelebt hatte. Ich brachte mein Pferd tief in den Wald, wo es sicher war, und bat Wa-me-gon-a-biew, Waw-so nichts von dem zu sagen, was vorgefallen war. Aber mitten in der

Nacht, als ich im Schlaf lag, erzählte er alles haarklein, was gestern geschehen war; der Alte lachte hellauf, als er hörte, daß ich hingestürzt wäre, und von diesem Gelächter wachte ich auf.

Am anderen Morgen machten wir uns auf den Weg nach Ko-te-kwaw-wi-ah-we-se-be, wo ich meine Familie hatte. Damals besaß ich zwei Pferde und versprach daher einem meiner Freunde, der mir begegnete, eins davon zu geben; da er aber unterwegs war und eben von seiner Wohnung herkam, so wollte er es mir erst abnehmen, wenn er wieder heimgekommen wäre. Inzwischen starb das Tier infolge eines Blutsturzes, und so hatte ich nur noch das schwarze, das ich Mandan nannte. Das Pferd war für mich sehr wertvoll; als aber der Mann kam, konnte ich nicht umhin, es ihm zu geben. Meine Frau schrie darüber laut auf, und ich trennte mich nur mit tiefer Betrübnis von einem so herrlichen Roß.

Doktor Edward James war nicht nur Ghostwriter John Tanners, er war auch selbst als Wissenschaftler und Expeditionsbegleiter ein hervorragender Kenner indianischer Kultur. Tanners Erlebnissen hat er zur Abrundung einen von ihm selbst erstellten Anhang beigegeben. So auch den nun folgenden über das »Fasten und Träumen«.
Wie bei den meisten Völkerschaften spielten Träume auch bei den Indianern eine wichtige Rolle. Man versuchte nicht nur, aus den Träumen Vorbedeutungen herzuleiten, man führte auch durch gezieltes Fasten Körperzustände herbei, die Träume förmlich herbeizogen. In seiner Skizze befaßt sich Doktor James überdies mit den Vorstellungen der Algonkin-Stämme vom Jenseits und vom »Schatten«, der Seele des Menschen.

Vom Fasten und Träumen

Edwin James

Strenges und langanhaltendes Fasten ist den unverheirateten Indianern beiderlei Geschlechts schon von sehr früher Kindheit an vorgeschrieben. Der Vater reicht zum Beispiel seinem Kind eines Morgens mit der einen Hand das Frühstück, mit der anderen eine Holzkohle. Nimmt das Kind die Kohle, so freut sich der Vater, lobt es und bezeugt ihm auch auf andere Art seine Zufriedenheit. Wer lange fasten kann, wird deshalb sehr beneidet, und auch aus diesem Grund werden die Kinder daran gewöhnt, sich möglichst lange Zeit aller Nahrung zu enthalten. So lernen die Kinder durch Übung, drei, fünf, sieben, ja – wie behauptet wird – zehn Tage lang zu fasten. In dieser ganzen Zeit genießen sie nichts als ein wenig Wasser, und auch dieses nur in großen Abständen.
Während sie fasten, achten sie ganz besonders auf ihre Träume, und je nach deren Beschaffenheit bilden sich die Verwandten, denen

diese Träume erzählt werden, eine Meinung über das, was dem Kind in Zukunft bevorsteht.
Ein Traum von dem, was in der Luft vorgeht – von Vögeln, Wolken, Himmel – gilt als sehr günstig. Wenn das Kind anfängt, von dergleichen zu erzählen, dann wird es von den Verwandten unterbrochen, die ihm zurufen: »Es ist schon gut! Rede nicht mehr davon!« Die Kinder bewahren von den Träumen Eindrücke, die ihr Leben lang Einfluß auf ihren Charakter haben.
Einem alten, sehr ausgezeichneten Krieger, der sich vor einigen Jahren am Red River aufhielt, hatte, während er einmal in seiner Kindheit fastete, geträumt, es sei eine Fledermaus auf ihn zugeflogen, und er hatte deshalb dieses Tier zu seiner Medizin erkoren. Auf die kostspieligen Kriegs- oder Jagdmedizinen, die bei den übrigen Indianern in so großem Ansehen stehen, gab er gar nichts; solange er lebte, trug er eine Fledermaushaut vorn an seiner Kopfbedeckung. Auf seine vielen Kriegszüge ging er mit der größten Zuversicht und Ruhe, denn er war fest überzeugt, daß die Sioux, die eine Fledermaus in ihrem Flug nicht schießen können, auch ihn nicht treffen würden. Er zeichnete sich bei jeder Gelegenheit aus und erlegte eine große Menge seiner Feinde, ohne jemals von einer Kugel auch nur gestreift worden zu sein. Daß er dieses seltene Glück der Fledermaushaut zuschrieb, versteht sich von selbst.
Tanner erzählt, daß seine Adoptivmutter Net-no-kwa, als sie etwa

Chippewa

Die Chippewa sind nicht nur einer der größten Stämme der Algonkin-Sprachfamilie, sondern eines der größten Indianervölker Nordamerikas. Ihre Wohnsitze lagen am Nordufer des Huron Sees und an beiden Seiten des Oberen Sees; sie erstreckten sich weit nach Westen, bis zu den Turtle Mountains im heutigen North Dakota. Sie blieben vom traurigen Schicksal einer Umsiedlung oder Vertreibung in das Indian Territory verschont. Sie leben heute noch im Seengebiet zu beiden Seiten der kanadisch-amerikanischen Grenze. Man schätzte ihre Kopfzahl 1764 auf etwa fünfundzwanzigtausend. Mit den mit ihnen nah verwandten Ottawa und Potawatomi waren sie über lange Zeit in einer losen Konföderation verbunden.

Verpflichtung zur Teilnahme an einem Kriegszug
durch Schlag mit dem Tomahawk auf einem Kriegspfahl
(Aus: Francis S. Drake, *The Indian Tribes of the United States*,
London and Philadelphia 1885)

zwölf Jahre alt war, einmal zehn Tage hintereinander fastete. Als sie während dieser Zeit einen Traum hatte, stieg ein Mann vom Himmel herab, sprach vielerlei mit ihr, reichte ihr zwei Stäbe und sagte: »Diese gebe ich dir, damit du dich auf sie stützt; ich gestatte dir auch, daß dein Haar einst weiß werde wie der Schnee.« Ihr ganzes Leben lang war diese vortreffliche Frau fest überzeugt, daß sie ein hohes Alter erreichen würde. Oft, wenn sie sich in der größten Not und Bedrängnis befand und Gefahren aller Art sie umgaben, ermahnte sie die Ihrigen, den Mut nicht sinken zu lassen, und erinnerte sie daran, daß ihr versprochen worden sei, sie werde im hohen Alter auf Krücken gehen und Haare bekommen, die so weiß wie Schnee wären.

Der Glaube, daß dem Menschen im Traum Mitteilungen gemacht werden, beschränkt sich übrigens weder auf unsere Zeit noch auf die Indianer; der Mensch – und namentlich der weniger Gebildete – neigt sehr dazu. Die meisten Indianer der Algonkin – ja vielleicht die ganze Nation – glauben nicht nur, daß ihre Gebete in Zeiten der Not vernommen und erhört werden, sondern auch, daß manche von ihnen im Traum von Dingen unterrichtet werden, die sich erst in sehr ferner Zeit oder gar erst nach ihrem Tod ereignen. Es ist wahrscheinlich, daß ihr traditioneller Glaube von dem, was sich künftig ereignen soll und unter welchen Umständen es geschehen wird, einen so starken Eindruck auf das Gemüt der Kinder macht, daß sie oft schon von früher Jugend an bis ins späteste Alter sehr häufig von Träumen heimgesucht werden.

So findet man Leute unter ihnen, die während der gefährlichsten Krankheiten und in einem so hoffnungslosen Zustand, daß man sie als eine Beute des Todes betrachten muß, dennoch im Fieberwahn träumten, daß das, was ihnen in früher Jugend ihre aufgeregte Einbildungskraft vorgespiegelt hat, erfüllt worden sei. So erzählen sie mit der größten Selbstverständlichkeit, daß diese oder jene Personen gestorben und auf dem Pfad der Toten gewandelt seien bis zu einem großen Erdbeerbaum, der dicht neben dem Weg stand; einige haben den Fluß gesehen, andere sogar überschritten und sind in die Dörfer der Toten gelangt.

Träume dieser Art scheinen sehr häufig zu sein; nicht selten erzählen sie aber auch von Quälereien und Enttäuschungen. Manche langten im Geist bei dem Erdbeerbaum an, und der Jebi-nug erfrischte sie während der Reise; aber als sie die Frucht mit den Händen ergreifen wollten, war es nur ein Stein. Diese Sage findet man bei den Stämmen in der Nähe des Oberen Sees, in deren Gebiet man im Sand häufig rote Steinchen findet, die mit den Erdbeeren einige Ähnlichkeit haben.

Manche sind jedoch weiter gekommen und haben großen Schreck empfunden, als sie das Me-tig-usch-e-po-kit (das schwankende Kanu) erblickten, auf dem sie übersetzen mußten, und fürchteten sich sehr vor dem Hund, der sich dort aufhält. Dann ließen es ihre Bekannten an Stichelreden, Spott und Hohn nicht fehlen; man lachte ihnen geradezu ins Gesicht und nannte sie Jebis; man gab ihnen Asche und Wasser statt der Mun-da-urin-ah-bo (Kornsuppe), Baumrinde statt gedörrten Fleisches und große Puk-kwis oder O-zusch-kwa-to-wuks (ungenießbare Staubschwämme).

Einige Männer erblickten in jenem Land nur junge Weiber, die sich darum zankten, wer ihr Mann sein sollte, und die Träume aller haben überhaupt immer einigen Bezug auf Lage und Verhältnisse der Träumenden.

Woher haben diese Völker ihre ersten Traditionen über das Land der Toten? Das wird wohl schwerlich jemals festgestellt werden können; da diese aber einmal vorhanden sind, so kann es auch nicht auffallen, daß es in ihren Träumen eine so bedeutende Rolle spielt.

Sie glauben auch, daß sich die Seele oder – wie sie es ausdrücken – der Schatten bei schweren Krankheiten vom Körper absondere, und betrachten einen Menschen, dessen Zustand verzweifelt scheint, als einen bereits Toten. Daher sagen sie auch von Leuten, sie seien zu einer bestimmten Zeit gestorben, während diese doch noch viele Jahre unter den Lebenden wandelten. Daß sie sich falsch ausdrücken, begreifen sie gar nicht; sie sagen vielmehr sehr häufig: »Der Mann starb zu der und der Zeit, aber er ist wiedergekommen.«

Ich habe gehört, daß sie einem Genesenden den Vorwurf machten, er setze sich leichtsinnigerweise der Gefahr aus, seinen Schatten, der mit dem Körper nicht fest genug zusammenhänge, zu verlieren. Sie glauben, daß die Seele den Körper verlasse, ehe dessen Auflösung an-

Indianerinnen sammeln Tepia
(Aus: Francis S. Drake, *The Indian Tribes of the United States*,
London and Philadelphia 1885)

fängt, glauben aber nicht, daß sie sich erst lange nach dem Tod trenne. Dieser Glaube tritt am deutlichsten bei ihrem Fest des Chebah-koo-che-ga-win hervor und ist auch bei anderen Begräbnisfeierlichkeiten zu erkennen, besonders wenn Weiber ihren Männern die letzte Ehre erweisen.
Im Frühjahr 1826 starb ein Mann aus dem Stamm der Menominees und wurde in der Nähe eines Ortes begraben, wo ein Teil des Fünften Infanterieregiments der Vereinigten Staaten seinen Lagerplatz hatte; es war auf einer Hochfläche hinter dem Dorf Prairie du Chien, am Ufer des Mississippi. Die Leiche wurde zu ihrem Ruheort von einer großen Anzahl von Freunden und Verwandten begleitet. Als sie in die Gruft hinabgesenkt werden sollte, trat die Witwe zu dem plump gearbeiteten Sarg, betrachtete hin, stieg hinauf, sprang wieder hinab und lief wohl eine Meile weit, ehe sie stehenblieb. Das ist Brauch bei den Weibern jenes Stammes, und die Witwe nimmt sich, falls sie eine zweite Heirat beabsichtigt, wohl in acht, ihre Blicke nicht nach der Seite zu wenden, wo sich das Grab dessen befindet, der sie verlassen hat. Das geschieht, wie sie sagen, damit der Schapi oder – wie die Chippewa sagen – der Jebi, das heißt der Tote, sie nicht verfolgen könne. Die Menominees glauben, daß die Frau, wenn sie hinter sich blickt, sogleich tot zur Erde fallen oder in unheilbaren Wahnsinn verfallen würde.
Zuweilen – aber doch nur in seltenen Fällen – wird die Witwe von einer anderen Person begleitet, die einige kleine Zweige in der Hand trägt, ihr unmittelbar auf dem Fuß folgt und die Zweige über ihrem Kopf schwingt, als wolle sie ihr die Fliegen abwehren. Diese Handlung heißt Wai-na-how, und die ganze Feierlichkeit wird Ah-nenk-kun-new genannt.
Bei dem eben angeführten Fall lief die Frau sehr rasch, sah sich nicht um und nahm eine der Lage ihrer Hütte ganz entgegengesetzte Richtung; aber ihr Wehgeschrei, das man weithin hören konnte, schien im Widerspruch mit einer Handlung zu stehen, deren Zweck doch kein anderer war, als sich auf immer von dem zu trennen, den sie beweinte.
Die gewöhnlichen und wohlbekannten Ehrenbezeigungen, die die Indianer ihren Toten erweisen, scheinen übrigens zärtliche Gefühle, de-

ren Nichtvorhandensein aus der eben besprochenen Feierlichkeit hervorzugehen scheint, nicht auszuschließen. Bei den meisten ihrer Bräuche, die sich auf die Pflichten gegenüber den Toten beziehen, erkennt man nicht nur die Spuren solcher zarten Gefühle, sondern auch einen starken Glauben an ein zukünftiges Leben. Sie glauben, daß die von ihnen getrennten Freunde den Wert der ihnen bewiesenen Achtung erfahren und schätzen.

Während der großen Versammlung bei Prairie du Chien im Jahre 1833 wurde ein Sioux-Häuptling von den Sisseton krank und starb an einem Gallenfieber. Er war ein Mann, der bei seinem Volk viel galt; und da er außerdem aus weiter Ferne hergekommen war, um einer Aufforderung der Regierung der Vereinigten Staaten Genüge zu leisten, so beschloß der Militärkommandant des dortigen Postens, ihm die dem Krieger gebührende letzte Ehre erweisen zu lassen. Die zu seiner Bande gehörenden Männer hatten sich in der Hütte, wo er lag, um ihn versammelt und hoben die Leiche auf die Bahre, als die Eskorte ankam. Dann sangen etwa hundert Stimmen eine Art von Requiem, das ein mit ihrer Sprache bekannter Mann folgendermaßen übersetzte: »Bruder, betrübe dich nicht. Der Pfad, auf dem du wandelst, ist derselbe, den wir einst alle betreten müssen, und alle Menschen werden uns auf ihm folgen.« – Diesen Gesang wiederholten sie, bis sie am Begräbnisplatz angelangt waren.

Es liegt etwas Rührendes in ihrer Art, den Jebi oder die Totenerinnerung anzuordnen. Nie vergessen sie, den Tribut zu entrichten, den sie dem Verstorbenen schuldig zu sein glauben. Wenn sie essen oder trinken, so stellen sie sorgfältig etwas davon für den Jebi zur Seite, und dieser Brauch wird jahrelang beachtet, wenn nicht etwa ein Kriegszug in dieser Zeit stattfindet. Auf dem Schlachtfeld hören die Verpflichtungen gegenüber den Toten auf.

Man sagt, daß die Chippewyan, die Saki, die Strongbow* und andere Stämme in jenen unwirtlichen Gegenden, die den Polarkreis begrenzen, häufig ihre Toten nicht begraben und oft ihre Freunde und Verwandten im Stich lassen, wenn diese zu schwach sind, die An-

* Chippewyan, Saki und Strongbow (auch Etcheridiegotine) sind Stämme der athapaskischen Sprachfamilie, die im Norden Kanadas leben.

Kampf zu Wasser zwischen Chippewa
und Sauk und Fox
(Aus: M. H. Eastman, *Chicóra and other Regions*,
Philadelphia 1854)

strengungen ihres mühevollen Lebens weiter zu ertragen. Wenn dies wahr ist – und man kann kaum daran zweifeln –, so liegt die Ursache in der starren Notwendigkeit, die ihnen das strenge Klima auferlegt.

Indianische Schöpfungsmythen und Sternenfabeln sind häufig unseren Märchen nicht unähnlich, sind einerseits poetisch, andererseits zeigen sie eine Art naiver Grausamkeit und Härte. Dies wird auch in der Geschichte vom Sonnenmann und der Mondfrau deutlich, die Doktor James bei den Ottawa gehört hatte.
Wenngleich die Kenntnisse über die Gestirne bei den nordamerikanischen Stämmen bei weitem nicht so entwickelt waren wie dies etwa bei den Maya der Fall war, so beruhte auch ihre Zeitmessung natürlich auf der Beobachtung der Gestirne. Ähnlich wie es bei unserer Landbevölkerung bis heute üblich ist, verwendeten auch die Indianer typische Naturereignisse zur Charakterisierung der »Monde«.

Indianische Sternenkunde

Edwin James

Von den Meinungen der Indianer über die Himmelskörper können wir wenig sagen. Eine umfassende Kunde von den Bewegungen, den Entfernungen und den Gestalten der Gestirne darf man nicht bei einem Volk suchen, das weder Schriftsprache noch Instrumente zum Beobachten hat. Sie behaupten auch in der Tat keineswegs, mehr von den Gestirnen zu verstehen, als sie wirklich wissen.
Au-do-me-ne, ein verständiger Ottawa von Waw-gun-un-kiz-ze, erzählte mir, als ich ihn fragte, was sie vom Mond und der Sonne glauben, folgende Sage:
Vor alten Zeiten hatten ein alter Chippewa-Häuptling und dessen Weib, die am Ufer des Huronsees lebten, einen Sohn, und der war ein sehr hübsches Kind. Er hieß Ono-wut-to-kwut-to, d. h. »der, der die Wolken fängt«, und hatte wie sein Vater einen Biber als Totem. Er wäre ein recht lieber Junge gewesen, denn er war von Herzen gut und gehorsam, wenn er nur hätte fasten wollen; allein dazu ließ er

sich niemals bewegen. Seine Eltern gaben ihm oft Holzkohle statt des Frühstücks – allein er weigerte sich, sein Gesicht anzuschwärzen, und wenn er Eier oder einen Fischkopf fand, so aß er sie, nachdem sie geröstet waren.

Eines Tages nahm man ihm weg, was er sich statt des ihm verweigerten Frühstücks zubereitet hatte, und gab ihm statt dessen einige Kohlen; doch dies war der letzte der zahlreichen Versuche, die man angestellt hatte, um ihn zum Fasten zu bewegen. Er nahm die Kohlen, schwärzte sich sein Antlitz, ging hinaus und legte sich auf die Erde. Abends kam er nicht in die Hütte seiner Eltern zurück, sondern schlief draußen. Im Traum sah er, wie eine schöne Frau vom Himmel herabstieg und sich vor ihm hinstellte. »Ono-wut-to-kwut-to«, sprach sie zu ihm, »ich bin deinetwegen hergekommen; folge meinen Spuren!«

Der Knabe gehorchte, ohne zu zaudern, folgte ihr und sah, daß sie auf die Gipfel der Bäume stieg, höher und immer höher durch die Luft bis jenseits des Gewölks. Endlich ging sie durch ein kleines Loch; er folgte ihr und befand sich endlich auf einer schönen, weiten Prärie. Auf dieser gingen sie einen Pfad entlang, der sie endlich zu einer großen, hübschen Hütte führte. Nachdem sie in diese eingetreten waren, bemerkten sie auf der einen Seite Pfeifen, Schlachtkeulen, Bogen, Pfeile, Speere – kurz alles, was ein Mann braucht; auf der anderen Seite war alles, was den Weibern zukommt.

Die Hütte war die Wohnung des schönen Weibes, das ihm als Führerin gedient hatte. Auf dem Webstuhl hatte sie einen Gürtel, der aber noch nicht ganz fertig war. Sie sprach zu ihm: »Da kommt mein Bruder – ich will dich verbergen.« Und mit diesen Worten schob sie ihn in einen Winkel und hängte den Gürtel vor ihn hin.

Aber Ono-wut-to-kwut-to beobachtete von seinem Versteck aus alles, was vorging. Er sah, wie der Bruder, der sehr prachtvoll gekleidet war, eintrat und eine Pfeife von der Wand nahm. Nachdem er geraucht hatte, legte er seine Pfeife und den Beutel, der seine Pah-koo-se-guns enthielt, beiseite und sprach: »Hast du vergessen, daß der höchste der Geister dir verboten hat, denen, die auf Erden leben, ihre Kinder zu entführen? Du glaubst den, den du jetzt geholt hast, gut versteckt zu haben, aber ich weiß recht gut, daß er sich hier in der

Hütte befindet. Willst du mich nicht erzürnen, so gib ihn unverzüglich den Seinigen zurück.«
Die Frau aber weigerte sich, dies zu tun.
Da er nun wohl sah, daß seine Schwester den Knaben nicht wieder fortlassen wollte, so sprach er zu diesem: »Du kannst recht gut diesen Ort verlassen, denn du bist meinen Augen nicht verborgen geblieben. Geh nur fort; denn wenn du bleibst, so mußt du in deiner Einsamkeit verhungern.« Nachdem er diese Worte gesprochen hatte, nahm er einen Bogen, Pfeile und eine reichverzierte Pfeife aus rotem Stein, um ihm ein Geschenk damit zu machen.
Also kam der Knabe hervor, freute sich über die Pfeife und den Bogen, die der Mann ihm gegeben hatte, und heiratete das junge Weib, das ihn entführt hatte.
Nun ging er auf die offene Prärie, erblickte aber in der schönen, weiten Gegend keine anderen Bewohner als seine Frau und seinen Schwager. Auf der Ebene, die von blinkenden, klaren Bächen durchströmt wurde, prangten Blumen; allein die Tiere glichen nicht jenen, die er früher gesehen hatte. Wie auf der Erde, so folgte auch hier die Nacht dem Tag. Als aber der erste Lichtstrahl dämmerte, traf der Schwager Vorbereitungen, um die Hütte zu verlassen. Das tat er Tag für Tag, und immer kam er erst abends wieder heim. Die Frau ging und kam zwar nicht so regelmäßig, war aber nicht selten während eines großen Teils der Nacht abwesend.
Der junge Mann war begierig zu wissen, wo sich beide während ihrer Abwesenheit aufhielten, und er erhielt von seinem Schwager die Erlaubnis, diesen bei einem seiner täglichen Ausgänge zu begleiten. Sie schritten einen ebenen Pfad entlang, der über die Prärie führte, deren Ende nicht abzusehen war. Ono-wut-to-kwut-to spürte Hunger und fragte daher seinen Begleiter, ob sie nicht Wild antreffen würden. »Gedulde dich nur, mein Bruder«, erhielt er zur Antwort; »diesen Weg wandle ich tagtäglich, und der Ort, wo ich mein Mahl einzunehmen pflege, ist nicht mehr weit von hier. Wenn wir dort angelangt sind, sollst du sehen, auf welche Weise ich mir Lebensmittel verschaffe.«
Endlich kamen sie an eine Stelle, wo schöne Matten ausgebreitet waren, und man sah durch ein Loch auf die Erde. Ono-wut-to-kwut-to sah, als sein Schwager ihm zuredete, hindurch und erblickte nun un-

ter sich große Seen und Dörfer, nicht nur der Chippewa, sondern aller Rothäute. Auf der einen Seite erblickte er einen Haufen Krieger, die sich heimlich dem Jagdlager eines südlichen Stammes näherten, und sein Gefährte sagte ihm voraus, welchen Ausgang der Angriff nehmen würde. Auf der anderen Seite sah er Männer, die ein Fest feierten und tanzten; die Knaben spielten, und die Weiber gingen ihren gewohnten Beschäftigungen nach.

Der Schwager lenkte Ono-wut-to-kwut-tos Aufmerksamkeit auf eine Gruppe von Kindern, die vor einer Hütte spielten. »Siehst du dieses so lebhafte und schöne Kind?« fragte er. Und im selben Augenblick warf er einen ganz kleinen Stein hinab, der das Kind traf.

Da fiel es zur Erde nieder und wurde in die Hütte getragen; es entstand große Bewegung unter dem Volk, man vernahm den Ssche-sche-gwun, und der Medizinmann sang und bat, daß das Leben des Kindes verschont bleiben möge.

Auf diese Bitte antwortete der Schwager Ono-wut-to-kwut-tos: »Schickt mir den weißen Hund!«

Nun konnten sie das Geräusch, das bei den Vorbereitungen für ein Fest entsteht, unterscheiden; ein weißer Hund wurde getötet und abgesengt; alle Nachbarn versammelten sich in der Hütte. Während dieser Vorbereitungen sprach der Schwager zu Ono-wut-to-kwut-to: »Es gibt unter euch, die ihr dort unten auf der Erde lebt, Leute, die ihr für große Ärzte haltet. Sie sind es aber nur, weil ihre Ohren offen sind; weil sie meine Stimme hören, wenn ich einen getroffen habe, und dann können sie manchmal Krankheiten heilen. Sie bewegen die Menschen dazu, daß diese mir geben, was ich fordere; und wenn das geschieht, so ziehe ich meine Hand von denen zurück, die ich getroffen habe.«

Während er dies sprach, wurde der Hund unter die Gäste verteilt, und als sie anfingen zu essen, sprach der Arzt: »Großer Manitu, dies senden wir dir.«

Kaum war dies gesprochen, da sahen die beiden den Hund, völlig gebraten und zubereitet, durch die Lüfte auf sie zukommen. Und als sie sich nun gesättigt hatten, gingen sie auf einem anderen Weg zur Hütte zurück.

So lebten sie einige Zeit; aber Ono-wut-to-kwut-to hatte weder seine

Freunde noch die Lustbarkeiten in seinem väterlichen Dorf vergessen, und er wünschte sich deshalb sehr, auf die Erde zurückzukehren. Endlich gab seine Frau seinen Bitten nach. Sie sprach: »Weil du Armut, Entbehrungen und Not dort unten auf jener Welt dem ruhigen Leben und den immer dauernden Freuden auf dieser Prärie vorziehst, so geh; ich gestatte es dir. Da ich dich doch einmal hierher entführt habe, so will ich dich auch bis zu der Stelle zurückgeleiten, wo ich dich gefunden habe. Aber denk daran, daß du mein Mann bist und daß meine Gewalt über dich immer dieselbe bleibt. Du gehst nun zu deinen Verwandten zurück; aber hüte dich, unter den Menschen eine andere Frau zu nehmen. Tust du das, so erregst du meinen Zorn; und wenn du dich zum zweitenmal verheiratest, so wirst du zu mir zurückgerufen werden.«

Als Ono-wut-to-kwut-to diese Worte vernommen hatte, wachte er auf und befand sich auf der Erde, dicht neben der Hütte seines Vaters. Er sah seine alte Mutter und seine Verwandten wieder, die ihm erzählten, daß er beinahe ein ganzes Jahr lang fort gewesen sei.

Einige Zeit war er sehr in sich gekehrt und in seine Erinnerungen versunken; allmählich aber dachte er seltener an seinen Aufenthalt in der Oberwelt, und endlich zweifelte er sogar, ob alles, was er dort gesehen und gehört hatte, sich auch in Wirklichkeit ereignet habe. So vergaß er denn, was seine himmlische Frau ihm eingeschärft hatte, und nahm ein junges hübsches Mädchen seines Stammes zum Weib. Aber vier Tage später starb diese junge Frau.

Da überfiel ihn ein großer Schrecken; doch auch der verschwand allmählich, und er wagte eine zweite Heirat. Bald darauf ging er einmal nachts aus seiner Hütte, um nach einem ungewöhnlichen Geräusch zu sehen. Aber seit damals ist er verschwunden und nie wiedergekommen. Man glaubt, daß seine Frau aus der Oberwelt herabgekommen sei, um ihn zu holen, wie sie ihm angedroht hatte, und daß er noch in den himmlischen Regionen weilt, um neben seinem Schwager die Angelegenheiten der Menschen zu überwachen.

Dieser Tradition zufolge scheint es, daß die Ottawa der Sonne und dem Mond zuweilen Opfer darbringen, und sie glauben, daß diese Gestirne – oder vielmehr der Sonnenmann und die Mondfrau – all unsere Handlungen überwachen.

Die verschiedenen Mondphasen geben den Indianern eine Möglichkeit, die Zeit zu messen. In bezug auf die Mondperioden geschieht das sehr genau; aber die Namen, die sie ihnen geben, sind sehr verschieden. Die Alten unter ihnen streiten oft über die Anzahl der Monde eines Jahres und geben zuweilen jedem einzelnen verschiedene Namen. Bei den Ottawa und den Menominee werden im allgemeinen folgende verwendet:

der Erdbeerenmonat
der Monat der Heidelbeeren
der Monat der Ernte des wilden Reises
der Monat des Blätterfalls
der Monat des Eises
der Monat der Schneeschuhe oder der glänzenden Nacht
der Bärenmonat (bei den Ottawa; bei den Menominee heißt dieser Monat die Brunstzeit des Damhirsches; bei den Chippewa der Monat des Geistes)
der längste Monat (er ist gut für die Jagd und entspricht etwa unserem Januar; wer in diesem Monat geboren wird, kann sehr lange leben)
der Säugemonat oder der Monat der Baumsprossen
der Monat der wilden Gans (bei den Chippewa; bei den Menominee heißt er der Monat des Zuckers)
der Monat der Kaninchen
der Monat der Blätter

Die Menominee haben außerdem noch einen Schlangenmonat, der in den Frühling fällt.
Um die weiter entfernten Himmelskörper kümmern sich die Indianer wenig; nur einzelne, z. B. der Morgenstern, der Polarstern und der Große Bär, erhalten von den Alten bestimmte Namen.
Über die Kometen herrscht bei ihnen derselbe Glaube wie beim gewöhnlichen Volk in Europa: sie halten dessen Erscheinen für das Zeichen eines bevorstehenden Krieges. Der Name, den der Komet bei den Chippewa führt, scheint »Glanzstern« zu bedeuten; bei den Menominee heißt er »Feuer, das man sieht«.

Die Indianer haben keine deutlichen Begriffe von den wahren Ursachen, die das Ab- und Zunehmen des Mondes bedingen, ebensowenig von den Verfinsterungen und anderen Phänomenen, die ihren Grund in der Bewegung der Himmelskörper haben. Wenn sich der Mond verfinstert, so sagen sie, er stirbt, und feuern Schüsse auf ihn ab; kommt die Scheibe wieder teilweise zum Vorschein, so meinen sie, dem Mond durch die Geräusche, die sie machen, die Krankheit vertrieben zu haben.

Sie sagen von der Milchstraße, eine Schildkröte schwimme auf dem Grund des Firmaments und rühre den Schlamm auf. Ihre Ansicht über das Nordlicht, das sie den Totentanz nennen, ist etwas poetischer, aber nicht verständiger. Sie unterscheiden mehrere meteorische Erscheinungen von denen, die sich jenseits unseres Dunstkreises zeigen, und sagen von den ersteren: »Diese gehören uns.«

Was vor längerer Zeit Roger William über die Mythologie der Indianer in Rhode Island gesammelt hat, stimmt nur zum Teil mit den jetzt unter den Ottawa herrschenden Ansichten überein. Man hört nichts mehr von Cau-tan-to-wit, dem Großen Geist des Südwestens, oder von Ning-gah-be-an-nong-Manitu, dem Gott des Westens; ein jüngerer Bruder von Na-na-bu-ju, dem Gott der Totengegend, ist an dessen Stelle getreten. In Williams Saw-waw-nand erkennen wir Schaw-wun-nong-Manitu, den Gott des Südens, bei den Ottawa; aber all diese Gottheiten – Waw-bun-ong-Manitu, der Gott des Morgens oder des Ostens; Ke-way-tin-ong-Manitu, der Gott des Nordens; und Ka-no-waw-bum-min-uk, »der, der alles sieht und dessen Platz in der Sonne ist« –, sie alle stehen an Macht und Gewalt vielen anderen nach, sogar den Ke-ze-ko-we-nin-ne-wugs, einer Art kleiner, wohlwollender und wachsamer Wesen, die stets bereit sind, dem Menschen Gutes zu tun.

Die Abhaltung von Festlichkeiten war bei den Indianern ein integraler Bestandteil ihres Lebens – ein Gegenstück zu den »sauren Wochen«. Sie hatten religiöse oder »weltliche« Prägung und wurden zu den unterschiedlichsten Anlässen veranstaltet. Die Teilnehmer wurden allerdings jeweils vom Gastgeber ausgewählt; viele Feste hatten eine durchaus exklusive Gästeschar.

Über die Feste der Indianer

Edwin James

Wer bei den Indianern viele Festlichkeiten gibt oder, um in der Sprache ihrer Gesänge zu reden, das Volk fortwährend in Bewegung hält, gilt als großer Mann. Besonders in den Zeiten, wo das Wild recht häufig ist, folgt Fest auf Fest. Es ist wahrscheinlich, daß diese Feste die Hauptvergnügungen der Indianer in Zeiten der Ruhe und des Friedens waren, ehe die Weißen den Gebrauch berauschender Getränke eingeführt hatten. Es gibt mehrere Arten von Festen.

1. METAI-WE-KOON-DE-WIN oder das Medizinfest, das einen Teil ihrer großen religiösen Feierlichkeit, des Metai, bildet. Es steht unter der Leitung mehrerer bejahrter Männer, die Häuptlinge des Metai genannt werden. Man läßt nur Eingeweihte zu. Die Gäste werden von einem Me-zin-no-way oder Agenten des Häuptlings eingeladen, der jedem einen kleinen Stab einhändigt. Im Süden bedient man sich kleiner Rohrstöcke; im Norden nimmt man auch Federn, die zu diesem Zweck gefärbt und aufbewahrt werden. Mündlich bestimmt der Bote nichts.
Bei diesem Fest werden immer Hunde geopfert, denn diese Tiere gelten, da sie am intelligentesten und dem Menschen am nützlichsten sind, bei den Indianern als das Opfer, das ihren Gottheiten am angenehmsten ist. Sie glauben, daß die Nahrung, die sie bei diesen und

einigen anderen Festen genießen, in unsichtbarer Gestalt bis zum Großen Geist aufsteige.
Außer den Gesängen, die bei diesen Festen vorkommen, werden zahlreiche Ermahnungen der bejahrten Männer angehört. Unter einer Menge von unverständlichen Anspielungen und lächerlichen Wendungen enthalten diese Reden einige moralische Vorschriften und außerdem noch Traditionen über Na-na-bush und andere Personen ihrer Mythologie. Diejenigen Zuhörer, die nicht betrunken sind, scheinen außerordentlich aufmerksam zu sein. Jedesmal, wenn der Redner mit gedämpfter Stimme den Namen des Großen Geistes ausspricht, fallen die Zuhörer ein und rufen »Kwa-ho-ho-ho-ho-ho«; die erste Silbe wird dumpf und langsam ausgesprochen, die übrigen immer tiefer, bis der Ton aufhört zu vibrieren. Sie sagen, der Redner berühre den Großen Geist, wenn er dessen Namen ausspricht. Die Wirkung, die auf das Auditorium hervorgebracht wird, läßt sich mit dem Ton einer ausgespannten Saite vergleichen, der immer schwächer wird.
Diese eigentümlichen Rufe sind auch bei den Ottawa gebräuchlich, wenn sie mit ihren Medizinhäuten diejenigen schlagen, die sich einweihen lassen wollen.

Ottawa

Die Ottawa gehören zur Algonkin-Sprachfamilie und sind mit den Chippewa und Potawatomi eng verwandt. Als die Franzosen die Gebiete um die Großen Seen zu erforschen begannen, lagen die Wohngebiete der Ottawa am Nordufer der Georgian Bay und auf der Manitulin-Insel. Um die Mitte des siebzehnten Jahrhunderts wichen sie vor den Irokesen nach Westen aus, konnten aber um 1680 auf Betreiben der Franzosen wieder zurückkehren. Im achtzehnten Jahrhundert spielten sie im Kampf gegen Engländer und Amerikaner eine wichtige Rolle. Ihr Häuptling Pontiac versuchte, eine Allianz der um die Großen Seen lebenden Algonkin-Stämme zu schmieden. In vielen Kriegen waren sie Verbündete der Franzosen. Ihr Widerstand erlahmte erst nach dem Ende des Britisch-Amerikanischen Krieges 1812. Im Lauf des neunzehnten Jahrhunderts verstreuten sie sich auf mehrere Gebiete in Kanada und in den USA. Ein Teil der Ottawa übersiedelte nach dem Vertrag mit der US-Regierung von 1867 in das Indian Territory, das heutige Oklahoma.

Man hat bis auf den heutigen Tag viel darüber gestritten, ob es bei den Indianern ein Priestertum gibt oder nicht. Schon aus einer flüchtigen Prüfung geht hervor, daß die sogenannten Medizinmänner eine Rotte verschmitzter Betrüger sind, die zum größten Teil auf Kosten der Leichtgläubigkeit anderer leben und diesen Medizinen oder Zauber verkaufen, damit sie Glück auf der Jagd haben oder ein Weib verführen können oder irgendeinen anderen Zweck erreichen. Wenn einer so glücklich gewesen ist, Ansehen und Einfluß bei den leichtgläubigen und abergläubischen Indianern zu erlangen, dann gilt er als Prophet, der mit dem unsichtbaren Wesen in Verbindung steht.

2. WAIN-JE-TAH-WE-KOON-DE-WIN, das Fest, das dazu bestimmt ist, Träume zuwege zu bringen. Die Feste dieser Art können überall und zu jeder Zeit veranstaltet werden, und es sind keine besonderen Bestimmungen vorhanden, gemäß denen der Gastgeber seine Gäste bewirten müßte. Das Wort »wain-je-tah« bedeutet »gemeinsam« oder »wahr«. Sie bedienen sich dessen oft, wenn sie Pflanzen oder Tiere bezeichnen. So bedeutet z. B. Wain-je-tah-omuk-kuk-ke eine wirkliche Kröte und nicht etwa eine Eidechse.

3. WEEN-DAH-WAS-SO-WIN, das Fest der Namensgebung. Diese Feste finden statt, wenn die Kinder einen Namen erhalten; dabei müssen die Gäste alles essen, was ihnen der Gastgeber vorsetzt, wieviel es auch sein mag. Der Grund, den sie für den Brauch angeben, nichts von dem, was bei dieser Gelegenheit aufgetragen wird, liegenzulassen, ist sonderbar. Wie sie sagen, ahmen sie den Falken und andere Raubtiere nach, die nie zweimal an die von ihnen getötete Beute gehen.

4. ME-NIS-SE-NO-WE-KOON-DE-WIN, das Kriegsfest. Diese Feste werden veranstaltet, ehe die Indianer in den Krieg ziehen und während des Zuges ins feindliche Land. Es können zwei, vier, acht, zwölf Männer zusammenberufen werden, nie aber eine ungleiche Zahl. Das zum Festmahl bestimmte Tier – ein Bär, ein Hirsch, ein Elch oder was es sonst sein mag – wird ganz gekocht, und es muß komplett aufgegessen werden. Übrigbleiben darf nichts. Gewöhnlich

Das Maiskolbenfest
(Aus: Francis S. Drake, *The Indian Tribes of the United States*, London and Philadelphia 1885)

wird neben das Essen eine tiefe, mit Bärenfett gefüllte Schüssel gestellt; das Fett wird statt des Wassers getrunken. Einer, der seinen Anteil nicht ganz aufißt, wird von den übrigen, die einen größeren Magen haben, verhöhnt und muß in der Regel die Erlaubnis, nicht mehr essen zu müssen, mit Tabakspenden erkaufen. Wenn sich jedoch in einem solchen Fall keiner findet, der für ihn essen will, so ruft man den erstbesten herbei.
Hat das Fest nach Beginn des Festmahls stattgefunden, so wird genau darauf geachtet, daß auch nicht ein einziger Knochen des verzehrten Tieres zerbrochen wird. Alle Knochen werden gereinigt, zusammengebunden und an einen Baum gehängt. Als Grund für diesen Brauch geben sie an, sie wollten dadurch dem Großen Geist mitteilen, daß ihnen viel daran liege, mit gesunden Knochen wieder in ihr Heimatland und in ihre Hütten zurückzukehren.

5. GIT-CHE-WE-KOON-DE-WIN oder das große Fest. Dieses ist ein Fest großer Art, das nur wenige – und immer die ausgezeichnetsten einer Horde – feiern dürfen. Das Tier wird, wenn möglich, in einem Stück gekocht. Zuweilen heißt dieses Fest auch Mez-ziz-a-kwa-win.

6. WAW-BUN-NO-WE-KOON-DE-WIN, das Fest des Waw-be-no. Dieses Fest – so wie alle übrigen Mummereien des Waw-be-no – wird als eine abgeschmackte und gefährliche Ketzerei betrachtet und von den bedeutendsten Indianern nicht mehr gefeiert. Es geht dabei sehr geräuschvoll und unordentlich zu, und es wurde früher bei Nacht und unter Fackelschein begangen.

7. JEBI-NAW-KA-WIN, das Totenfest. Das Festmahl findet auf den Gräbern der verstorbenen Lieben statt. Man zündet ein Feuer an, und jeder Gast schneidet, ehe er zu essen anfängt, ein kleines Stück Fleisch ab und wirft es in die Flamme. Der Dampf und der Geruch des Fleisches ziehen, wie die Indianer sagen, den Jebi an, der herbeikommt, um mit ihnen zu essen.

8. CHE-BAH-KOO-CHE-GA-WIN. Jeder gute Jäger breitet einmal im Frühjahr und einmal im Herbst einen ganzen Tag lang seinen Medi-

zinbeutel im hinteren Teil seiner Hütte aus und bewirtet seine Nachbarn zu Ehren der Medizin. Dieses Fest wird als ebenso wichtig und feierlich betrachtet als das Metai.

9. O-SKIN-NE-GE-TAH-GA-WIN, das Fest des jungen Jägers; man könnte es auch das Fest der ersten Früchte nennen. Es wird gefeiert, wenn ein junger Bursche, der zu jagen anfängt, zum erstenmal ein Tier irgendeiner Art – vom kleinsten Vogel oder Fisch bis zum Elch oder Bison – erlegt. Die Indianer beachten diesen Brauch sehr sorgfältig. Man findet dieses Fest häufig in Tanners »Denkwürdigkeiten« erwähnt.

Gesänge wurden bei den Indianern einerseits zu den Festen, andererseits aber auch in sehr persönlichen Situationen von Einzelpersonen oder Gruppen angestimmt: Liebe und Leid, Jagd und Krieg, Not und Gefahr brachten Frauen und Männer dazu, ihre Gefühle und Stimmungen in Gesängen auszudrücken. Oftmals bestanden die Gesänge aus wenigen, stets wiederholten Silben, es gab aber auch inhaltsreiche, ja poetische Texte.

Indianische Gesänge

Edwin James

Dieser Gesang wird – wie die drei folgenden – vom Oberhäuptling des Metai gesungen, die sein Bwoin-ah-keek oder Tambour begleitet.

Gesang für das Metai oder die Jagdmedizin

O meine Freunde, die ihr ringsumher sitzt; ich lenke jetzt meine ganze Aufmerksamkeit auf das Metai.
Wer läßt strömen diesen Fluß? – Es ist der Geist; er läßt strömen diesen Fluß.
Prüft mich wohl, meine Freunde; prüft mich und begreift, daß wir alle Genossen sind.
Wer hat gemacht, daß das Volk gegangen ist? – Ein Vogel hat gemacht, daß das Volk gegangen ist.
Ich will mich auf den Weg machen, und wenn ich ein Tier sehe, will ich darauf zielen.
Ich treffe dein Herz, ich erreiche dein Herz, o Tier! Ich erreiche dein Herz; es ist dein Herz.
Ich mache mich dem Feuer gleich.
Ich kann das Wasser herbeiziehen – von oben, von unten und von ringsum.

Ich kann totenähnlich machen; ich habe es getan für einen Mann. [?]
Ich kann totenähnlich machen; ich habe es getan für ein Weib.
Ich kann totenähnlich machen; ich habe es getan für ein Kind.
So bin ich, so bin ich, meine Freunde. Jedes Tier, jedes Tier – ich treffe es recht, meine Freunde.

Gesang für das Metai allein

Ich gehe umher in den Stunden der Nacht.
Ich höre deine Stimme; du bist ein böser Geist.
Jetzt habe ich mich über die Erde erhoben; ich bin eine wilde Katze, das sollst du wissen! Ich bin eine wilde Katze; ich bin erfreut, euch alle, ihr wilden Katzen, zu sehen.
Ich bin ein Geist; alles, was ich habe, gebe ich dir in deinen Körper. Deine Zunge tötet dich, du hast zuviel Zunge.

Gesang für die Biberjagd und das Metai

Ich setze mich auf den Boden in der Hütte des Metai, in der Hütte des Geistes.
Du mußt vier Jahre fasten, mein Freund; du mußt vier Jahre fasten, mein Freund!
Verlaß deine Kleider, Weib, verlaß deine Kleider!
Warum geht das Volk umher? – Weil ich euch rufe.
Ich kann euch hiermit töten; ein Hund selbst, ich kann euch hiermit töten.
Ich treffe dein Herz, Mann, dein Herz.
Ich kann den weißen Loon töten; ich kann ihn töten.
Ich öffne eine Wolfshaut, und der Tod muß herauskommen.

Gesang für die Jagdmedizin; nur selten für das Metai[*]

Ich wünschte geboren zu werden; ich wurde geboren, und als ich erzeugt war, machte ich alle Geister.
Ich habe die Geister erschaffen.
Na-na-busch setzte sich auf die Erde; sein Feuer brennt ewig.
Obgleich ihr Böses von mir sagt – meine Freunde sind doch von oben, meine Freunde.
Ich kann mich vielerlei Arten von Holz bedienen, um einen Bären zum Gehen unfähig zu machen.
Ich denke von euch, daß ihr euch des We-nis-ze-bug-gone[**] bedient; das denke ich von euch.
Was ich nehme, ist Blut, was ich nehme.
Jetzt habe ich etwas zu essen.
Geister, ich verhülle mein Haupt, wenn ich mich zum Schlafen niederlege.
Ich fülle meine Kessel für den Geist.
Es ist schon lange Zeit her, daß ihr Geister seid; seit ich herabgestiegen bin auf die Erde in alter Zeit.
Ich bereite für euch einen Bären; ich bereite ihn für euch.
Es ist ein Geist, der zugleich vom Himmel und von der Erde kommt.

[Nun beginnen die Indianer den Tanz.]

Ich bin es, der Erfolg gibt, weil alle Geister mir beistehen.
Die Feder, die Feder, die habe ich nötig; ja die Feder.
Wer ist Geist? – Wer gegangen ist mit der Schlange, gegangen auf der Erde, der ist ein Geist.
Jetzt werden sie etwas essen, meine Weiber; jetzt sag' ich es ihnen.
Dieser gelbe Ocker, den will ich reinigen.
Jetzt will ich meinen Vogel zubereiten; manchmal bereitete ich ihn zu, und manchmal war er belebt.

---

[*] Dieser lange religiöse Gesang steht bei den Indianern in hohem Ansehen.
[**] Eine Art von immergrünem Baum.

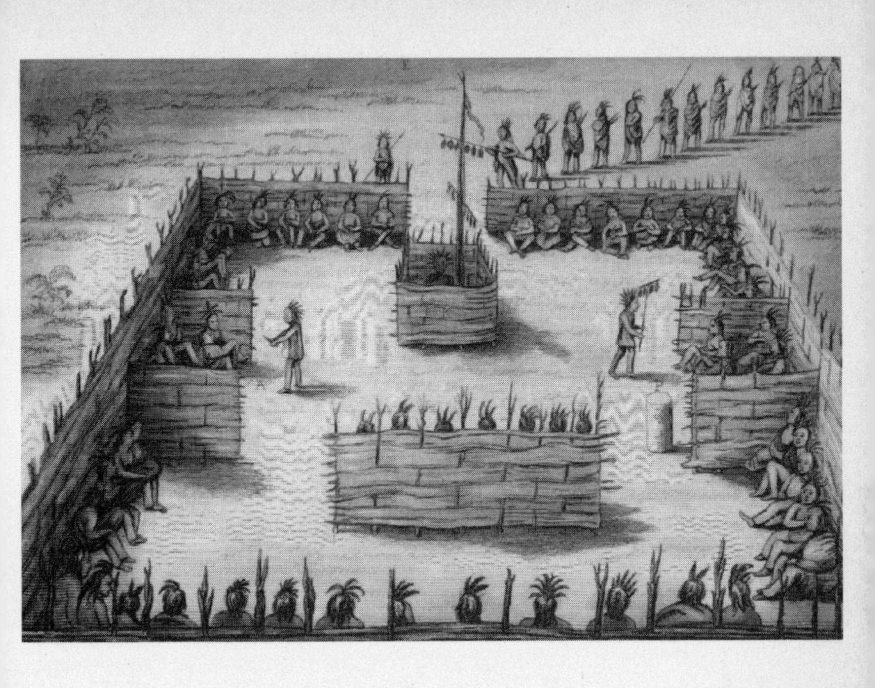

Die Tänzer ziehen ein

(Aus: Francis S. Drake, *The Indian Tribes of the United States*, London and Philadelphia 1885)

Kein Tier ist, das ich nicht töten könnte, weil mir der Donner mit starker Stimme zu Hilfe kommt; es ist kein Tier, das ich nicht töten könnte.
Ich nehme einen Bären, ich nehme dessen Herz.
Eine Klapperschlange macht ein Geräusch auf dem Giebel meiner Hütte; sie macht ein Geräusch.
Die vier Stäbe, deren ich mich bedient habe, gehörten einem Shawnee; als ich sie zusammenschlug, dehnten sie sich aus im ganzen Land.
Ich erhebe mich von der Erde, ich steige herab vom Himmel; ich sehe den Geist, ich sehe die Biber.
Ich kann einen Ostwind kommen und ihn über die Erde gehen lassen.

[Das folgende wird viermal gesungen:]

Ich habe mich gesetzt, und die Erde unter und über mir hat mich betrachtet.
Ich kann einen Bären töten, ich kann ihn töten.

Gesang für die Medizin und manchmal für die Liebe

Ich weiß nicht, was der lange Mond gemacht hat, Manitu.
Es ist ein Gemälde, das ein Manitu von mir gemacht hat.
Ich kann machen, daß ein Häuptling einen Pfeil verschlingt.
Ich verstecke mich und setze mich mit einem Weib an einen verborgenen Ort.
Ich spreche von deinem Herzen.
Ich nehme deine Eingeweide, ich nehme dein Fett; ich nehme deine Eingeweide aus der rechten Seite.

[Das folgende wird an einen Elch gerichtet:]

Ich kann es schimpflich machen, weil ich höre, was es von mir sagt.
Obgleich es weit entfernt von hier schläft, obgleich es auf der anderen Seite schläft.

Ich ziehe dein Herz in die Höhe; das tue ich dir.
Kein Tier ist, das ich nicht töten könnte.
Die Haut eines verstorbenen Menschen ist Manitu.
Und wäre sie auf einer entlegenen Insel, so kann ich doch machen, daß sie herschwimmt; wäre sie auch auf einer entlegenen Insel.

Che-bah-Gesang, eine berühmte Chippewa-Medizin bei der Zubereitung von Medizin

Ich höre alle Welt, aber ich mache mich zu einer schwarzen Schlange, mein Freund; ich bin es, der, auf der Erde sitzend, spricht.
Was führe ich in deinen Körper ein? Schlangenhäute führe ich in deinen Körper ein.
Ich bin Manitu. Die Wurzeln der Gesträuche und Kräuter haben mich zum Manitu gemacht.
Die Schlangen sind meine Freunde.
Unter der Erde ist die wilde Katze mein Freund.

Gesang für eine Kriegsmedizin

Ich stehe auf.
Ich nehme den Himmel – den nehme ich.
Ich nehme die Erde – die nehme ich.
Ich gehe durch den Himmel – ich gehe.
Das Weib des Ostens ruft mich.

Abschiedsgesang der Krieger

Weint nicht, meine Weiber, um mich, der ich sterben werde.
Wenn sich ein Mann als großer Krieger betrachtet, so betrachte ich mich als solcher.

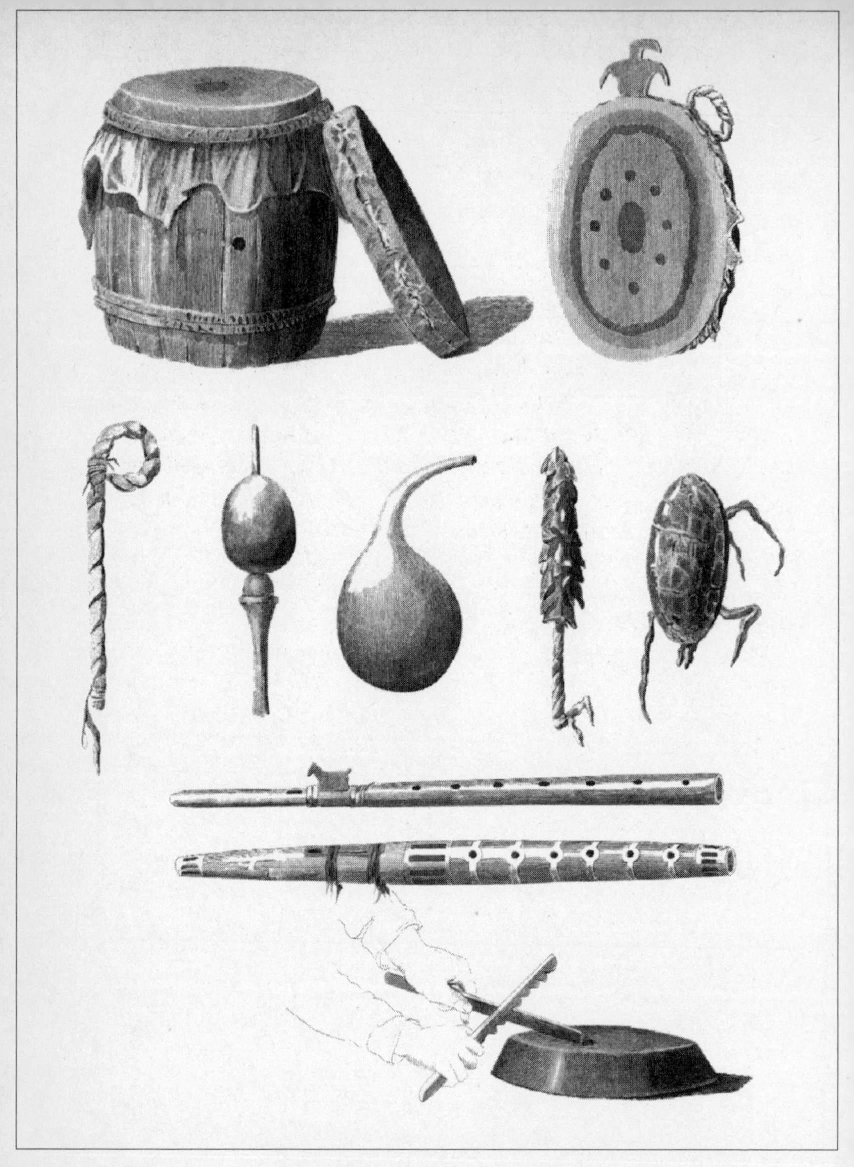

Indianische Musikinstrumente
(Aus: Francis S. Drake, *The Indian Tribes of the United States*, London and Philadelphia 1885)

Indianische Tanzmusik

Richard Irving Dodge

Col. Richard Irving Dodge, Adjutant des berüchtigten Generals William T. Sherman, verfaßte auf Basis seiner dreißigjährigen persönlichen Erfahrung mit Indianern zwei Bücher zu diesem Thema. Obgleich Dodge wenig Einfühlungsvermögen in das Wesen der Indianer zeigt – schließlich waren es für ihn immer Gegner –, enthalten diese Bücher doch manches brauchbare Material, darunter Noten zu einigen Tänzen der Plains-Indianer. Sie wurden von einem Militärmusiker der US-Infanterie niedergeschrieben, die Texte bekam Dodge von einem Dolmetscher von Ft. Reno.

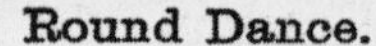
Round Dance.

Ha ha yah ha ha e yah ha ha yah ha ha

ha e ha yah yah ha ha yah a yo ha yah a yo yah ha

ha e yah ha o yo a ha yah e ha ha

yah a ha ha yah e ha ha ah yah ha a yah e yah ha

Repeat ad libitum
yah ha yah yah ha a o o yo ha a o o yo ow yo how o.

Kiss Dance.

Gambling Song.

Sign Dance.

War Dance.

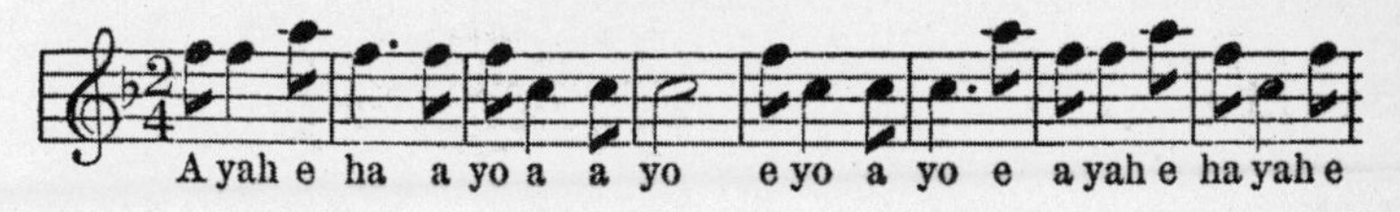

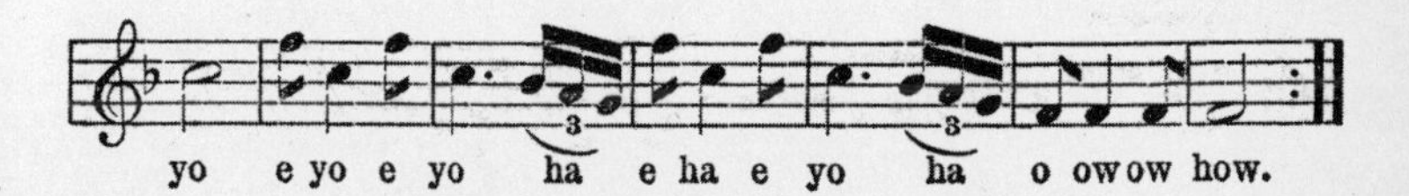

V.

Johann Georg Kohl kam am 28. April 1808 als ältestes von zwölf Kindern eines Bremer Weinhändlers in der Hansestadt zur Welt. Schon im Kindesalter war Reisen seine Leidenschaft – als Vierzehnjähriger schrieb er über eine Harzreise einen Reisebericht. Er studierte in Göttingen, Heidelberg und München Rechtswissenschaften, war dann Hauslehrer in Kurland und bereiste Livland und Rußland. 1838 nahm er seinen Wohnsitz in Dresden und wertete die Eindrücke seiner Reisen aus. 1841 erschienen vier Reiseberichte aus seiner Feder, »Petersburg in Bildern und Skizzen«, »Reisen im Innern von Rußland und Polen«, »Reisen in Südrußland« und »Die deutsch-russischen Ostseeprovinzen«. Der Erfolg dieser Werke ermunterte Kohl, sich ganz dem Genre der Reisebeschreibungen zuzuwenden. Seine nunmehr zahllosen Reisen führten ihn nach Ungarn, England, Holland, Dänemark, Frankreich, die Schweiz und Österreich, dort speziell nach Dalmatien und Istrien, sowie nach Montenegro. Über alle diese Reisen erschienen seit 1842 laufend Berichte in Buchform.
1854 wagte er den Sprung über den Atlantik, um dort seine Studien über die Entdeckungsgeschichte Amerikas zu vervollständigen. 1856 erschienen in Stuttgart seine »Reisen in Kanada, New York und Pennsylvanien«, deren zweite Auflage in New York herauskam. Er unternahm lange Fahrten durch die USA und Kanada, studierte Land und Leute, vor allem die Indianer, nahm sich dazu fast beliebig viel Zeit, um möglichst genau und tief in die Sitten und Gebräuche der einstigen Herren des Landes einzudringen. Diese Beobachtungen, die auf eingehenden Studien bei den Stämmen um den Oberen See (Lake Superior) beruhen, veröffentlichte er 1859 in einem zweibändigen Werk, dem er den Titel »Kitschi-Gami oder Erzählungen vom Oberen See. Ein Beitrag zur Charakteristik der Amerikanischen Indianer« gab. Kitschi-gami ist der Algonkin-Name für diesen größten See Amerikas. Kohl wählte für seine Schilderungen indianischen Lebens die Form fiktiver Briefe.
Kurz zuvor waren in St. Louis Kohls »Reisen im Nordwesten der Vereinigten Staaten« erschienen.
Außerdem verfaßte er eine »Geschichte der Entdeckung Amerika's« (Bremen 1861) und eine Abhandlung über »Die beiden ältesten Karten von Amerika, 1527 und 1529« (Weimar 1860). Im Auftrag des

»Büros der Küstenvermessung« schrieb er eine »Entdeckungsgeschichte der Vereinigten Staaten« (Bremen 1861) und eine »Geschichte des Golfstroms und seiner Erforschung« (Bremen 1868).
1858 kehrte er aus Nordamerika nach Deutschland zurück und ließ sich nun in seiner Heimatstadt Bremen nieder, wo er 1863 zum Stadtbibliothekar bestellt wurde. Neben seinen Veröffentlichungen über amerikanische Themen – zu erwähnen wäre noch seine »History of the Discovery of Maine« (mit 22 Karten, Portland 1869) – erschien noch eine Fülle von Arbeiten über andere, meist »europäische« Themen.
Am 28. Oktober 1878 starb Johann Georg Kohl an einem Rückenmarksleiden.

Kohl hatte während seines vierjährigen Aufenthalts in Nordamerika vor allem mit den Chippewa am Oberen See engen Kontakt. Bei diesem Volk hatte John Tanner den Großteil seines anfänglich erzwungenen Aufenthalts bei den Indianern verbracht. So detailliert auch John Tanners Beschreibungen sind, ein Thema wie »Indianische Bilderschrift« hat der geschulte, unbestechliche Blick des Juristen wesentlich exakter und systematischer erfaßt als der »weiße« Indianer. Insofern ergänzen sich beide Berichte in idealer Weise, auch wenn die Zeit der jeweiligen Beobachtung fast ein halbes Jahrhundert auseinanderliegt.

Bemerkungen über die Lieder der Indianer

Johann Georg Kohl

Die Geschichten, welche sich die Indianer in zwangloser Prosa erzählen, sind freilich lang genug – meistens ohne Ende. Und allerdings kann man diese Erzählungen auch gewissermaßen Dichtungen nennen. Allein so wie die Indianer sich in das wirkliche Gebiet metrischer und von taktgerechter Musik begleiteter Dichtung aufschwingen, scheinen sie äußerst lakonisch zu werden.
Ihre Lieder bestehen fast immer nur aus *einem* Verse und einem oder zwei Gedanken. Es ist ein versifizierter Seufzer oder ein in Worte gebrachter Freudenausruf, dem sie dadurch Länge und Nachdruck geben, daß sie ihn unzählige Male hintereinander wiederholen. Ob ein eigentliches Versmaß und welches dabei stattfindet, weiß ich nicht. Daß aber eine Art metrischer Rhythmus darin sein muß, ist aus dem Umstand klar, daß sie den Vortrag solcher »Lieder« mit Musik und Gesang begleiten oder noch mit Trommelschlag und einem taktmäßigen Schwunge der Stimme.
Die Melodien scheinen äußerst einförmig zu sein. Und beim ersten Hinhören glaubt ein Europäer überall dasselbe murmelnde Geheul zu

vernehmen, das dem Rauschen des Windes nachgeahmt zu sein scheint; mag man ihm nun sagen, daß der Gegenstand des Liedes elegisch oder erotisch, friedlich oder kriegerisch sei. Das Verschiedene und Charakteristische mag aber bei größerer Vertrautheit mehr hervortreten.
Bei den Dakotas (Sioux) hörte ich ganz allerliebste Weisen, dort sang mir einmal ein Halbindianer eine ganze Reihe von Liedern vor, deren Musik zwar sehr wild und sehr melancholisch war, die ich aber doch so originell fand, daß ich nichts mehr wünschte, als ich hätte sie zu Papier bringen können. Auffallend groß schien mir die Ähnlichkeit dieser Dakotamusik mit der der Kosaken und Kleinrussen zu sein. Ich entdeckte nicht nur einzelne Anklänge, sondern ganze oft wiederkehrende Tonfiguren, die denen der Kosaken fast vollkommen gleich waren, so z. B. die statt der langsam verklingenden deutschen Fermate bei den Kosaken so gewöhnliche, plötzlich hoch und schreiend abbrechende Schlußfigur des Gesanges. Doch ich spreche hier leider von einem Gegenstand, über den es schwer ist, sich mit Worten zu verständigen.
Es wäre auch ganz wunderbar, daß bei den Indianern die Musik sich nicht in mancherlei Gattungen und Gestalten entwickelt und entfaltet haben sollte, da diese Völker doch nach dem einstimmigen Urteil aller, die ihnen musikalischen Unterricht zu erteilen versuchten, in der Regel nicht nur ein so gutes Ohr, ein so richtiges Gefühl für Harmonie und Disharmonie, sondern auch meistens so gute und wohlklingende Stimmen haben.
Auch hier in der Anse habe ich wieder einen Halbindianer gefunden, der viele kleine Lieder der Chippewa auswendig wußte und der mir einige mitgeteilt hat, die ich versuchen will hier wiederzugeben. Ich sage, ich will es *versuchen*. Denn in der Tat, die eigentliche Bedeutung von Dichtungen recht genau und präzise aus solchen Indianern oder Halbindianern herauszubringen, so daß man sie andern genießbar wieder auftischen könne, das ist eine Arbeit, von deren Schwierigkeit nur der sich einen Begriff machen kann, der es selber einmal versuchte.
Wenn man das Resultat meiner Bemühungen betrachtet, wird man vielleicht glauben, daß es höchst unbedeutend sei. Aber bei den

Dakota (Sioux)

Ursprünglich wurde die Bezeichnung »Sioux« nur für das große Volk der Dakota verwendet; später erweiterte man sie auf alle Stämme, deren Sprache mit der der Dakota verwandt war. Der Name »Sioux« ist eine Kurzform des Namens, mit dem die Chippewa und andere Algonkin-Stämme die Dakota bezeichneten und den die Franzosen mit »Nadouessioux« wiedergaben. Er bedeutet »Nattern« oder im übertragenen Sinne »Feinde«. Zur Sioux-Sprachfamilie zählen neben den eigentlichen Sioux oder Dakota, die Assiniboin, die Stämme der Dhegiha-Gruppe (darunter die Ponca, Omaha und Osagen) und der Chiwere-Gruppe (Iowa, Oto und Missouri), die Winnebago, die Mandan und die Stämme der Hidatsa-Gruppe (Hidatsa und Crow) sowie die Catawba an der Atlantikküste und die Biloxi an der Golfküste.

Die Sioux nennen sich selbst »Dakota«, was im Dialekt ihrer östlichen Stämme »Verbündete« bedeutet. Dies deutet darauf hin, daß es sich um einen Verband mehrerer Stämme handelt. Während man heute in der Regel drei große Gruppen – die Santee, Yankton und Teton – unterscheidet, grenzten die Sioux selbst sieben Gruppen ab, was auch in dem von ihnen selbst häufig verwendeten Namen »Ocheti shakowin«, »sieben Ratsfeuer«, seinen Niederschlag fand. Diese Gruppen waren die Mdewakanton (»Dorf am Geistersee«), die Wahpekute (»Blätterschützen«), die Wahpeton (»Dorf in den Blättern«), Sisseton (»Bewohner des Sumpfdorfes«), Yankton (»Dorf am Ende«), Yanktonai (»Kleines Dorf am Ende«) und die Teton (»Präriebewohner«).

Ursprünglich lebten die Sioux in den Gebieten südlich und westlich des Michigan-Sees, wurden aber später von den nach Westen vordringenden Algonkin-Stämmen verdrängt. Dabei wich der Großteil nach Westen aus, ein kleiner Teil aber auch nach Süden und Südosten.

Um 1640 spalteten sich die Yanktonai; ein Großteil zog nach Norden und wurde als Assiniboin ein selbständiger Stamm. Zu dieser Zeit waren die Sioux noch alle in Minnesota. Je nach Art ihrer neuen Umgebung änderte sich ihre Lebensweise. Die östlichen Sioux-Stämme, die sich im Gebiet der heutigen Staaten Minnesota und Wisconsin niederließen, blieben weiterhin »Waldland-Indianer«. Die weiter im Westen wohnenden behielten zum Teil den Ackerbau bei, wandten sich aber, besonders nachdem das Pferd in die Prärie und Plains vorgedrungen war, immer stärker der Bisonjagd zu und entwickelten eine ganz neue, eigenständige

Kultur, nämlich die der Bison-und-Pferde-Indianer. Die größte und bedeutendste Gruppe der Sioux sind die Teton, die aus sieben Stämmen bestehen: die Oglala, Hunkpapa, Brulé, Sans Arc, Blackfeet, Minneconjou und Two Kettle. Neben den Cheyenne waren die Teton die Hauptträger des Abwehrkampfes in den nördlichen Plains.

Indianern heißt es eben immer, wenn man nicht gerade von ihren Jagden und Kriegen spricht: »Excusez du peu.« Man muß fürlieb nehmen. – Die Hauptsache sind auch nicht sowohl die Gedichte selbst als die Umstände, unter denen sie gemacht, und die Art und Weise, wie sie angewandt werden. Ich ließ mir dies immer besonders genau angeben, und lernte auf diese Weise, wenn auch nicht wertvolle Poesien des Chippewa-Olymps, doch wenigstens die poetischen Lebenssituationen kennen, in denen sie Gedichte zu erzeugen versuchen oder sie gebrauchen.
Als ein Beispiel eines indianischen Trostliedes in Sorge und Trauer wurde mir folgendes gegeben, das ein in den Krieg ausgezogener Bruder für seine zu Hause um ihn zagenden drei Schwestern gesungen:

»Weinet nicht, Ihr drei Schwestern, um Euren Bruder!
Euer Bruder ist ein Unverzagter!
Weinet nicht. Ihr drei Schwestern, um Euren Bruder!
Euer Bruder ist ein Mann!
Weinet nicht, Ihr drei Schwestern, um Euren Bruder!
Euer Bruder naht Euch bereits als Sieger!«

Darin ist freilich eben kein hoher Schwung. Aber wie eigentümlich sind die Situationen, in denen es vorgetragen wird! Der Bruder, der wohl weiß, wie ängstlich zu Hause seine Schwestern um ihn sind, singt es gleich, wie er den Skalp seines Feindes gesichert hat, und wiederholt es auf seinem Marsche heimwärts jeden Abend in seinem Lager beim Feuer. Seine Skalps hat er dabei neben sich aufgehängt. Er glaubt, daß das Lied in der Ferne tröstend auf seine Schwestern wirkt, so wie es ihn auch selber erbaut.
Aber auch die Schwestern ihrerseits kennen das Lied, das der Bruder

expreß für die Gelegenheit gemacht und das er Abschied nehmend ihnen schon mitgeteilt und vorgetragen hatte. Sie wissen es auswendig und singen es auch sich selber zum Troste in der väterlichen Hütte, bis endlich beim Nahen des Bruders zur Heimat die Gesänge beider Parteien in Harmonie sich mischen.

»Mein Sohn! Mein Sohn. Mein junger Wabascha!
Warum hast Du mich verlassen?
Warum bist Du doch so früh ins Land der Schatten hinübergegangen?
O, hättest Du mich Alten doch mit Dir genommen!«

Diesen Vers, den ein alter Indianer um den Tod seines Sohnes Wabascha sang, will ich auch nicht eben für eine besonders schwungvolle Elegie ausgeben. Aber man höre nur die Geschichte von der Weise des Vortrags jener Klageworte, den mein Halbindianer selber belauschte und den er mir so beschrieb: »Ich war mit einem Onkel des jungen, vor zwei Jahren verstorbenen Wabascha, einem Bruder seines Vaters, auf einer Wasserreise. Wir wollten beim letzten, von dem wir wußten, daß er am Ufer unseres Flusses sein Jagdlager habe, einen Besuch machen, um ihm seine Pelze abzuhandeln.
Wir fuhren in unserem Kanu lange stromab. Endlich, eines Abends, kamen wir zu einem kleinen See, den schon der Abendnebel bedeckte. ›Dies ist, glaube ich, der See, an dem mein Bruder wohnt‹, sagte der Indianer. ›Ja! Horch, ich höre schon seine Stimme vom andern Ufer herüber.‹ – ›Ha!‹ bemerkte ich, ›bravo‹! Wie munter er ist. ›Er singt und jauchzt ja!‹ – ›Ja! Nein!‹ erwiderte mein Indianer, mir wehrend und stille gebietend. ›Er singt wohl, aber es ist ein Trauerlied. Er bejammert seinen vor zwei Jahren verstorbenen Sohn. Hörst du nicht, wie laut klagend seine Töne durch den Nebel dringen?‹ – In der Tat, ich nahm es bald wahr. Es war ein Totenlied. Mit zitternder Stimme jammerte der Alte, daß es mich tief rührte. Da wir mit unserem Kanu im Nebel unbemerkt ziemlich nahe kamen, so konnte ich am Ende die obigen Worte ganz deutlich verstehen: ›Mein Sohn! Mein Sohn! Mein junger Wabascha! Warum hast du mich verlassen!‹ Aber mein Indianer, sein Bruder, fand mein Lauschen unschicklich. Er machte eine plätschernde Bewegung mit dem Ruder, die der Jäger

Skalp-Tanz der Dakota

(Aus: Francis S. Drake, *The Indian Tribes of the United States*, London and Philadelphia 1885)

vernahm. Husch! war sein Gesang verstummt. Und als wir zu ihm ans Ufer stiegen, hatte er sich schnell die Tränen getrocknet, zeigte sich ungerührt und gleichgültig. Wir taten so, als hätten wir nichts vernommen, und es war von nichts anderem die Rede, als von Jagd und Pelzhandel.«

Mich erinnerte diese Szene an Landseers einsam schreienden Hirsch am Hochgebirgssee. Vielleicht ist mein um ein vor zwei Jahren verstorbenes Kind einsam jammernder indianischer Vater ein minder malerisches Sujet. Aber es ist ergreifender!

Manchen anderen Gedichten, die mir mitgeteilt und mit Mühe übersetzt wurden, war freilich gar keine Seite abzugewinnen, als die, daß sie die gewöhnlich sehr prosaische, praktische und plumpe Weise des indianischen Denkens und Fühlens bezeichneten. Was soll man z. B. sonst noch zu folgendem Vers sagen, der das Werbelied eines indianischen Liebhabers sein sollte:

»Es ist Zeit! Es ist Zeit! Es ist die Herbst-Zeit.
Das ist die rechte Zeit, um mir eine tüchtige Arbeiterin zur Frau zu nehmen!«

Wie unbedeutend ist auch, was mir als Abschiedslied einer Geliebten bei der Abreise von ihrem »Holden« gegeben wurde. Man sang es mir mehrere Male vor, gerade so wie es die klagenden Verliebten singen. Und solange ich es nicht verstand, schien es mir wohl nach etwas zu klingen. Als es mir aber übersetzt wurde, war es weiter nichts als dies:

»Was soll aus mir Armen werden.
Wenn mein Ninimoschin* vielleicht auf immer davon geht?«

Das war freilich ungefähr so *angefangen*, wie: »Will sich Hector ewig von mir wenden!« Aber im übrigen überließ es die indianische Dichterin dem Hörer, den schönen *Rest* des Liedes sich selber hinzuzu-

* Ninimosché oder Ninimoschin ist ursprünglich: »Vetter«. Überhaupt aber auch »Freund«. In den Liebesliedern übersetzte es mein Kanadier immer mit »Kavalier«.

denken. Mein Kanadier behauptete steif und fest, mit diesem einen Gedanken wäre das ganze Lied vollständig zu Ende.
Folgendes Lied sang eine Indianerin, die am Sault de St. Marie wohnte und deren Ninimoschin, ein Halbindianer Jean Paget, einst zum Oberen See verreist war:

»Teure Freundin! Werte Freundin! Schau auf! Schau auf!
Unser Ninimoschin hat versprochen, daß er nach drei Monaten wieder bei uns sein würde.
Schon ist die Zeit bald abgeflossen. Schon naht das Ende!
Morgen schon vielleicht werden wir sein rotes Kanu im weißen Schaum der Katarakten erblicken.
Morgen vielleicht schon ihn im roten Kanu sitzen sehen, unseren von der Sonne gebräunten Ninimoschin.«

Die Person, die dieses Lied dichtete und ihrer Freundin vorsang, und hundertmal laut vorsang, war über die Maßen in den Jean Paget verliebt, und glaubte sich seiner Liebe vielleicht sehr würdig. Ihre Freundin hörte es still mit an, und fleißig ihre Mokassins für Jean Paget stickend, stimmte sie nur zuweilen einmal ein wenig mit ein. Sie war seiner Liebe gewiß, und als sie ihn nach der Rückkehr geheiratet hatte, rezitierte sie ihm oft zum Spaß das Seufzerlied der anderen »Törin«. Er behielt es dann und übersetzte und diktierte es mir nach zweiundzwanzig Jahren.
Die Indianerin ist imstande, einen Vers wie den folgenden den ganzen Winter hindurch zu singen:

»Wie traurig der Gedanke, daß mein Freund im Herbst verreiste!
Wie schön die Hoffnung, daß er im Frühling wiederkehre!«

Sie singt diese Worte, wie gesagt, Tag für Tag sechs Monate lang. Das ist ziemlich genügsam. Es beweist aber zugleich, wie ernst die Indianer es nehmen und wie sehr sie sich in einer oder zwei Ideen vertiefen und ganz darin aufgehen können. Verse, welche Rache ausdrücken, singen sie noch länger, und diese Verse wie die Rache selbst vergessen sie nie. Ich hörte einmal von einem indianischen Häupt-

ling, der hundertmal hintereinander die drei Worte: »Du Wolf auf der Prärie! Du Wolf auf der Prärie! Du Wolf auf der Prärie!« zu seiner Trommel sang. So singend saß er einen Tag hinter dem andern beim Feuer. – Er legte diesem äußerst lakonischen Vers eine geheime und wie es schien sehr ernste Bedeutung bei, er sagte aber niemandem welche, – bis es sich im Frühling zeigte, wo er einem seiner Feinde unter den Sioux den Krieg machte.
Dies ist alles, was ich hier über die indianischen Lieder in Erfahrung brachte, und ich muß es noch wohl einmal wiederholen: »Excusez du peu!«

Kohls »Kitschi-Gami« zeichnet sich unter anderem dadurch aus, daß der Autor sich eingehend mit dem Thema »Indianische Bilderschrift« beschäftigt und sich darüber in zahllosen Gesprächen mit Indianern informiert hat. Er hat dabei viele Bilder und Bildsymbole getreu aufgezeichnet und in seinem Buch detailliert erläutert. Die folgenden Texte sind Auszüge aus den entsprechenden umfangreichen Kapiteln des genannten Buches.

Daß dem Wissenschaftler Kohl bei diesen Beschreibungen gelegentlich der Begriff »Wilde« für seine Gesprächspartner aus der Feder gerutscht ist, zeigt nur, wie schwierig es ist, mit den sprachlichen Mitteln des eigenen Kulturkreises kulturelle Phänomene eines völlig anderen Kulturkreises zu beschreiben. Eine Diskriminierung lag dem Gelehrten jedoch völlig fern.

Proben indianischer Bilderschrift

Johann Georg Kohl

Der Stoffe und Gegenstände, auf die die Indianer ihre Bilderschrift fixieren, gibt es verschiedene.

Mit den Baumstämmen im Wald selber fing wohl die ganze Sache zuerst an. Die ersten rohen Zeichen hackten oder schnitten sie in die Bäume. Es mochten anfänglich kaum andere Zeichen sein als solche, wie sie noch heute jeder Jäger im Wald macht, um seinen Weg zurückfinden zu können, oder um anderen ein Wahrzeichen zu geben, in welcher Richtung er selber gegangen sei.

Nachher aber schnitten sie auch anderweitige Zeichen in die Bäume, längere Botschaften und sozusagen Briefe. Auch hat man wohl große dicke Bäume gefunden, die mit Bilderschriften anderer Art, mit Zaubersprüchen oder, wenn man will, mit heiligen Hieroglyphen, bedeckt waren. Bekanntlich haben sie auch große Felsen und Steinblöcke mit Inschriften bedeckt, insbesondere auch die Wände der

Höhlen, die ihnen wie anderen Völkern als etwas Wunderbares und Heiliges erscheinen und die noch dazu gewöhnlich ein lockeres Gestein darbieten, in dem es nicht schwerfällt, etwas einzugraben. Fast alle der am Ufer des Mississippi so zahlreichen Sandsteinhöhlen sind daher mit Bilderinschriften gefüllt.
Häufiger aber als die Inschriften in freiem Feld und auf Naturgegenständen sind aus sehr begreiflichen Gründen die auf Kunstprodukten, auf ihren Gerätschaften, Kleidungsstücken usw. Auf den Prärien im Westen haben zuweilen die Häuptlinge die ganze Außenseite ihres Zeltes mit Bildern und Schriftzügen bedeckt, die zum Teil Darstellungen ihrer Heldentaten, zum Teil ihrer Familienwappen, oder auch wohl Anspielungen auf ihren heidnischen Glauben und auf ihre Zaubermittel enthalten.
Wie auf ihren Zelthäuten, so haben sie auch oft auf ihren Kleidern, auf dem Leder der Pelzmäntel oder auf den langen wollenen Decken, in die sie sich hüllen, dergleichen Bilder aufgetragen. Man sieht bei ihnen Mäntel, die ganz mit Figuren und Hieroglyphen, wie die Kleider von Zauberern, bedeckt sind. Zuweilen sind es wieder die von ihnen ausgeführten Heldentaten, die sie auf diesen Pelzen darstellen. Auf den Büffelhäuten, auf denen sich leichter schreiben läßt als auf den wollenen Decken, sind es mitunter ganz lange Geschichten und Bilderreihen. Auf den wollenen Decken (den sogenannten »Blankets«) sind es aber meistens nur die Totembilder, Wappen oder sonstige persönliche Wahrzeichen. So sieht man z. B. den einen mit dem Bilde der Sonne, in roten plumpen Strichen hinten auf den Rücken seines Mantels geziert. – Der andere hat die grobe Figur eines Bären oder eines Vogels mit blauen Fäden in den Zipfel seines Mantels eingenäht, und tut so groß damit, wie ein römischer Patrizier mit dem Purpurstreifen seiner Senatoren-Toga.
Von ihren Gerätschaften bemalen sie keine häufiger mit bedeutungsvollen Bildern als die Pfeifen und die Stiele ihrer Tomahawks, die wichtigen Embleme und Werkzeuge des Friedens und des Krieges. Selten findet man eine Pfeife oder einen Beilstiel im Besitze eines Indianers, auf dem er nicht irgend etwas verzeichnet und bildlich dargestellt hätte, seien es seine Lebensträume oder die Anzahl der Kriegszüge, denen er beiwohnte, oder der Feinde, die er erlegte.

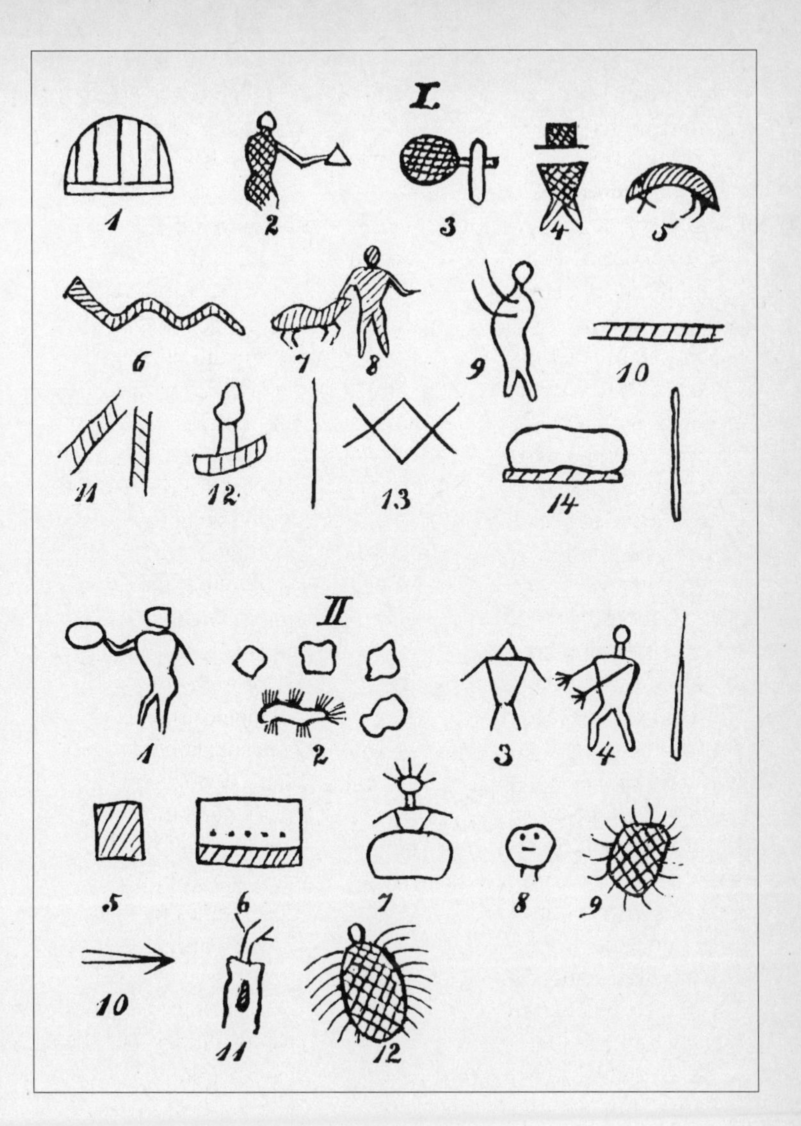

Indianische Bilderschrift
(Aus: J. G. Kohl, Kitschi-Gami,
Bremen 1859)

Man sieht auch selbst in den phantastischen Linien, Verschlingungen und Blumengewinden, welche die Frauen auf die Mokassins, Beutel und Taschen ihrer Männer sticken, dieselben Tierfiguren, Vogelzeichnungen und Hieroglyphenschnörkel wiederkehren, die aber dann nur müßige Ausschmückung und bloße Arabesken geworden sind.
Zuweilen haben sie auch wohl unser europäisches Buchstabenalphabet in ihren Katalog von Ziermustern aufgenommen. Ich sah einen Indianer, dem seine Weiber das ganze Alphabet der Engländer längs des Randes seines Mantels gestickt hatten, und einen andern, der sich dasselbe Alphabet, aber schlecht nachgeahmt, grausam entstellt und verschnörkelt um seine Jagdtasche herumgemalt hatte. Freilich war dies in ihren Augen denn doch wohl etwas mehr als eine bloße müßige Verzierung, ohne Zweifel etwas Ominöses und Magisches.
Das vornehmste und eigentliche Schreibmaterial aber – bei unseren Chippewa, so wie überhaupt bei allen Nordischen Wilden, die nicht in den kahlen Prärien leben – ist der den Indianern in hundert Fällen so nützliche Stoff, der ihnen überall da dient, wo wir Leder, Pappendeckel, Sackleinwand benutzen, die Birkenrinde. Wahrscheinlich ist es das allerbeste Schreibmaterial, was die Natur ohne alles Zutun der Kunst bietet. Man braucht nur die Rinde vom Baum zu nehmen, ein wenig zuzustutzen, und das Blatt ist fertig. Die innere Seite der Rinde ist mit einer weißen seidenartigen Membran bedeckt, und diese Haut nimmt äußerst leicht jeden feinsten Eindruck an, den man mit einem Knochen, einem Stachel oder einer Nadel auf sie macht.
Sie nennen ein Birkenrindenstück, das zum Schreiben dienen soll, »Masinaigan«. Das Wort kommt vom Verbum »nin masinaige« (ich mache Zeichen), und heißt soviel wie »ein Ding, worauf man Zeichen macht«. Sie geben auch unserem »Papier« und auch unserem »Buch« den Namen »Masinaigan«.
Die Form, in die sie ihre »Masinaigans« bringen, ist sehr verschieden. Zuweilen sah ich bloße viereckige Tafeln. Zuweilen haben sie eine Art Tasche daraus gemacht. Gewöhnlich aber ist es ein längliches Blatt, das sie in der Mitte zusammenknicken und falten, so daß zwei Klappen entstehen. Und das Ganze sieht dann aus wie einer unserer länglichen Bücherdeckel, aus dem das Buch selbst herausgerissen ist. Die Schrift steht inwendig, und die rauhe Rindenseite deckt nach außen.

Ich war auf meiner Insel bestrebt, so vieler indianischer Birkenrindenschriften wie möglich habhaft zu werben und sie zu kopieren und zu sammeln. Ich habe mir dieselben zugleich von den Besitzern erklären lassen, und ich will es hier nun versuchen, einige Proben aus meiner Sammlung zu geben. Ich will auch das Verhör, das ich dabei mit den Indianern anstellte, und überhaupt alle begleitenden Umstände schildern. Und wenn man auch die erlangten Dokumente selbst nicht eben für sehr wichtig halten möchte, so hoffe ich doch, daß der Leser in der Darlegung jener »begleitenden Umstände« manches für die Indianer Charakteristische finden wird.

Der Stammbaum eines Indianers

Einer der Häuptlinge, mit denen ich hier verkehrte, hieß »Loonfoot« (Loon-Fuß).*

Dieser Mann zeigte mir mit viel Bereitwilligkeit seine Dokumente, Papiere und Birkenrinden. Unter anderem hatte er ein von zwei Regierungsbeamten ausgestelltes Zertifikat über die Rechtmäßigkeit seiner Installierung als Häuptling der Chippewa-Lande von Fond du Lac. Dies Zertifikat ist sehr kurz und lautet so: »This is to certify, that the Chief Shingoop, the Speaker Nanganop, the Headman and Warriors of the Fond du Lac-Band of Chippewas have this day requested, that Mangusid be hereafter recognized as their Chief-Pacificator and they have solemnly promised to refer to him all difficulties, that may arise hereafter between them and to abide by his decision.« (»Das Gegenwärtige sei gegeben als ein Zertifikat, daß der Häuptling der Lande der Chippewa von Fond du Lac, Shingoop, und der Sprecher der besagten Lande Nanganop und auch die Hauptmänner und Krieger der Lande heute verlangt haben, daß »Loon-Fuß« hiernach anerkannt werde als ihr Hauptvermittler, und sie haben alle feierlichst versprochen, sich in allen ihren Schwierigkeiten und Streitigkeiten,

* Im Chippewa ist dies »Mangusid«, zusammengesetzt aus »Mang« = der Vogel, »Loon« und »usid« = sein Fuß, Mangusid also buchstäblich = Loon-sein-Fuß.

die unter ihnen entstehen möchten, an ihn zu wenden und es bei seiner Entscheidung bewenden zu lassen.«)

»Loon-Fuß« sagte mir, daß seine Vorfahren schon oft solche hohen Stellen bekleidet hätten. Er kenne sie bei Namen für acht oder neun Generationen aufwärts. Und er holte eine alte, ziemlich ehrwürdig, schmutzig und räuchrig aussehende Birkenrinde hervor, auf der eine Menge Striche, Kreuze und Punkte in folgender Weise eingegraben waren:

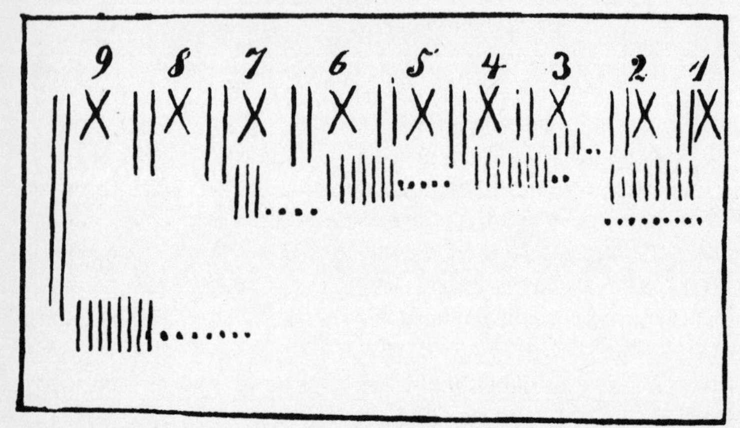

Loon-Fuß nannte mir die Namen aller der Männer, die mit diesen Strichen bezeichnet sein sollten.

Nr. 1. sagte er, sei sein Vater, »Kadawibida« (l'homme qui a les dens percées – der Mann mit durchbohrten Zähnen).

Nr. 2. sein Großvater: »Bajasswa« (l'homme qui fait secher, – ein Mann, der andere trocken macht).

Nr. 3. sein Urgroßvater: »Matschiwaian» (l'homme qui porte une grande Peau – »die große Haut« oder »der große Pelz«.) »Er war ein großer Jäger«, setzte Loon-Fuß hinzu. (Matschi heißt in Chippewa »groß«, waian = die Haut)

Nr. 4. sein Ururgroßvater: »Wajawadaschkoa à cause, qui'il avait la peau bien rouge = weil er eine sehr rote Haut hatte.

Nr. 5. des vorigen Vater: »Waschki«. Ich bekam von Loon-Fuß keine Erklärung dieses Wortes. Doch heißt Waschki etwa soviel wie »der Junge« oder »der Anfangende«.

Nr. 6. des vorigen Vater: »Schawanagijik« (le ciel du Sud = oder Himmel des Südens) »Schawan« heißt der Süden, und gijik = der Himmel.

Nr. 7. des vorigen Vater: »Mitiguakosch« (le Bec de Bois = der Holzschnabel) Von Mitig = Holz und okoj = Schnabel.

Nr. 8. des vorigen Vater: »Miskwandibagan« (l'homme à la tète rouge = »das Rot-Haupt« oder »Rot-Haar«) Von »Miskwa« = rot. »Nin miskwandibe« = ich habe rotes Haar, »Miskwandibed« = eine Person, die rotes Haar hat. Die Endung: »bagan« kann ich nicht erklären.

Nr. 9. des vorigen Vater: Gijigossekot. »Von diesem Namen gab mir Loon-Fuß die wunderliche Übersetzung: Le ciel qui a peur de l'homme = der Himmel, der Furcht vor dem Menschen hat. Soll dies vielleicht eine Art Himmelstürmer sein? Ich kann das Wort nicht auflösen. Doch steckt allerdings etwas von den Worten, welche »Himmel« = (gijig) und »fürchten« (agoski) bedeuten, darin.

Mit diesem letzteren Namen verlor sich der Loon-Fußische Stammbaum in den Wolken.

Ich fragte meinen Häuptling, woher er die Namen habe, und wie er sie von dem Blatte ablesen könne. Er sagte: »Sein Großvater sei ein großer Jossakid (Zauberer – Gelehrter) gewesen. Einmal sei eine Frau ganz paralysiert, beinahe tot gewesen, sein Großvater habe sie mit seinem Odem (»en soufflant« wieder lebendig gemacht. Dieser sein Großvater nun habe ihm die Namen der Vorfahren alle genannt. Und obgleich die Namen selbst nicht auf dem Blatte geschrieben seien, so könne er sich doch genau jedes Namens erinnern, wenn er die Zeichen, Kreuze und Punkte ansähe. Das Kreuz erinnerte ihn an die Person und die Punkte und Striche an das Alter, das sie erreicht hätten.« Da weder die Punkte noch auch die Striche auf der Birkenrinde über die Anzahl zehn hinausgehen, und diese jenen vorangehen, so vermute ich, daß die Punkte einzelne Jahre und die Striche Jahrzehnte bezeichnen sollen. Vielleicht half bei der Verfertigung des Stammbaums ein Europäer mit der Bezeichnung der Zahlen nach dem Dezimalsystem. Daß Loon-Fuß das Dokument für etwas sehr Wichtiges hielt, war ausgemacht und daß er die Namen seiner Vorfahren auch

äußerst geläufig auswendig wußte, das erfuhr ich gleichfalls mit Augen und Ohren.
Mir war dabei damals das Faktum schon interessant genug, daß eine indianische Familie ihre Genealogie bis in das neunte Glied hinaufführte oder doch wenigstens *glaubte*, dies tun zu können.
Loonfoot sprach mir bei dieser Gelegenheit so hoch von dem »Totem« (Geschlecht oder Clan) der Loons, und erzählte mir so viele große Dinge von diesem, daß ich damals glaubte, der Loon-Totem sei der älteste und edelste im ganzen Lande.
Ich hatte aber später noch oft Gelegenheit wahrzunehmen, wie groß die Indianer immer von dem Totem reden, dem sie selbst oder dem ihre Frauen angehören, und ich war erstaunt zu sehen, wie tief bei ihnen das aristokratische Element wurzelt. So machte ich hier in La Pointe z. B. die Bekanntschaft eines Halbindianers, der etwas französisch sprach und der dabei eine sehr gute Kenntnis der Sprache und Sitten der Indianer, (seiner Seitenverwandten), hatte. Seine Sprachkenntnis war sogar einmal bei der Komposition eines berühmten Chippewa-Lexikons benutzt worden. Nichtsdestoweniger gehörte er doch seiner Lebensweise und seinen Verbindungen nach mehr der roten als der weißen Rasse an.
Er lebte ganz wie ein Waldmensch und hatte zwei Meilen von unserm »Fort« auf einem der Vorgebirge unsrer Insel seine Hütte aufgeschlagen. Und ich besuchte ihn daselbst oft, teils des hübschen Waldspazierganges dahin und der schönen Aussicht über die Gewässer, die am Ziel lohnte, teils auch wegen der vielen Belehrungen über indianische Verhältnisse, die ich bei ihm schöpfte. Seine Frau, eine Indianerin, gehörte dem Totem der »Kraniche« an. Und auch seine Mutter war aus demselben Geschlecht gewesen. Er brachte mir einmal alle die Wappen-Bilder oder wie die französischen Kanadier sagen »les marques des Totems« der bekanntesten Geschlechter und Häuptlinge der Chippewa zu Papier.
Ich hörte, daß die Leute vom Lac Vermillon (vom Roten See) aus den Bois forts (aus den »dicken Wäldern«) angekommen seien: rechte Wilde und große Zauberer, die auch Birkenrinden und Bilderschriften hätten.
Ich suchte ihre Hütte auf, die sehr lang und mit zwanzig halbnack-

Bilderschrift auf einer Bison-Robe (New Mexico)
(Aus: Francis S. Drake, *The Indian Tribes of the United States*, London and Philadelphia 1885)

ten Leuten angefüllt war. Sie nahmen mich nach ihrer Weise freundlich auf, und einer der Jäger, dem ich vorgestellt wurde und dem ich viel Tabak schenkte, ließ sich auch mit mir auf einer Matte in einem Winkel nieder, holte seine Birkenrinden hervor und legte mir die darin enthaltenen Zeichen vor.

Weil ich trotz aller Mühe, die ich mir gab, fast gar nichts von seinen Auslegungen und namentlich nichts von dem Zusammenhang der Bilder verstand, so könnte ich mich beinahe der Mühe entheben, sie hier zu registrieren. Da mir diese ganze Sache aber so äußerst interessant schien, da die Zeichen, zum Teil freilich willkürlich und individuell, zum Teil aber typisch und von hier bis Mexico hin im Gebrauch sind und häufig wiederkehren, so will ich doch auch die bei dieser Gelegenheit gewonnenen Zeichen hier kopieren und, was der Indianer sagte, hersetzen. Diese ganze Angelegenheit der Schriftsprache der nordamerikanischen Indianer ist noch sehr neu. Die als typisch, symbolisch und allgemein verständlich zu betrachtenden Schriftzeichen sind noch nicht alle gesammelt und gesichtet. Vielleicht sind in meiner Zeichnung einige neue Buchstaben dieses großen weit verbreiteten Alphabets enthalten?

Zuerst mag ich bemerken, daß mein Mann seine Schriftzeichen von der Rechten zur Linken angeordnet hatte, und sie auch in dieser Richtung las, während andere mir wohl von der Linken zur Rechten gelesen hatten, und wieder andere im Kreise um das ganze Blatt ringsherum. Vielleicht gehört der Punkt, wo man zu lesen anfangen und in welcher Richtung man weiterlesen muß, zu den Geheimnissen ihrer Kunst, die sie verbergen, damit andere Uneingeweihte die Zaubersprüche nicht so leicht benutzen können.

Der Jäger erzählte mir, er habe vier schöne Biberfelle für den Gesang bezahlt. Er nannte ihn ein »Chanson magicale« (Wabana-nagamunam* = Zaubergesang). Mir schien es, als sähe ich darin einen Gesang auf die Jahreszeiten. Wenigstens erkannte ich eine gewisse Rei-

* »Wabana« ist von Nin wabanow – ich bin ein Zaubermann. Gesang heißt in dem Dialekte des Chippewa des Oberen Sees: »Nagamowin«. Mein Mann von Lac Vermillon sprach aber deutlich: »Nagamunam«. Vielleicht ist dies eine dialektische Variation auf »Nagamowin«?

henfolge von Anspielungen auf Winter, Frühling, Sommer darin. Doch der Leser urteile selbst. Er muß sich meinen Indianer, der mir die Sache erklären sollte, der aber zu einer solchen Erklärung entweder nicht Intelligenz genug besaß oder nicht dazu aufgelegt war, das Rindenbuch in beiden Händen haltend, und dann den zu jeder Hieroglyphe gehörigen Vers, so wie er ihn auswendig gelernt hatte, absingend denken.

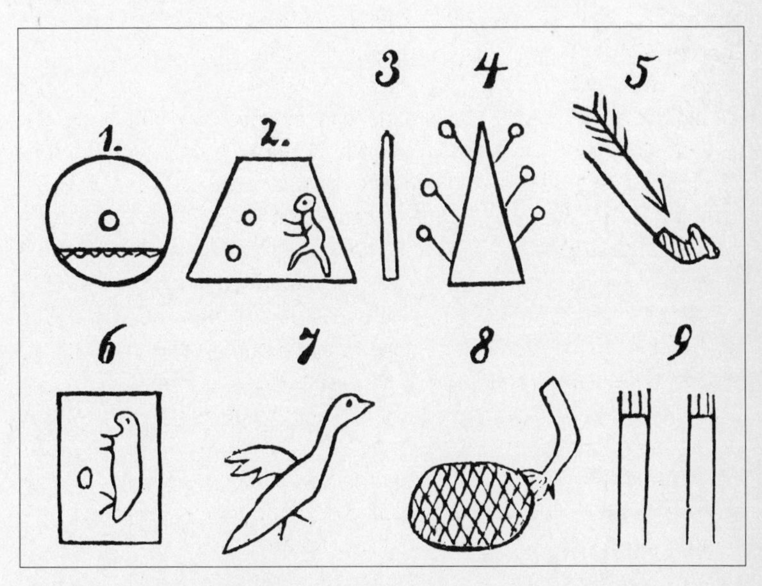

Zu Nr. 1. sang er: »L'hiver est venu du Nord« (Der Winter ist vom Norden gekommen).

Zu Nr. 2. »L'enfant, qui court dans le Wigwam« (Das Kind, das in der Hütte spielt.) (Winterfreuden?)

Zu Nr. 3. »Il a une belle voix, la tonnère de l'Orient« (Er hat eine schöne Stimme, der Donner des Ostens). (Vielleicht ist die Figur eine Art Donnerkeil, und vielleicht deutet sie auf die ersten Frühlingsgewitter hin).

Zu Nr. 4. »L'Esprit nous donnera des fruits« (Der Geist wird uns Frucht geben). (Das Zeichen soll einen Baum mit Früchten vorstellen). (Sommer?)

Zu Nr. 5. »L'homme, qui fume la pipe, et l'enfant, qui tire la Fléche (Eine Pfeife für den Mann, und ein Pfeil für den Knaben).

Zu Nr. 6. L'ours, qui cherche une place, ou la rivière n'est pas profonde« (Der Bär, der eine Furt im Flusse sucht) (Rückkehr des Bären im Herbst aus den Prärien zu den nördlichen Wäldern?)

Zu Nr. 7. L'oiseau s'envole pour chercher sa pature« (Der Vogel erhebt sich, seine Nahrung zu suchen) (Rückkehr der Wandervögel aus dem Norden, um im Süden Nahrung zu suchen?)

Zu Nr. 8. »La femme a preparé le plat pour son mari, et le presente a lui« (Die Frau hat ein Gericht für ihren Mann bereitet und präsentiert es ihm.) (Heimkehr des Jägers zu seiner Frau?)

Zu Nr. 9. L'Esprit a inspiré le sauvage avec cette invention, pour devenir plus poli.« (Der Geist hat dem Wilden diese Erfindung eingegeben, um klüger zu werden).

Ich sage, etwas »Jahreszeiten-Gang« schien mir in dem Ganzen zu sein. Allein mit dem letzten Zeichen oder Spruche wußte ich nichts anzufangen.

Auf einem der Gräber des hiesigen indianischen Kirchhofs fand ich folgende Zeichnungen:

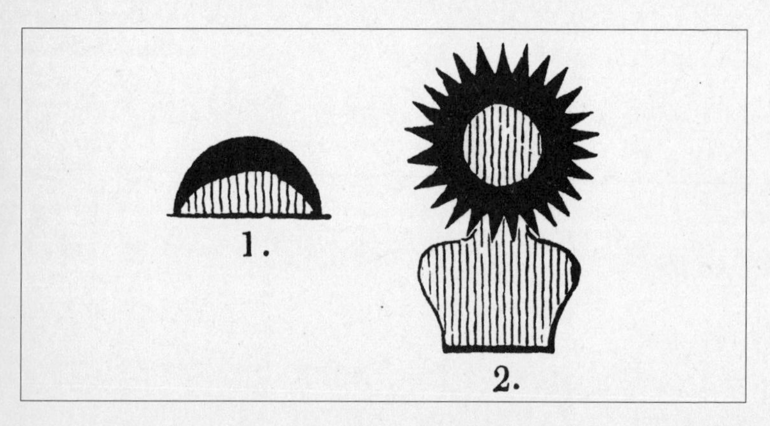

Die eine (Nr. 1) war eine Darstellung des Himmels, die andere (Nr. 2) ein Bild der Sonne.

Der untere Teil des *Himmels* war wie gewöhnlich blau oder grün. Die Einfassung oben aber schwarz.
Die *Sonne* war inwendig rot gemalt. Die Strahlen aber schwarz. Man sagte mir, und es war freilich auch ohne dies offenbar genug, es sei dies zum Zeichen der Trauer geschehen. Die Idee eines mit Trauer umflorten Himmels und einer zu Kohlenschwarz verblaßten oder verdunkelten Sonne ist für einen Indianer wirklich merkwürdig, ich möchte sagen großartig genug. Man kann sich die Sache auf zweierlei Weise vorstellen. Entweder so, daß man sich denkt, es sollte angedeutet werden, daß dem Verstorbenen, als sein Auge brach, Sonne und Himmel dunkel geworden seien, oder mit Beziehung auf die Hinterbleibenden, daß ihnen, den Betrübten, nun die Sonne nicht mehr helle glänzende Strahlen, sondern dunkle Trauerflore auszusenden, ja daß der ganze blaue Himmel ihnen schwarz eingefaßt zu sein scheine.
Alle aus Holz konstruierten Grabdeckel hatten auf der Seite ein kleines Loch eingeschnitten. Die Verwandten stecken dahinein die Speisen für die Toten. Auch legt ein Freund oder Verwandter, wenn er vorübergeht, wohl etwas Tabak hinein, zuweilen sogar auch Flinten, damit der Verstorbene auf seinem langen Weg zum Paradies etwas schießen und sich nähren könne. Freilich sieht wohl später ein anderer nach, ob etwas darin ist, was er brauchen kann, und nimmt es für sich wieder heraus. Doch wird dies nicht so genau genommen. Wenn die Speisen oder der Tabak nur *eine Zeitlang* ruhig darin liegen blieben, so sind sie schon zufrieden. Diese Dinge selbst genießen die Verstorbenen doch nicht, sondern, wie soll ich sagen, gleichsam nur das Bild, den Geruch oder die Ausdünstung von ihnen. Und diese konnten denn doch schon nach einigen Tagen zu ihnen ins Geisterreich gelangen.
Bei einem der jungen, aus dem Innern zur Bai herabgekommenen Krieger fand ich ein auf beiden Seiten sehr reich ausgeschmücktes Tomahawk, oder, wie die Chippewa dieses Werkzeug nennen: »Wagakwadongs«. Einige der darauf dargestellten Dinge waren bloß müßige Verzierungen, andere hatten eine Bedeutung.
Auf der einen Seite war eine Zeichnung, von der ich hier eine Kopie gebe:

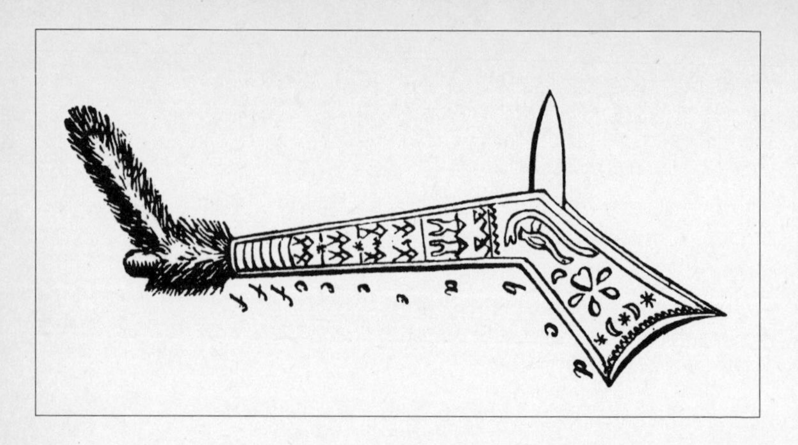

Mein Mann sagte mir, es stelle seinen Lebenstraum dar, und er habe diesen Traum am St. Croix-Flusse gehabt, als er ein ganz junger Bursche gewesen sei. Er habe zehn Tage darum gefastet.

Die beiden menschlichen Figuren bei a, sagte er mir, stellten ihn selber vor und seinen Schutzgeist oder »Führer«, der im Traume zu ihm geredet und der ihm geboten hätte, aufwärts zu blicken. Als er dieses getan, habe er einen großen, schönen Adler (einen »Kiniou«) in seinem Neste sitzen sehen, wie er ihn bei b dargestellt. Der Doppelstrich unter dem Vogel bedeute das Nest. Über dem Vogel habe eine Krone von leuchtenden Sternen (c) geschwebt, und dann darüber der Mond (d).

»Ich denke oft an dieses Gesicht, an diesen Adler«, sagte er, »und ich denke nicht bloß an ihn, sondern ich spreche auch zu ihm, laut!«

Ich: »Hat es dir schon einmal geholfen?«

Er: »Oft! Wenn es mir nicht hülfe, so würde ich mir nicht so viele Mühe gegeben haben, es auf mein Tomahawk zu malen.«

Ich: »Kannst du mir nicht die näheren Umstände und den ganzen Verlauf deines Traumes mitteilen?«

Er: »Nein! Aber wenn ich einmal in großer Gefahr bin und bereit bin zum Sterben, dann werde ich alle die Meinigen um mich versammeln und dann werde ich ihnen die ganze Geschichte meines Traumes offenbaren. Und da werden sie ein großes Fest für die Gelegenheit machen.«

»Die kleinen Figuren unter e sind Vögel, Kriegsvögel (War-birds). Die Ringe bei f, f, f, sind Marken für die Kriegszüge, welche die Chippewa gegen die Sioux gemacht haben.«
Ich: »Kannst du mir nicht etwas Näheres von diesen Zeichen und ihrer Bedeutung erzählen?«
Er: »Nein!« Ein sehr alter Mann hat mir diese Marken eingezeichnet. Er wußte warum. Aber ich weiß es nicht!«

VI.

Friedrich Armand Strubberg (Ps. Armand) kam am 18. März 1806 in Kassel als Sohn eines reichen Tabakfabrikanten zur Welt. Seine Mutter stammte aus der französischen Kolonie in Kassel, durch sie erhielt er die ursprünglichen Vornamen Frédéric Armand. Den zweiten davon wählte er später zu seinem Pseudonym. Infolge eines siegreichen Pistolenduells in Bremen mußte er schon als Zwanzigjähriger nach Nordamerika fliehen, kehrte jedoch 1829 wieder zurück und arbeitete im väterlichen Unternehmen mit. Etwa 1840 ging er ein zweites Mal in die USA, betätigte sich in New York als Geschäftsmann, geriet jedoch in finanzielle Schwierigkeiten, wurde nach eigenen Angaben wieder in ein Duell verwickelt und mußte deshalb New York verlassen. Das Dampfschiff, das ihn nach Süden bringen sollte, sank im Januar 1844 bei St. Louis. Strubberg blieb gezwungenermaßen eine Zeitlang dort, machte einen Medizinkurs und fuhr dann als »Dr. Frederick Shubbert« nach Texas, das damals noch nicht zu den USA gehörte und wo er vor der Verfolgung durch die Behörden sicher war.
»Gone to Texas« war damals ein geflügeltes Wort und bedeutete soviel wie »untergetaucht«. Am San Gabriel River, nordöstlich von Austin, erwarb er ein Stück Land, erbaute mit zwei anderen Deutschen ein kleines Fort und verbrachte hier inmitten der Wildnis, in der Nachbarschaft von Comanchen und Apachen etwa ein Jahr.
Im Oktober 1846 verließ er sein Fort, dessen bisherige Ruhe durch lästige Siedler bereits gestört wurde, und übernahm den Posten eines Kolonialdirektors beim »Verein zum Schutze deutscher Auswanderer«, besser bekannt unter dem Namen »Mainzer Adelsverein«. Er war an der Gründung der Stadt Friedrichsburg beteiligt, Intrigen vertrieben ihn aber bald aus dieser Stellung. Er ging dann nach Arkansas und ließ sich in Camden als Arzt nieder. Ein giftiger Insektenstich ins Auge veranlaßte ihn 1854, Heilung in Europa zu suchen. Auf Anraten seiner Schwester, bei der er in Kassel wohnte, schrieb er seine Erlebnisse und Beobachtungen in der texanischen Wildnis nieder und sandte sie an den renommierten Verlag Cotta in Stuttgart, wo sie 1858 unter dem Titel »Amerikanische Jagd- und Reiseabenteuer« erschienen. Sie waren der Beginn einer erfolgreichen literarischen Karriere. Er schrieb etwa zwanzig Romane, dazu Jugendbücher und Dra-

men. Zu den Bewunderern seiner »Jagd- und Reiseabenteuer«, die er selbst illustriert hatte, zählte auch Ernst Jünger. Von seinen Romanen wurde »An der Indianergrenze« (1861) am bekanntesten. Armand starb am 3. April 1889 in Gelnhausen.

Wollte man Armands Verhältnis zu den Indianern charakterisieren, so wäre es wohl am treffendsten, ihn als Nachbarn zu bezeichnen. Unter den Stämmen, die die Wildnis am San Gabriel River durchstreiften, waren wohlgesonnene und feindliche – wie es eben bei Nachbarn zu sein pflegt. Dementsprechend verhielten sich auch die Bewohner des kleinen Forts, zu denen neben Armand noch drei Deutsche und zwei Delawaren, »Jaguar« und »Eule« gehörten. Zu den Mescalero-Apachen – dem Stamm Winnetous – hatte Armand ein sehr gutes Verhältnis. Wie es dazu kam, schildert er im 27. Kapitel seiner »Amerikanischen Jagd- und Reiseabenteuer«, einer der ungewöhnlichsten und originellsten Episoden seines Buches. Interessant ist auch die Beschreibung eines mexikanischen Sklaven, vor allem die Art, wie mit ihm umgegangen wird.

Mescalero zu Besuch

Armand

Eines Nachmittags saß ich vor meinem Haus unter der Veranda und trank Kaffee, als ich weit in der Prärie am Fluß hinunter eine Staubwolke heranziehen sah. Neugierig, wer es wohl sein möge, ging ich ins Haus und holte mein Fernglas. Ich sah drei Indianer zu Pferd: einen Mann voran und zwei Frauen, die ihm folgten. Sie ritten trotz der starken Hitze sehr rasch und zogen bald am Hügel herauf ans Fort, bis zum Tor in der großen Einzäunung. Ich ging zu ihnen hinaus; alle drei ritten herein und hielten vor meinem Haus.
Der Indianer sprang vom Pferd, während die beiden Mädchen auf den ihrigen sitzen blieben. Er teilte mir auf englisch mit, ein Stamm Indianer wünsche Freundschaft mit mir zu machen, und der Häuptling lasse anfragen, ob er mir mit seinen Leuten einen Besuch abstatten dürfe. Ich fragte ihn, zu welcher Nation sie gehörten, eine Frage, die ihm, wie es schien, nicht angenehm war, da er sie mit Schweigen

überging. Er sprach dann mit den beiden Mädchen etwas, was ich nicht verstand, und sagte zu mir, sie seien Mescalero-Apachen.
Ich erwiderte, es würde mir angenehm sein, sie hier zu sehen, und lud die Mädchen ein, Kaffee mit mir zu trinken, was sie aber nicht sogleich annahmen, sondern, mit den Ellenbogen auf den Hals ihrer Pferde gestützt, mich neugierig betrachteten und dann wieder verstohlene Blicke durch die offenstehende Tür meines Hauses ins Innere warfen. Ich reichte beiden Zigarren und nahm aus meinem Streichfeuerzeug ein Schwefelholz hervor, dessen Entzünden sie außerordentlich überraschte. Ich steckte erst meine Zigarre daran an, ehe ich es ihnen reichte, worauf sie die ihrigen anzündeten und gleich laut ihre Freude über den herrlichen Geschmack des Tabaks zu erkennen gaben. Ich trank dann einen Schluck Kaffee und reichte der einen Indianerin die Tasse, die sie erst neugierig rundherum betrachtete und dann zu ihrem Lippen führte, um den Inhalt zu kosten.
Kaum aber hatte sie davon gekostet, als sie die ganze Tasse mit einem Zug leerte und mir zurückgab, mit dem Bedeuten, ihrer Schwester auch davon zu geben. Auch dieser reichte ich eine volle Tasse. Sie trank sofort aus und verlangte mehr, so daß in wenigen Minuten mein ganzer Vorrat an Kaffee verbraucht war. Ich reichte ihnen Kuchen, den sie mit ebenso großem Appetit verzehrten, und ging dann

Mescalero-Apachen

Die Mescalero sind ein Stamm der westlichen Apachen und zählen zur Chiricahua-Mescalero-Gruppe. Ihr von den Spaniern geprägter Name rührt von ihrer Sitte her, aus Aloe das berauschende Mescal-Getränk herzustellen. Ihre Wohn- und Jagdgebiete lagen in New Mexico zwischen Rio Grande und Rio Pecos und erstreckten sich bis zum Llano Estacado und bis nach Coahuila in Mexico. Sie galten als weniger kriegerisch als die anderen Apachenstämme.
Die Apachen gehören zur südlichen Abteilung der athabaskischen Sprachfamilie und gliedern sich in einen westlichen und einen östlichen Zweig. Sie bezeichnen sich selbst als N'de (Inde), »Menschen«. Ihre Lebensgrundlagen waren Jagd und Ackerbau, ihre Wohnsitze wählten sie meist nach der Jahreszeit, im Sommer auf den Bergen, im Winter im Tal.

ins Haus und holte eine Flasche süßen spanischen Weins. Ein Glas davon schenkte ich ein, trank davon und reichte es einer der Indianerinnen; sie wies es aber zurück, und indem sie einige Worte zu dem Mann sprach, verloren ihre Blicke das Unbefangene und Lustige, das sie nach und nach angenommen hatten. Ich trank jetzt selbst das Glas aus und stellte es auf den Tisch, ohne ihnen den Wein weiter anzubieten, gab ihnen aber wieder Feuer, um ihre Zigarren anzuzünden, die ausgegangen waren.

Nach einer Weile fragte mich der Indianer, ob das Feuerwasser (Branntwein) sei, was die Flasche enthalte, und als ich dies verneinte und ihm versicherte, es sei guter Wein, sagte er, die eine Indianerin wolle ihn kosten. Ich goß das nicht sehr große Glas voll, trank etwas davon und reichte es ihr auf das Pferd. Sie führte es etwas scheu an ihre Lippen, goß es aber in einem Zug hinunter, sobald sie den Wein geschmeckt hatte. Ihre Augen strahlten vor Wonne, und während sie sich auf ihrem Sattel in die Höhe hob und mit der rechten Hand vom Hals über Brust und Leib strich, sagte sie mit dem Ausdruck des Entzückens: »Bueno.« Dann reichte sie mir das Glas mit der Linken, indem sie mir ein Zeichen machte, ihr mehr davon zu geben.

Ich füllte es wieder, gab es aber ihrer Schwester, die stumm, nur mit neugierigem Blick, danach verlangte. Auch sie fand den Wein sehr gut und trank das Glas aus, das ich auf den Tisch setzte. Nun sprangen beide Mädchen von ihren Pferden, gaben dem Indianer mit einer verächtlichen Gebärde die Zügel, während die eine ihm mit gebieterischem Ton sagte, er solle gehen und die Pferde grasen lassen. Wenigstens schloß ich dies aus den Bewegungen, mit denen sie ihre Worte begleitete, und daraus, daß dieser sofort mit den Tieren abzog. Die Sprecherin wandte sich dann lächelnd und außerordentlich vornehm und graziös zu mir, und indem sie dem Abziehenden noch einen verächtlichen Blick nachwarf, sagte sie: »Mexicano!«

Jetzt wurde mir klar, daß der Mann ein Sklave war, den dieser Indianerstamm vielleicht schon als Kind geraubt hatte.

Nun sprangen die beiden Mädchen zu mir auf die Galerie vor meinem Haus, und eigentlich jetzt erst sah ich, welch außerordentlich hübschen Besuch ich bekommen hatte, da beide Mädchen auf ihren Pferden zusammengekauert gesessen waren, so daß man von ihrer

Figur wenig hatte sehen können. Die, die mir die Jüngere schien, war sehr groß, schlank und wunderschön gewachsen. Ihre Formen waren gestreckt, aber dabei rund und voll, und ihr Knochenbau war so zart, daß mir unwillkürlich der Vergleich zwischen Pferd und Hirsch einfiel. Hände und Füße waren wie bei allen Indianern sehr klein und dabei so zierlich geformt, daß man die weiße Farbe nicht vermißte. Auf verhältnismäßig breiten Schultern und langem, fleischig rundem Nacken trug sie ihr Köpfchen frei und unbefangen, und diese Haltung sprach deutlich aus, daß es für sie nichts gab, was sie sich hätte übelnehmen können.

Ihr glänzendschwarzes, seidenweiches Haar hing, mit einem zinnoberroten Band aus Leder an der linken Seite des Kopfes zusammengebunden, drei bis vier Fuß lang über ihre Schulter, und oben auf dem roten Band schwebte neben dem Kopf ein großer runder Busch aus unzähligen Federbärten in den grellsten, glänzendsten Farben, der bei jeder Bewegung auf und nieder wogte. Die schöne hohe Stirn war mit scharf geschnittenen glänzenden Brauen geschmückt, unter denen ein Paar Augen schwarz und glänzend hervorleuchtete. Der wilde Ausdruck dieser Lichter wurde durch den Schatten langer Wimpern gemildert, und nur in Augenblicken der Aufregung nahmen sie einen unbändig leidenschaftlichen Glanz an. Die kleine, sehr hübsche Nase war an der Spitze ein wenig nach oben abgestumpft und gab dem Gesichtchen etwas Unternehmendes, während der lächelnde, halb geöffnete Mund mit den vollen kirschroten Lippen, der nach der Form eines Amorbogens geschnitten war, jenen Ausdruck noch erhöhte. Öffneten sich die lachenden Lippen, so entblößten sie die schönsten Zähne, und die mit leichtem Pfirsichrot überflogenen Wangen zeigten zwei tiefe Grübchen. Dabei war ihre Haltung elegant, ihre Bewegungen waren rasch, aber graziös, und ihre ganze Erscheinung war voll jugendlichen Lebens, ungebändigt, wild, aber reizend und lieblich. Der dunkle Ton ihrer zarten Haut spielte aus dem Hellbraunen leicht in das Olivenfarbige und bekundete, daß unter ihr jene wärmeren Gefühle wohnten, die nur unter einer heißen Sonne geboren werden.

Der Dolmetscher hatte sich entfernt; dennoch ging es jetzt mit unserer Unterhaltung besser als vorher, da die Augen der Indianerin und ihre Bewegungen alle Wörterbücher, alle Grammatiken der Welt unnötig machten. Noch ein Glas spanischen Weins hatte sie rasch hinuntergegossen, und sie hätte sicher noch viel mehr zu sich genommen, wenn ich nicht das nächste Glas, etwas voller eingeschenkt, ihrer Schwester gereicht und dann die Flasche in den Schrank geschlossen hätte.

Die Schwester verriet weniger vom leidenschaftlichen Indianerblut. Sie war ruhiger in ihren Bewegungen, und wenn sie auch wie jene oft den Mund zum Lächeln öffnete, so brach sie doch nicht in lautes Lachen aus. Während jene dann ihre Augen die Runde um den ganzen Horizont machen ließ, ruhten die Blicke der ruhigeren Schwester um so fester auf dem Gegenstand ihrer Unterhaltung, und nur ein leiser Anflug von Lächeln teilte sich ihnen mit, während ihr Glanz sich dann bis zum Blitzen erhöhte und das sonst kaum sichtbare Rot ihrer Wangen in rascher Glut hervortrat. Sie war etwas kleiner als die jüngere Schwester, aber viel stärker, mehr eine tizianische Schönheit, hatte auch wundervolle, in derselben Weise geordnete Haare, kohlschwarze, aber kleinere, funkelnde Augen, eine zierliche, ganz fein gebogene Nase und auch einen kleineren Mund. Ihre Farbe war etwas dunkler als die der Schwester; man mochte aber dabei zweifeln, ob ein blendendes Weiß oder dieses durchsichtige lebendige Braun eine schönere Hautfarbe sei.

Der Name dieser älteren Schwester, die neunzehn Jahre alt sein mochte, war Cachakia (leuchtender Stern), während die jüngere Pahnawhay (Feuer) hieß und nicht mehr als sechzehn Sommer zählte. Der Anzug dieser beiden wilden Schönen war ziemlich gleich. Über ihre Schultern hing eine schön bemalte, weich gegerbte Hirschhaut, in deren Mitte sich ein langer Ausschnitt befand, durch den sie Kopf und Hals gesteckt hatten. Rundherum war dieser Umhang mit sehr feinen, langen ledernen Fransen verziert, an deren Enden blitzende Steinchen und Muscheln befestigt waren. Er hing vorn und hinten weiter herunter und ließ die schönen runden Arme frei. Um ihre Hüften hing ein Röckchen, gleichfalls aus Leder, mit langen Fransen verziert und schön mit Farben bemalt, während die ledernen Hosenbeine an den Seiten auch mit solchen Fransen behängt waren. Ihre kleinen Füße steckten in hirschledernen Schuhen, die ebenfalls mit Steinchen, Muscheln und Fransen geschmückt waren.

Mescalero Apachen quälen einen weißen Gefangenen
(Aus: Armand, *Amerikanische Jagd- und Reiseabenteuer*,
Zeichnung von Armand, Stuttgart 1858)

Pahnawhay war die erste, die auf die Galerie heraufsprang. Sie wiegte sich dabei mit jedem Tritt auf ihren Füßen, als ob sie auf Fischbein ginge, während Cachakia mehr ruhigen, doch kaum hörbaren Schrittes heraufkam. Beide setzten sich an den Tisch, und die jüngere Schwester nahm das Weinglas und schlürfte noch die letzten Tropfen heraus, wobei sie mir winkte, ihnen noch mehr Wein zu geben. Ich bedeutete ihr, daß es nicht gut wäre, mehr davon zu trinken, da sie dann einschlafen würden. Später aber, ehe sie fortritten, wolle ich ihnen noch etwas davon geben.

Pahnawhay hatte lange neugierig zu meinem Zimmer hingesehen; endlich sprang sie auf und eilte zur Tür, und indem sie sich an den Türpfeiler schmiegte, steckte sie ihren Kopf so weit sie konnte hinein. Mit einem lauten Ausruf des Erstaunens sprang sie einige Schritte zurück, klappte ihre beiden Hände zusammen, und indem sie sich hintenüber bog und ihr strahlendes Gesicht über die rechte Schulter ihrer Schwester zukehrte, rief sie ihr eine Menge mir unverständlicher Worte zu und sprang abermals zur Tür. Ich ging in das Zimmer und winkte ihr, mir zu folgen, aber sie trat nur einen Schritt über die Türschwelle, blickte mit großen Augen verwundert umher und rief dann ihrer Schwester zu, hereinzukommen, die aber nicht folgte.

Ich ging nun zu Cachakia, nahm sie bei der Hand und führte sie in das Zimmer, wo ich sie in meinen großen Schaukelstuhl sich niedersetzen ließ. Die Verwunderung und das Erstaunen der beiden Mädchen war außerordentlich; sie blieben lange Zeit unbeweglich und stumm und ließen ihre Blicke von einem Gegenstand zum anderen laufen, bis Pahnawhay zuerst wieder Worte fand. Zu meinem Bett hinspringend, zog sie eine feuerrote wollene Decke unter der Jaguarhaut hervor, die das Bett bedeckte, und hängte sie stolz über ihre Schultern.

Noch hatten sie meinen großen Wandspiegel nicht bemerkt, und ich führte sie vor diesen, wobei ein lauter Schrei der Überraschung ihren schönen Lippen entfloh. Sie drehte sich vor ihm rundum und sprang zuletzt mit den zierlichsten Bewegungen von ihm weg und auf ihn zu, wobei Cachakia ihr stumm zusah, durch ihre glänzenden Augen aber verriet, daß sie gern an ihrer Stelle wäre. Ich führte auch sie jetzt vor den Spiegel, nahm ein buntseidenes Tuch vom Stuhl, knüpfte es

ihr unter der Federquaste um ihre dicken Haare und gab ihr zu verstehen, es gehöre ihr. Schnell nahm ich jetzt ein anderes, gelbblaues aus der Kommode und band es um Pahnawhays Haare, denn ich wußte, daß es sonst mit ihrer guten Laune vorüber gewesen wäre.
Alles wurde nun betrachtet und womöglich in die Hand genommen, und von allem mußte ich den Gebrauch erklären. Cachakia wurde auch nach und nach lebendiger und beteiligte sich mehr an der Unterhaltung, wobei sie mir immer zu verstehen geben wollte, daß ihre Schwester noch zu wenig wisse und ich ihr Geschwätz nicht beachten sollte. Alles gefiel ihr, und wenn sie etwas sah, was sie besonders zu haben wünschte, so bedeutete sie mir immer, daß wir tauschen wollten, sagte aber nie dabei, was sie dafür zu geben gedenke. Ich konnte jedoch nicht umhin, beiden eine Menge Kleinigkeiten zu geben, wie Messer, Fingerhüte, Nadeln, bunten Zwirn und Nähseide etc. Es war mir sehr erwünscht, als die Negerin kam und meldete, daß das Essen, das ich für meine Gäste bestellt hatte, auf dem Tisch stehe, wodurch ihre Wünsche eine andere Richtung bekamen.
Ich führte sie nun ins Eßzimmer und mußte selbst noch einmal mitspeisen, um ihnen den Gebrauch von Messer und Gabel zu zeigen, die sie jedoch bald beiseite legten und dafür ihre kleinen Finger gebrauchten. Es schmeckte ihnen vortrefflich, besonders aber liebten sie die Mehlspeisen; und als noch einmal Kaffee und Kuchen gereicht wurde, war es, als ob sie damit noch eine besondere Mahlzeit abhalten wollten.
Nach Tisch gab ich ihnen wieder Zigarren und gedachte, sie in diesem Zimmer zu lassen, bis sie fortreiten wollten, aber bald standen sie auf, und indem sie mit den Fingerchen in der Stube umherzeigten und mit mißfälligem Ausdruck »No bueno« sagten, spazierten sie hinaus und gerade wieder auf mein Haus zu. Ich mochte wollen oder nicht, ich mußte sie wieder hineinlassen, und Cachakia war jetzt die erste, die sich an mich schmiegte und mit ihrer kleinen Hand nach dem Weinglas deutete, während sie mit ihren glänzenden Augen freundlich zu mir heraufsah und lächelnd zwischen ihren vollen Lippen zwei Reihen der schönsten kleinen Zähne blicken ließ. Ich konnte es ihr unmöglich abschlagen, und als ich das Glas bis an den Rand vollgeschenkt hatte, führte sie den goldenen Feuertrank zu

ihrem Mund und nippte noch den letzten Tropfen davon. Auch Pahnawhay trank ein Glas von dem Wein; dann aber verschloß ich ihn schnell wieder in den Schrank, und trotz der zärtlichsten Bitten Cachakias und des stürmischen Verlangens ihrer Schwester holte ich ihn nicht wieder hervor. Pahnawhay hatte die rote wollene Decke wieder von meinem Bett aufgenommen und drehte sich, sie laut lobend, vor mir, während ich mich neben Cachakia gesetzt hatte; sie schien aber doch das Herz nicht zu haben, mich darum anzusprechen. Ich sah ihre Verlegenheit, und da ich schon lange gewünscht hatte, einen Anzug zu besitzen, wie ihn diese beiden Indianerinnen trugen, so zeigte ich, als sie wieder vor mir stand, auf die einzelnen Stücke ihrer Kleidung, dann auf die rote wollene Decke und machte dann das Zeichen des Tausches.
Wie wenn ihr das höchste Glück zugefallen wäre, trat sie einen Schritt zurück und wiederholte fragend meine Zeichen, als ob sie ihrem Glück noch nicht traute, und als ich es nochmals bejahte, warf sie in wenigen Augenblicken sämtliche Kleidungsstücke von sich, hüllte sich in die rote wollene Decke und legte dann, ihren Arm unter dieser hervorsteckend, ihre Lederkleidung sorgfältig auf mein Bett.
Ich war über diese blitzschnelle Verwandlung so erstaunt, daß ich im ersten Augenblick nicht daran dachte, wie sehr Cachakia dadurch zurückgesetzt wurde, aber Pahnawhay zeigte auf sie und sagte, ich müsse ihr auch so eine Decke geben. Wirklich war das Thermometer in den Augen meiner schönen Nachbarin bereits gesunken, und ich stand eilig auf und öffnete einen Koffer, in dem ich noch mehrere wollene Decken liegen hatte, aber keine rote. Es war jedoch eine schöne blaue dabei, die Cachakia außerordentlich gefiel, und in ebenso kurzer Zeit lag ihr Anzug auf meinem Bett, und sie saß in der türkisblauen Decke ganz glücklich im Schaukelstuhl und rauchte vergnügt ihre Zigarre weiter.
Die Sonne war schon untergegangen, und die Dämmerung schlich über die Gegend, als meine beiden Prinzessinnen stolz in roter und blauer Umhüllung zum Tor hinaus in die Prärie trabten, mit der Zusicherung, daß sie morgen früh mit dem ganzen Stamm bei mir eintreffen würden. Ich ließ am nächsten Morgen zeitig einen sehr großen Kessel voll Kaffee kochen und noch mehr Brot backen, ob-

wohl schon gestern ein großer Vorrat davon angefertigt worden war. Ehe das Vieh zur Weide zog, wurde ein fetter Stier in die Einzäunung getrieben; die Hunde wurden an die Ketten gelegt, und ich befahl meinen Leuten, das Fort geschlossen zu halten, da die Indianer, die ich hier zu sehen wünschte, durch mein Haus geführt werden sollten, das außen an der südöstlichen Ecke stand und durch die Palisadenwand einen Eingang hatte.
Um die bestimmte Zeit sahen wir den Zug der Indianer am Fluß herabkommen und bald darauf vor meiner Einzäunung halten. Ich ging hinaus, empfing den Häuptling mit den gebräuchlichen Zeremonien und begrüßte seine beiden Töchter, die heute nur sehr zierliche, noch ganz neue, schneeweiße Röckchen um ihre Hüften trugen; wie es schien, ihren Feststaat, der mit sehr viel Geschmack in den buntesten Farben bemalt war. Schnüre von schönen Perlen zierten ihre Nacken, Ohrringe vom gleichen Material hingen auf ihre Schultern herab, und ihre runden Arme waren mit blinkenden Messingringen geschmückt, während ein neuer langer Federbartbusch in den glänzendsten Farben von der linken Seite ihres Kopfes herabwogte. Die wollenen Decken, die beim Reiten nachlässig über ihre Schultern gehängt waren, ließen sie auf ihren Pferden zurück, die, als sie abgestiegen waren, von dem uns schon bekannten mexikanischen Sklaven fortgeführt wurden.
Nun eilten beide – aber Cachakia nicht so schnell wie ihre jüngere Schwester – auf mich zu, und wir tauschten auf die übliche Weise alle Zeichen des Wohlwollens aus. Sie drückten mir die Hände, schlangen ihre schönen Arme um mich und würden mir sicher auch einige Küsse gegeben haben, wenn dieses Zeichen der Zuneigung nicht den Indianern ganz fremd wäre und ihnen nicht als etwas Lächerliches erschiene. Nach den ersten Begrüßungen zeigten sie auf ihren Vater und dann auf mein Haus und sagten »Vino«, wobei sie das Zeichen des Trinkens machten.
Der Häuptling war ein Mann von etwa fünfzig Jahren, über sechs Fuß hoch, mit breiten Schultern und gewölbter Brust, regelmäßig schönen Gesichtszügen, gerader Nase, scharfen schwarzen Augen, hoher Stirn und, was bei den Indianern selten ist, einem starken schwarzen Schnurrbart, der nach beiden Seiten hin gedreht war. Er hatte eine

stolze, achtunggebietende Haltung und etwas sehr Bestimmtes in seinem Äußeren, war aber freundlich und herzlich, so daß wir uns in wenigen Minuten angefreundet hatten. Ich wollte ihn mit seinen Töchtern zu meinem Haus führen, er wandte sich aber zurück zu seinem Stamm und rief einige mir unverständliche Worte, worauf zwei Indianer aus der Menge hervortraten und sich uns anschlossen.
Wir langten auf der Galerie vor meinem Haus an, auf die ich alle Stühle hatte tragen lassen, um das Innere meiner Wohnung womöglich von den neugierigen Gästen freizuhalten. Ich ließ sie um den Tisch herum Platz nehmen und reichte dem Häuptling die Pfeife, die ich selbst angesteckt hatte. Dieser reichte sie seinem Nebenmann, und so machte sie dann die Runde, während die beiden Mädchen sich bald im Schaukelstuhl, bald in der aus Seegras geflochtenen Hängematte auf der Galerie schaukelten und Zigarren rauchten. Nachdem die Friedenspfeife im Kreis herumgegangen war, gab mir der Häuptling den Zweck seines Besuches, Freundschaft mit mir zu machen, bekannt und stellte mir die beiden anderen Indianer als den Friedenshäuptling und den Weisen im Rat vor, bei welcher Unterhaltung der Mexikaner den Dolmetscher machte.
Es wurde nun Essen aufgetragen, wobei der Häuptling nach meinem Beispiel Messer und Gabel gebrauchte, die beiden anderen aber ihre Finger benützten. Pahnawhay hatte sich eine Büffelhaut aus dem Haus geholt und sie auf die Erde gelegt, worauf sie mit ihrer Schwester Platz nahm, um dort ihre Mahlzeit zu halten. Ich reichte ihnen die Teller mit den Speisen, sie gaben mir aber Messer und Gabeln zurück und zeigten mir, daß es mit den Fingern viel leichter ging. Sie amüsierten sich auf der Büffelhaut und neckten einander mit dem ausgelassensten Mutwillen, wofür sie ihr Vater mehrmals ermahnte, was sie aber mit Lachen erwiderten.
Der Häuptling setzte mir nun auseinander, daß viele Stämme seiner Nation feindselig gegen die Weißen gesinnt seien, daß er aber hoffe, sie würden in kurzer Zeit einsehen lernen, daß es ihr eigener Vorteil wäre, wenn sie in freundschaftliche Beziehung zu ihnen träten, und daß sein Stamm von nun an sicher nie wieder etwas Böses gegen uns unternehmen würde.
Wir waren mit dem Essen fertig, und ich kündigte dem Häuptling an,

daß ich jetzt seinen Leuten zu essen geben wolle, worauf er aufstand und sagte, er wünsche selbst dabeizusein, da sonst keine Ordnung gehalten würde. Wir gingen hinaus vor die Einzäunung, nachdem ich, unbemerkt von den beiden Mädchen, meine Haustür geschlossen hatte, und ließ nun den Kessel mit Kaffee, der stark mit Honig versüßt und mit Milch gemischt war, und das Brot herbeibringen, das der Häuptling unter die verschiedenen Familien verteilte, worauf er ihnen sagte, sie möchten zum Kaffeetrinken ihre Trinkgefäße benützen, die aus Muscheln, Hörnern und Kokosnüssen bestanden. Es waren wohl über zweihundert Seelen im Lager, unter denen sich jedoch kaum vierzig Krieger befanden.
Ich zeigte jetzt dem Häuptling den fetten Stier, den ich in der Einzäunung eingesperrt hatte, in der die Kühe gemolken wurden, mit dem Bemerken, ich wolle ihn seinen Leuten geben, und ich fragte ihn, ob er nun totgeschossen werden solle, was er bejahte. Königstein brachte mir eine Büchse, und ich schoß den Stier durch den Schädel, worauf mehrere der Indianer ihn sogleich abstreiften und das Fleisch zerlegt in ihr Lager trugen. Bald brannten wohl dreißig Feuer, um die die Indianer lagen und das Fleisch zubereiteten, während sie immer wieder zum Kaffee zurückliefen, um ihre Gefäße zu füllen.
Ich stand noch und bewunderte den Appetit dieser Leute, als Cachakia leise ihren Arm durch den meinigen schlang und mich zärtlich zu bewegen suchte, mit ihr in mein Haus zu gehen, um dessen Tür zu öffnen, die, wie sie mir bedeutete, nicht aufgehen wollte. Ich sagte ihr, ich wolle auf ihren Vater warten, damit er mitgehe, um Kaffee zu trinken, und ging durch die Gruppen der Indianer zu ihm hin, wobei sich meine junge Freundin fest an meinen Arm hängte.
Diese Mescalero-Indianer waren unstreitig die am wenigsten kultivierten, die ich bis jetzt gesehen hatte. Ihre Kleidung bestand aus dem ledernen Rock, den sie um die Hüfte trugen, und aus großen, wundervoll bemalten, gegerbten Büffelhäuten. Ich fand aber im ganzen Lager auch nicht ein einziges Ding, das von Weißen herrührte. Man konnte in den Blicken aller etwas Scheues, Mißtrauisches und Wildes bemerken, was im allgemeinen bei anderen Stämmen nicht der Fall ist. Die Leute waren im Durchschnitt nicht sehr groß, mehr untersetzt und breitschultrig und gut genährt. Besonders

waren ihre Weiber sehr hübsch, und ich erinnere mich nicht, verhältnismäßig so viele schöne Indianerinnen beisammen gesehen zu haben als in diesem Lager.

Als wir von Feuer zu Feuer gingen – wobei die Wilden es gern zu sehen schienen, daß Cachakia sich an mich schmiegte, kam mit einem Mal Pahnawhay in weiten Sprüngen wie ein Füllen über das Gras gesaust. Es hatte ihr zu lange gewährt, bis das Haus aufgemacht wurde, und sie hängte sich an meinen anderen Arm, wobei sie mich zur Strafe, daß ich sie so lange hatte warten lassen, am Schnurrbart zauste. Ich sagte ihr, ich warte auf ihren Vater, sie möge hingehen und ihn in mein Haus bringen, ich wolle einstweilen mit Cachakia vorausgehen. Dort angekommen, konnte meine Gefährtin gar nicht begreifen, auf welche Weise die Tür so fest zugemacht sei, und war ganz verwundert, als ich sie mit dem Schlüssel öffnete. Sie wollte es nun selbst versuchen und sagte, sie wolle den Schlüssel behalten, damit sie zu jeder Zeit hineinkommen könne, und erst als ich ihr bedeutete, daß ich dann ohne sie das Haus nicht öffnen könnte, gab sie ihn mir zurück.

Ich nahm nun meine Gitarre aus ihrem Kasten, und indem ich mich auf mein Bett setzte, ließ ich die Finger über ihre Saiten gleiten. Cachakia stand mit weit geöffneten Augen und offenem Mund vor mir und geriet ganz außer sich, als ich auf dem Instrument spielte. Mit einem Sprung saß sie mit gekreuzten Beinen auf meinem Bett hinter mir und sah, über meine rechte Schulter gebeugt, meinem Spiel zu. Sie war wahrhaft entzückt über die Musik; sie versuchte selbst auf der Gitarre zu spielen und wurde sehr ungeduldig und ärgerlich, als sie es nicht konnte.

Endlich kam Pahnawhay mit ihrem Vater und den beiden Räten, wir nahmen wieder unseren Platz unter der Veranda ein, und ich ließ Kaffee und Kuchen kommen, die meinen Gästen außerordentlich mundeten. Dann gab ich ihnen allen Zigarren zu rauchen, wobei mir der Häuptling sagte, seine Leute seien sehr zufrieden; sie seien sehr gute Freunde von mir und würden es bleiben.

Ich führte ihn in mein Haus vor den Gewehrschrank, um ihn meine Waffen sehen zu lassen: etwa fünfzig ausgezeichnete Gewehre aller Art. Sie verfehlten nicht, die Bewunderung meines Gastes zu erregen, und als wir wieder auf der Terrasse saßen, nahm ich einen Revolver und schoß damit auf etwa hundert Schritt eine Kugel in einen jungen Baum, der bei weitem nicht die Stärke eines Mannes hatte, und feuerte dann schnell hintereinander die übrigen fünf Kugeln ab. Dann steckte ich in wenigen Augenblicken eine andere geladene Trommel in die entladene Waffe und entlud ebenso schnell wieder die sechs Schüsse, indem ich ihm bedeutete, daß ich so, ohne aufzuhören, fortwährend schießen könne.

Diese Waffe erregte im höchsten Grad die Aufmerksamkeit meines Gastes, und er betrachtete sie lange Zeit mit dem größten Erstaunen, worauf er mit dem tiefsten Ernst versicherte, es sei dies die größte Medizin, die er jemals gesehen hätte. Ich machte ihm ein sehr hübsches Jagdmesser zum Geschenk, dessen Griff aus einem mit einem silbernen Hufeisen beschlagenen Rehfuß angefertigt war. Seine Freude darüber war kindisch, und in seiner Aufregung versicherte er mir, er werde dem ersten Feind, den er besiegen würde, den Skalp damit abnehmen; dieses Messer sei gleichfalls eine sehr große Medizin.

Die Mädchen ließen mir jetzt keine Ruhe mehr; ich mußte Wein herbeiholen, den die drei Männer erst mit sehr mißtrauischen Augen ansahen, aber auf meine Versicherung, daß es kein Feuerwasser sei, kosteten und mit großem Behagen tranken. Als ich die Flasche zurück ins Haus trug, schenkte ich noch ein Glas davon ein und stellte es in der Stube auf den Tisch, wobei ich es Cachakia zeigte und ihr bedeutete, es sei für sie, zugleich aber den Finger auf den Mund legte, damit sie es die anderen nicht wissen lasse, da ich keine frische Flasche anbrechen wollte und diese beinahe geleert war.

Sie hatte mich sehr gut verstanden, und zum Beweis winkte sie mir, als ich aus dem Haus trat, heimlich mit ihren schönen Augen, während ein verstohlenes, trauliches Lächeln um ihren kleinen Mund spielte. Ich hatte meinen Platz wieder eingenommen, als sie nachlässig aufstand und in das Zimmer ging, dort das Glas vom Tisch nahm und mir von den anderen ungesehen zunickte, wobei sie den Inhalt langsam austrank. Dann trat sie ebenso gleichgültig wieder auf die Terrasse und setzte sich wie jemand, der stolz darauf ist, heimlich bevorzugt worden zu sein, zu uns, doch schlug sie ihre Augen nieder, da sie fühlte, daß deren Glanz sie verraten würde.

Der Abend kam; wir hatten zu Nacht gegessen und gingen, als der volle Mond aufgegangen war, ins Lager der Indianer hinaus, da der Häuptling unter seinen Leuten übernachten wollte, weil diese, wenn er bei mir im Fort schliefe, unruhig und besorgt um ihn werden möchten. Wir hatten kaum das erste Feuer erreicht, als wir am anderen Ende des Lagers einen schrecklichen Lärm hörten, worauf der Häuptling mit seinen beiden Kollegen rasch in diese Richtung hinlief. Ich war neugierig, was dort vorgehe, und schritt, von den beiden Indianerinnen begleitet, eilig jenen nach.
Zwei junge Männer waren in Streit geraten und standen noch im heftigsten Wortwechsel, als wir zu der Stelle kamen, während die Stimmen des Häuptlings und seiner älteren Kollegen mit Macht dazwischendonnerten. Plötzlich aber sprangen die beiden Streiter wie die Blitze zu verschiedenen Feuern hin, ergriffen ihre Bogen und Pfeile und sausten etwa hundert Schritt voneinander entfernt wie ein Sturmwind hinaus in die offene Prärie und verschwanden in wenigen Minuten vor unseren Blicken. Die Stimme des Häuptlings tobte hinter ihnen her, aber niemand folgte ihnen.
Der Mexikaner stand nicht weit von uns beim nächsten Feuer, und ich rief ihn zu mir her, um Aufklärung über diese Störung zu erhalten. Pahnawhay erklärte mir aber mit wenigen, sehr verständlichen Zeichen, die beiden jungen Krieger liebten ein und dasselbe Mädchen, und dieses habe beiden ihre Zuneigung geschenkt, weshalb sie in Streit geraten und jetzt hinausgerannt seien, um einander umzubringen. Der Mexikaner bestätigte diese Geschichte, worauf ich fragte, weshalb sie denn niemand daran zu hindern suchte. Es wurde mir aber mit Lachen erwidert, als ob es sich von selbst verstünde, daß dies unmöglich sei.
Es hatten sich nun eine Menge Indianer um eines der Feuer versammelt, und Cachakia nahm mich beim Arm und zog mich mit sich dorthin, wo wir ein weinendes, laut klagendes junges Mädchen mit dem Kopf zwischen den Knien sitzen sahen, dessen Haare lose um die ganze Gestalt hingen und diese beinahe vollkommen verdeckten. Dies war die Geliebte der beiden eifersüchtigen Ritter, von denen vielleicht in diesem Augenblick einer schon den tödlichen Pfeil im Herzen hatte. Wir standen bei der Unglücklichen, als weither über

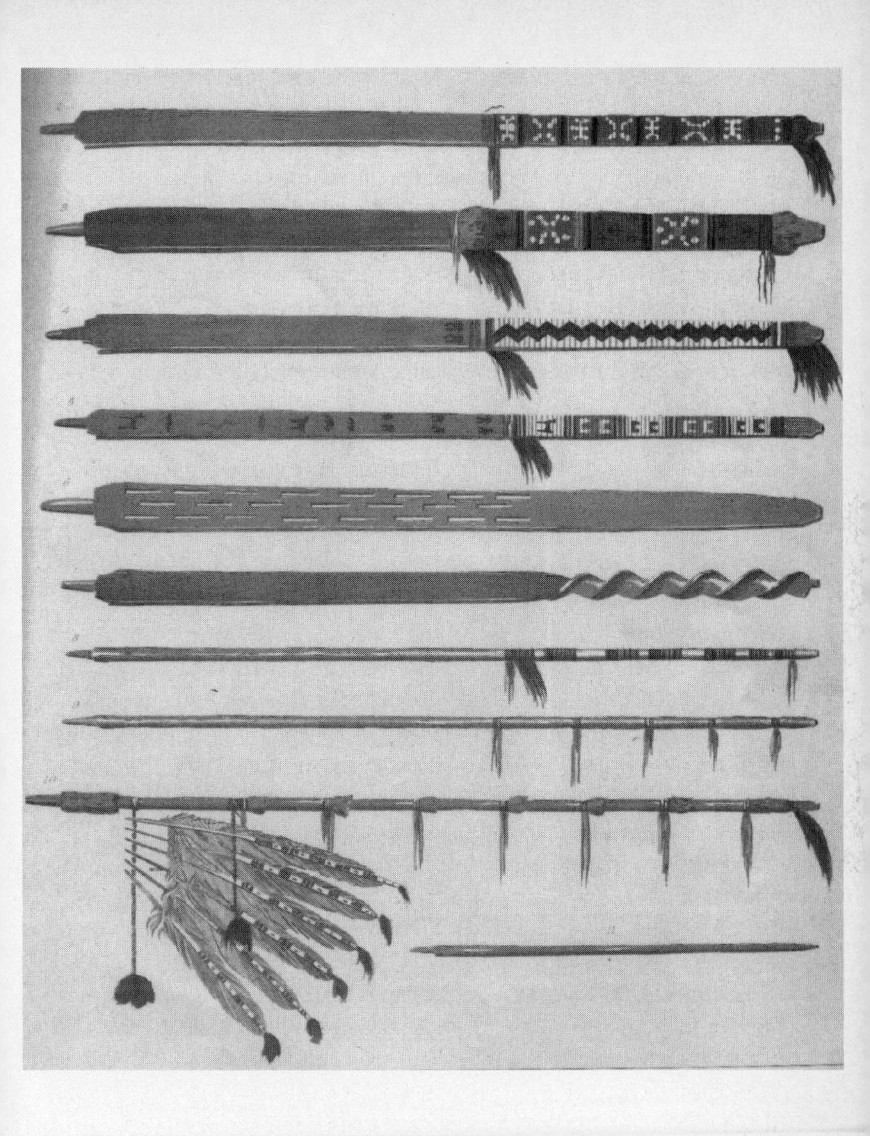

Formen von Pfeifenrohren
(Aus: Francis S. Drake, *The Indian Tribes of the United States*, London and Philadelphia 1885)

die vom Mond beleuchtete Prärie ein furchtbares Geschrei ertönte – das Kriegsgeschrei der beiden Kämpfer, die jetzt, da sie wahrscheinlich einander nicht durch Kriechen im Gras hatten überlisten können, sich im offenen Kampf begegneten.
Kaum drang der erste Ton zu uns herüber, als das weinende Mädchen aufsprang, die Haare zurückwarf und, die Umstehenden links und rechts zur Seite werfend, mit einem gellenden Schrei wie rasend fortrannte und im Zwielicht des Mondes verschwand. Eine Totenstille trat ein, da jedermann mit dem nächsten Augenblick zu vernehmen erwartete, daß der Kampf entschieden sei. In die Gegend, wo die Indianerin verschwunden war, hinblickend, schienen alle bang den Atem anzuhalten. Jetzt tönte des Mädchens gellende Stimme durch die Nachtluft herüber und unmittelbar nachher ein furchtbarer, durchdringender Schrei, der mehr oder weniger von sämtlichen Bewohnern des Lagers beantwortet wurde.
Es war, als ob sie nur auf dieses Signal gewartet hatten, denn jetzt rannten eine Menge Männer und Weiber, mehrere mit Holzfackeln in der Hand, hinaus, und weit in der Ferne sahen wir diese Lichter sich auf einen Punkt zusammenziehen. Cachakia sagte zu mir: »Er ist tot!« Sie drückte dabei mit ihrer rechten Hand ihr Köpfchen zur linken Seite hinunter, indem sie ihre Augen schloß.
Bald sahen wir das Licht sich zu uns her bewegen, bis wir endlich die einzelnen Fackeln unterscheiden konnten und der Zug zum Lager heraufzog. Vier Indianer trugen den Leichnam des Erschlagenen zum ersten Feuer und legten ihn hier auf die Erde. Ich nahm eine Fackel, um zu sehen, ob noch Leben in ihm sei, aber der letzte Funken war entschwunden. In der linken Seite, in der Nähe des Herzens, klafften drei schreckliche Wunden, die die Brust beinahe in zwei Teile teilten, und seine Haare waren durch geronnenes Blut zu einer Masse verbunden, während ihm der Kopf mit dem Tomahawk gespalten war. – Die Indianer rauben einem Erschlagenen den Skalp nur dann, wenn er Feind ihres Stammes ist.
Man trug ihn in die Mitte des Lagers und deckte ihn mit einer Büffelhaut zu. Ich fragte Cachakia, was nun aus dem anderen würde und aus dem Mädchen, worauf sie mir sagte, der Mann müsse nach vierundzwanzig Stunden fliehen und sich fernhalten, bis er die Ver-

wandten versöhnt habe, die sonst für das Blut des Erschlagenen das seinige nehmen würden. Vierundzwanzig Stunden habe er Zeit, seine Sachen zu holen, und er würde selbst, wenn er in dieser Zeit ins Lager käme, von jenen nicht beunruhigt werden; nach Ablauf dieser Frist aber wäre er nirgends vor ihnen sicher.
Der Häuptling hielt nun eine Beratung mit den Verwandten des Getöteten, die eben beendet war, als die Geliebte des Siegers erschien, schweigend dessen Pferde zu seinem Feuer führte, sein ganzes Eigentum darauf packte und dann ebenso stumm wieder in die Nacht hinauszog, während niemand im Lager sie bemerkt zu haben schien, obgleich sie offen zwischen den helleuchtenden Feuern durchzog. In den vielseitigen Liebeleien eines Mädchens finden die Indianer nichts Unrechtes, wohl aber rügen sie die Treulosigkeit einer Frau, und sie wird oft mit dem Tod bestraft; viel gewöhnlicher ist es aber, daß der Mann ihr nur die Nase abschneidet, welche Nachsicht wohl häuptsächlich darin ihren Grund hat, daß die Frauen einen Teil des Vermögens des Mannes ausmachen, da er sie kaufen muß, sie als Dienerinnen und Arbeiterinnen gebraucht und nach Belieben für immer oder nur für einige Zeit wieder verkaufen kann. Ich vermißte in diesem Stamm mehr weibliche Nasen als in irgendeinem anderen, den ich gesehen hatte.
Sehr bald war alles wieder in der gewöhnlichen Ruhe im Lager, als ob gar nichts Ungewöhnliches vorgefallen wäre. Nachdem ich noch eine Weile beim Häuptling gesessen war, wünschte ich ihm gute Nacht und wurde von Cachakia zu meinem Haus begleitet, welche Aufmerksamkeit zu den Höflichkeitsbezeugungen der Wilden zu gehören scheint. Wenn auch die Heimat eines scheidenden Gastes weit von ihrem Lager ist, so begleiten sie ihn doch auf seinem Heimweg immer bis auf den höchsten Punkt, von dem aus sie noch zu ihrem Lager zurückblicken können.
Kaum graute der Tag, als ich meine Tür öffnete und auf die Terrasse hinaustrat, um den frischen Morgen zu begrüßen. Im Lager der Indianer war, wie es schien, noch alles in tiefster Ruhe, bis auf wenige Gestalten, die sich dort schon hin und her bewegten. Ich sah durch das Fernglas, daß sie ein Pferd und ein Maultier mit sich führten, und bald bestieg ein Indianer letzteres und zwei andere hoben etwas, das

in eine große Büffelhaut eingehüllt war, zu ihm hinauf. Dann bestieg ein anderer Indianer das Pferd, und fort zogen sie, das Maultier voran, über die Prärie am Fluß hinauf. Ich vermutete, daß es die Leiche des Getöteten war, die die beiden zur Begräbnisstätte des Stammes führten, und fand, als ich ins Lager ging, meine Vermutung bestätigt.

Ich ließ nun noch einmal einen Kessel voll Kaffee und eine große Menge Maisbrot ins Lager bringen und bewirtete den Häuptling mit seinen beiden Räten und den Töchtern zum Frühstück bei mir. Dann teilte er mir mit, daß nun unsere Freundschaft für ewige Zeiten geschlossen sei und er jetzt mit ruhigem Herzen abreise. Ich machte ihm noch eine Menge kleine Geschenke wie wollene Decken, Tabak, Spiegel, Zinnober etc., gab den Töchtern noch mancherlei kleine Andenken, und somit schieden meine Gäste von mir, allem Anschein nach ganz außerordentlich zufriedengestellt.

Jaguar und Eule hatten sich während der zwei Tage gar nicht blicken lassen, da die Delawaren, wenn auch nicht in offener Fehde, doch in nicht großer Freundschaft mit den Mescalero lebten, weshalb sie auf die Jagd geritten waren. Eule hatte schon lange seine Bezahlung für seine Dienste erhalten, war aber immer noch bei uns geblieben, da es ihm hier sehr gut zu gefallen schien, wozu wohl auch unsere Küche viel beitragen mochte; doch jetzt kam er eines Morgens und sagte mir, daß die Zeit da sei, zu der er versprochen habe, seinen Stamm zu treffen, weshalb er uns verlassen müsse, wenn er seine Freunde nicht sehr beunruhigen wolle. Er ritt auch noch zu den benachbarten Lasars und nahm Abschied, wobei er von ihnen sehr reich beschenkt wurde; auch ich gab ihm noch viele Kleinigkeiten für seine Treue und Anhänglichkeit, und somit zog er, von Jaguar begleitet, fort, mit dem Versprechen, mich recht bald wieder zu besuchen.

VII.

Balduin Möllhausen wurde am 27. Januar 1825 in Bonn am Rhein als Sohn eines Artillerieoffiziers geboren. Er besuchte das Gymnasium und ging nach dem frühen Tod seiner Mutter auf einem Gut in Pommern in die Lehre, wo er den Beruf eines Landwirts erlernen sollte. 1846 zog man ihn zur Infanterie ein, doch weder die landwirtschaftliche noch die militärische Laufbahn begeisterten ihn. Er wählte den dritten Weg und wanderte nach Nordamerika aus. Im Herbst 1849 landete er in New York, reiste von dort aus gleich weiter nach Westen, wo er sich in Illinois als Jäger und Trapper niederließ. 1851 wurde er von Herzog Paul Wilhelm von Württemberg als Begleiter für eine waghalsige Expedition zu den Rocky Mountains angeheuert. Möllhausen und der Herzog wurden am 18. November vom Winter überrascht und eingeschneit. Eine zwei Tage später vorbeikommende Schlittenpost konnte nur eine Person mitnehmen. Das Los entschied, Möllhausen mußte zurückbleiben, der Herzog versprach, rasch Hilfe zu senden. In der Missionsstation weigerte man sich jedoch, einen Rettungstrupp auszusenden; ein einzelner Helfer, der gegen hohe Belohnung loszog, erreichte Möllhausen nie und kam um. Erst Anfang Januar konnte Möllhausen von Oto-Indianern gerettet werden. Er verbrachte bei ihnen den Winter, blieb dann noch einige Zeit bei den Omaha-Indianern und traf im Frühjahr wieder mit Herzog Paul zusammen, der ihm ein Empfehlungsschreiben ausstellte. Da der Herzog nach seiner eigenen Rettung gleich weitergereist war, wußte er nichts vom Schicksal seines Begleiters.
1852 begleitete Möllhausen einen Tiertransport für den Berliner Zoo von St. Louis nach Berlin. Über den Direktor des Zoos bekam er Kontakt zu Alexander von Humboldt, der den begabten jungen Mann förderte und ihn dem preußischen König vorstellte. Aufgrund von Humboldts Empfehlungen konnte Möllhausen 1852/53 als Zeichner und Topograph an der Expedition Leutnant Whipples vom Topographical Corps teilnehmen, der die Aufgabe hatte, die günstigste Südstrecke für die geplante transkontinentale Eisenbahn zu ermitteln.
1857 wurde er neuerlich eingeladen, an einer Expedition teilzunehmen. Diesmal sollte unter Leitung von Leutnant Ives der Colorado River erforscht und vermessen werden. Über diese Expeditionen verfaßte Möllhausen zwei ebenso faktenreiche wie spannende Berichte.

König Friedrich Wilhelm IV. ernannte ihn zum Kustos der Schlösser und Bibliotheken in und um Potsdam. Mittlerweile hatte er auch geheiratet, Caroline Seifert, die Tochter von Humboldts Sekretär und Reisebegleiter Josef Seifert – wie man heute mit Sicherheit weiß, die illegitime Tochter des großen Gelehrten.
Nunmehr konnte sich Möllhausen seinen schriftstellerischen Neigungen widmen, die anfangs darin bestanden, seine Reiseberichte durch abenteuerliche Episoden und Erzählungen zu ergänzen und abzurunden. Der Erfolg seines ersten Romans »Der Halbindianer« (1861) veranlaßte ihn, diesen Weg weiterzugehen. Im Lauf der Jahre entstanden etwa vierzig Romane, meist Abenteuer- und Seeromane, und mehr als siebzig Erzählungen, Novellen und Skizzen. Eine seiner Novellensammlungen wurde von keinem geringeren als Theodor Fontane eingeleitet, der ihn als »Erzähler pur sang« bezeichnete. Sein erster Biograph, Preston A. Barba, nannte ihn sogar den »deutschen Cooper«. Zu seinen bekanntesten und besten Werken zählen »Der Halbindianer« (1861), »Der Flüchtling« (1861), »Der Majordomo« (1863), »Das Mormonenmädchen« (1864) und »Die Mandanenwaise« (1865).
Nur noch einmal unternahm Möllhausen eine weitere Reise: 1879 begleitete er Prinz Friedrich Karl von Preußen nach Skandinavien. Auch diese Reise fand in Romanen und Erzählungen ihren literarischen Niederschlag. Möllhausen starb am 28. Mai 1905 in Berlin.

Die folgende Schilderung seiner Rettung durch die Oto-Indianer, seines Aufenthalts bei ihnen und den Omaha-Indianern stammt aus Balduin Möllhausens erstem großen Reisebericht »Tagebuch einer Reise vom Mississippi nach den Küsten der Südsee«, Leipzig 1858. Möllhausen hat seine Erlebnisse vom Winter und Frühjahr 1851/52 in den Reisebericht der Whipple-Expedition in mehreren Episoden eingeflochten – daher auch die direkte Anrede an seine Zuhörer.
Die Zeit zwischen dem 20. November 1851 und den ersten Januartagen 1852, als ihn die Oto-Indianer entdeckten und retteten, verbrachte Möllhausen unter größten Strapazen und Entbehrungen. Als sich ein Pawnee-Indianer seine Notlage zunutze machen und ihn ermorden wollte, war Möllhausen gezwungen, ihn zu töten.
Möllhausen verbrachte mehrere Monate bei den gastfreundlichen Oto, die ihn in den Stamm aufnahmen. Aus der Erfahrung dieses Zusammenlebens resultieren seine detaillierten Kenntnisse vom Alltagsleben der Oto. Diese Zeit beeindruckte ihn so stark, daß er sich noch ein halbes Jahrhundert später gerne daran erinnerte.
Viele Eindrücke hielt er auch zeichnerisch in seinen Skizzenbüchern fest. Die in den folgenden Text eingestreuten Zeichnungen sind ideale Illustrationen zu dem Text aus dem genannten Reisebericht und werden hier mit freundlicher Genehmigung von Frau Ilse Möllhausen teilweise erstmals veröffentlicht.

Sitten und Gebräuche der Oto-Indianer

Balduin Möllhausen

Bis zu den ersten Tagen des Januar war mir die Zeit unter Hoffnung und Täuschung, unter Qualen und Entbehrungen hingegangen. Ich lag unter meinen Decken in einem Mittelzustand zwischen Wachen und Schlafen. Da plötzlich in der Mitte eines Tages wurde ich durch das Geräusch menschlicher Tritte und zugleich

durch den indianischen Anruf »An-tarro-hau! – Hallo, mein Freund!« aus meinen Träumereien geweckt.
Blitzschnell waren die Waffen in meiner Hand, und fest antwortete ich in derselben Weise; doch ehe ich den Ausgang meines Zelts erreicht hatte, trafen wie die lieblichste Musik folgende auf englisch gesprochenen Worte mein Ohr: »Du bist in einer schlechten Lage, Freund!«
»Komm herein!« rief ich, vor Freude außer mir, dem Fremden zu; der Vorhang hob sich und herein kroch – nicht, wie ich vermutete, ein weißer Biberjäger oder reisender Mormone, sondern ein ebenso schmutzig wie wild aussehender Indianer, der eine fünf Fuß lange Büchse vor sich herschob.
Als ich mißtrauisch eine abwehrende Bewegung machte, rief er mir zu: »Du kannst englisch mit mir sprechen, ich verstehe dich wohl.«
»Du bist doch ein Indianer«, erwiderte ich.
»Mein Vater war weiß«, antwortete jener, »meine Mutter war rot, und ich selbst ziehe es vor, Indianer zu sein. Ich bin vom Stamm der Oto und befinde mich mit meinen fünf Gefährten und unseren Weibern auf der Heimkehr von der Jagd am Nebraska nach unseren Wigwams an den Council Bluffs. Der Rauch deines Feuers hat uns hierher gelockt. Unser Lager ist in einer tiefen Schlucht zwei Meilen von hier; bald werden meine Gefährten zu mir stoßen. Wenn du willst, so zieh

Oto

Zusammen mit den Iowa- und Missouri-Indianern bilden die Oto die Chiwere-Gruppe der Sioux-Sprachfamilie. Um die Mitte des neunzehnten Jahrhunderts wohnten sie am Unterlauf des Platte River und an den nahegelegenen Ufern des Missouri River. Sie sind mit den Winnebago nahe verwandt und sollen mit diesen sowie mit den Iowa und Missouri in früheren Zeiten einen einzigen Stamm gebildet haben.
In Verträgen mit der US-Regierung traten sie 1830 und 1836 all ihr Land in den Staaten Missouri und Iowa ab, 1833 alle Gebiete südlich des Little Nemaha River. Durch weitere Verträge verloren sie bis 1881 sämtliches Land, das ihnen in Kansas und Nebraska geblieben war, und zogen in eine Reservation im Indian Territory, dem heutigen Oklahoma, südwestlich des Arkansas River.

in mein Zelt und wandere mit uns nach unserem Dorf am Missouri; der Weg ist weit, und es liegt viel Schnee; wir müssen gehen, denn unsere Tiere sind mit Beute beladen, und wenig Raum wird nur noch für deine Sachen sein; unsere Weiber werden Mokassins an deine Füße schnüren, damit du keine blutige Spur im scharfen Schnee zurückzulassen brauchst. Entschließe dich und sag, was du willst; zuerst gib mir aber zu essen, ich bin hungrig!«

»Ich kenne die Oto als Brüder der Weißen«, antwortete ich ihm, »ich werde mit dir ziehen und sei es bis ans Ende der Welt. Was deinen Hunger anbetrifft, so will ich dir meinen ganzen Vorrat zur Verfügung stellen. Hier sind zuerst die beiden frischen Keulen eines Präriewolfs; sie sind zwar nicht übertrieben fett, aber wenn dich so hungert wie mich, so wirst du zulangen. Hier ist noch ein Bissen getrocknetes Büffelfleisch, hier noch etwas Pferdefutter oder Mais, und wenn du Salz liebst, so brauchst du nur die Hand nach jenem kleinen Sack auszustrecken, er ist damit angefüllt.«

»Wolfsfleisch ist schlechte Speise«, erwiderte Louis Farfar, der Halbindianer; »wir Rothäute essen es nur im höchsten Notfall oder gebrauchen es als Heilmittel, wenn wir von Zahnschmerz oder Rheumatismus heimgesucht werden; doch ich bin hungrig, gib nur her.« Bei diesen Worten schnitt er sich dünne Streifen von den erwähnten Keulen herunter, legte sie auf die Kohlen und füllte die Zeit des Röstens mit Kauen des harten, aber wohlschmeckenden Büffelfleisches aus.

Louis Farfar hatte sein Mahl noch nicht beendet, als zwei neue Ankömmlinge sich meldeten, zu uns hereinkrochen und die kleine Wohnung vollständig ausfüllten. Es waren ebenfalls zwei Wilde, die mir ihre Hände freundschaftlich über dem Feuer entgegenstreckten. Der erstere, ein alter, runzliger Krieger mit dem Namen Wo-nes-hee, rieb sich die Hände, warf seine Decke von den Schultern, zog seinen Tomahawk sowie einen ledernen, mit blauen Perlen bestickten Beutel aus dem Gürtel, um das wichtige Geschäft des Rauchens als Zeichen der wohlwollendsten Gesinnung vorzunehmen. Der eiserne Hammer des Kriegsbeils war als Pfeifenkopf ausgehöhlt, eine feine Röhre in dem langen Stiel mündete in diesen, und so konnte die gefährliche Waffe zugleich als harmloses Friedenszeichen benützt werden.

Während Wo-nes-hee nun Tabak und Kinnikinnik, eine Mischung

von Sumachblättern und Weidenrinde, aus dem Beutel nahm, wandte ich meine Aufmerksamkeit seinem jüngeren Gefährten zu. Dieser war ein Mann von riesenhafter Größe und, wie ich, obwohl er zusammengekauert dasaß, wahrnehmen konnte, von untadelhaftem, kräftigem Wuchs. Seine Haare waren ziemlich kurz geschnitten und durch sorgfältige Pflege zum Aufrechtstehen gebracht, während die geflochtene Skalplocke (auf dem Wirbel des Kopfes) tief auf den bloßen Rücken herabhing. Sein Gesicht war mit schwarzen Streifen geschmückt, und trotz des wilden Ausdrucks in seinen Zügen glaubte ich, nie einen schöneren Indianer gesehen zu haben. Sein Name war Wa-ki-ta-mo-nee oder »Der dicke Soldat«, er war einer der angesehensten Krieger der Oto, und mancher Skalp, der seinen Schild zierte, gab Zeugnis seiner tapferen Taten. Mit der Eigenschaft eines gefürchteten Kriegers verband er auch den Namen eines großen Medizinmannes, das heißt eines Arztes und Zauberers. Meine unglückliche Lage, besonders aber das Wolfsfleisch, schien das Gefühl des Mitleids in ihm rege zu machen, denn als der alte Wo-nes-hee mir die brennende Pfeife reichte, streckte Wa-ki-ta-mo-nee seine Hand unter dem Vorhang durch ins Freie und zog das frische, blutige Viertel eines Hirsches herein, das er bei seiner Ankunft dort niedergelegt hatte und jetzt mit gutmütigem Nicken an meine Seite warf.
Ein Mahl wurde nun gehalten, wie ich es in langer Zeit nicht genossen habe. Farfars scharfe Nase hatte unter den unordentlich übereinandergeworfenen Sachen ein Gefäß mit Talg gewittert, das zum Schmieren des Wagens mitgenommen war; von diesem wurde ein Teil in der Pfanne geschmolzen, um von dem frischen Hirschfleisch einen duftenden Braten zu schaffen; und wohl gelang es, denn er duftete nicht nur, sondern hatte auch einen so feinen Wohlgeschmack, daß es mir vorkam, als habe ich nie etwas Besseres gekostet. Wir aßen, wir rauchten und aßen wieder, wenig Worte oder Zeichen wurden unterdessen gewechselt; bei jedem saftigen Streifen, den ich abschnitt, segnete ich in Gedanken meine rothäutigen Retter, die ohne weitere Aussicht auf Gewinn bei ihrem Eintritt in verständlichem Englisch sagten: »Du bist hungrig, hier ist zu essen; du mußt hier untergehen, zieh mit uns; du bist krank, wir wollen dich pflegen und kleiden.« Und dennoch waren es vor den Augen der frommen Mis-

sionare nur verworfene Heiden, nicht gut genug, als geringste Diener an ihrer Seite zu leben!
Nach Beendigung der Mahlzeit folgte ein Kaffee von gebranntem Pferdefutter, der wiederum von der kreisenden Pfeife des alten Wones-hee gewürzt wurde. Dann trafen wir für den nächsten Tag unsere Verabredung, die dahin ging, daß mit Tagesanbruch meine indianischen Freunde in ihrer ganzen Stärke bei mir eintreffen sollten, um mich nebst allen meinen Sachen in ihr Lager zu führen. Ich hatte von da ab ihre Zelte als meine Heimat und die gastfreundlichen Bewohner der Zelte als meine Brüder und als treue Gefährten auf Leben und Tod anzusehen. Mit einem herzlichen Lebewohl verließen mich die braven Rothäute gegen Abend, um zu ihren mehr wohnlichen Wigwams in der tiefen Schlucht zurückzukehren; ich hatte also nur noch eine einzige Nacht einsam in der Steppe zuzubringen.
Mit wie ganz anderen Gefühlen wickelte ich mich an diesem Abend in meine Decken, nachdem ich einen so tief rührenden Beweis bekommen hatte, wie liebevoll die Vorsehung in jeder Lage des Lebens über den Menschen wacht; wie glücklich und zufrieden fühlte ich mich jetzt darüber, daß ich während dieser gräßlichen sechs Wochen mich nicht einer gänzlichen Verzweiflung und deren etwaigen Folgen hingegeben hatte. Lange lag ich und sann über den Wechsel des Schicksals nach. Vor wenigen Stunden noch heimatlos, hilflos und einem gewissen Verderben preisgegeben – und jetzt? – Ich hätte jauchzen mögen bei dem Gedanken, gerettet und wieder unter Menschen zu sein. Freilich wußte ich nicht, auf wie lange ich mit den Wilden zu leben gezwungen sein würde, doch ich frohlockte, daß ich zu Menschen gelangen würde, die keines Verrates fähig schienen und die in mir den Bruder erblickten. – Ich bin ihr Bruder geblieben, solange ich in ihrer gastfreundlichen Mitte lebte, bis zu dem Augenblick, wo ich ihnen beim Abschied auf Nimmerwiedersehen die braunen Hände herzlich drückte und einen traurigen, melancholischen Ausdruck über die Trennung in ihren schwarzen, blitzenden Augen sah; ich bin es geblieben bis auf den heutigen Tag, an dem ich mich Gottes schöner, großer Natur erfreue und in voller, üppiger Lebenskraft dastehe. Ihnen, meinen alten, treuen, indianischen Gefährten habe ich dies zu danken, und nie werde ich sie vergessen, sondern brüderliche Ge-

fühle noch für sie hegen, wenn wir einst Rechenschaft über unser irdisches Leben vor dem abzulegen haben, den diese armen Wilden ihren Großen, Guten Geist nennen. –

Als am nächsten Morgen die kleine Schar der Oto zu mir stieß, hatte ich alle nur wertvollen Sachen, die teils mir gehörten, teils noch von meinem früheren Gefährten herrührten, in Bündel zusammengepackt; mit dem lebhaftesten Interesse betrachtete ich die übrigen mir noch unbekannten Mitglieder der Karawane, als sie einzeln zu mir traten, um Freundschaft mit mir zu schließen. Außer den schon genannten waren es noch Schin-ges-in-ki-nee, ein junger Krieger, Scha-ho-ka-ta-ko, ein Bursche von achtzehn Jahren, Sohn des alten Wo-nes-hee, und der junge Wa-ki-ta-mo-nee, Sohn des Medizinmanns, ebenfalls ein kräftiger Jüngling. Ein Schwarm von Weibern folgte in bescheidener Entfernung den Männern und machte sich, sobald sie angelangt waren, an die Arbeit, alle umherliegenden Sachen in den halbverschneiten Wagen, der noch von meinem früheren Gefährten herrührte, einzupacken, wobei sie nichts vergaßen; selbst das festgefrorene Zeltleder wurde über dem Schnee abgeschnitten und zu den übrigen Sachen geworfen.

Zu welchem Zweck der kleine Wagen beladen wurde, konnte ich mir erst dann erklären, als die jungen Leute nebst den Frauen sich vor diesen spannten und teils schiebend, teils ziehend, unter fröhlichem Geschrei und Gejauchze mit ihrer Last die Richtung ihres Lagers einschlugen. Ich selbst, nur meine Waffen tragend, folgte langsam mit den alten Kriegern nach.

Auf der Höhe angekommen, wandte ich mich noch einmal zurück, um einen letzten Blick auf die alte, verlassene Lagerstelle, den Ort meiner unbeschreiblichen Leiden und Qualen zu werfen. Wie öde und still nahm sich alles unter der weißen Decke aus: dort hatte mein Zelt gestanden, wo ich so manche schreckliche Nacht schlaflos zugebracht habe, feine Rauchwölkchen, die dem Aschenhaufen entstiegen, unter dem die Kohlen noch glimmten, bezeichneten die Stelle genau. Weiter unten am Ufer hatte ich an jenem verhängnisvollen Tag mit meiner Büchse im Anschlag gelegen, hier waren die Indianer tödlich getroffen zusammengesunken; ich blickte auf meinen nackten Arm, wo sich die Wunden kaum geschlossen hatten,

Wohnungsformen der Oto:
Rindenhütten, Erdhaus, Tipi
(Aus: *Möllhausens Skizzenbuch*)

und dann zu der Öffnung im Eis des Flusses, in die ich die Körper der beiden Erschlagenen versenkt hatte. – Ich schauderte – vielleicht auch mit vor Kälte, denn bleifarben und schwer hingen die Wolken hernieder, und feine Flocken fingen an zu wirbeln. Dichter zog ich die Büffelhaut um mich, und rüstig folgte ich dem vorangeeilten Trupp über den knisternden Schnee.
Der Weg zum Lager der Indianer mochte nur zwei Meilen betragen, doch schien er mir sehr lang. Der kleine Trupp, der mit vorangezogen war, hatte eine Bahn oder vielmehr einen Pfad im tiefen Schnee gebrochen; diesem folgend, fühlte ich so recht, wie weit meine Kräfte mich verlassen hatten. Eine grenzenlose Mattigkeit bemächtigte sich meiner, und zagend gedachte ich der weiten Märsche, die ich in den nächsten Tagen zurückzulegen hatte.
Meinen neuen Gefährten war meine Kraftlosigkeit nicht unbemerkt geblieben, und sorglich änderten sie den ganzen Reiseplan, aus steter Rücksicht auf mein Wohl. Ihr kleines Lager, das zwei große Zelte bildeten, stand in einer tiefen, mit verkrüppelten Eichen bewachsenen Schlucht am Rande eines ausgetretenen Bachs, dessen Wasser mit dicker Eiskruste überzogen war. Schnee lag überall, doch konnte der Sturm seinen Weg nicht hinabfinden, um an den Zeltstangen zu rütteln oder die neun kleinen, zottigen Pferde in ihrer Arbeit zu stören, wenn sie ihr bescheidenes Futter mit den scharrenden Hufen bloßlegten.
Ein Gefühl angenehmer Behaglichkeit überkam mich, als ich die steile Uferwand hinabkletterte und meines künftigen Asyls ansichtig wurde. Meine Gefährten waren schon angelangt, der kleine Wagen ebenfalls, und die braune, wild aussehende Schar war emsig damit beschäftigt, den verschiedenen Paketen und Bündeln in den geräumigen Zelten Plätze anzuweisen. »An-tarro-hau!« tönte es mir entgegen, und dieser Ausruf des Willkommens wurde von den Männern durch einen wohlgemeinten Händedruck bekräftigt, während die Weiber und Kinder mich neugierig bewunderten und eine gewisse Genugtuung darüber zu empfinden schienen, daß ein Weißer sich unter ihnen befand, der schlechter und weniger bekleidet war als sie selbst. Die Kinder wichen scheu vor mir zurück, doch konnte mich dies nicht befremden, denn mein Aussehen mußte wirklich ab-

schreckend sein: Bart und Kopfhaar bildeten eine wild verworrene Masse, und die Haut war durch den Einfluß des Wetters, mehr aber noch durch den Rauch, dem ich fortwährend ausgesetzt gewesen war, dunkelbraun gefärbt. Nur noch Fragmente von Kleidungsstücken umgaben meinen Körper, und Reste von Schuhen hatte ich mit Riemen an meinen Füßen befestigt. In diesem gewiß nicht unmalerischen Aufzug stand ich vor den Zelten der gastfreundlichen Oto.
»Wigwam pet-sche pi-ke!« redete der Medizinmann mich jetzt an und zeigte auf die Öffnung in seinem Zelt.
»Im Wigwam ist gutes Feuer«, übersetzte Farfar; »geh hinein und wärme deine Glieder, iß und trink mit Wa-ki-ta-mo-nee, und komm dann in mein Zelt, dort kannst du wohnen, dort kannst du schlafen; mein Haus ist groß genug und warm.«
Willig leistete ich der Aufforderung Folge, kroch in die Behausung des Medizinmanns und nahm an seiner Seite vor dem flackernden Feuer Platz. Um uns her lagerten oder hockten auf den Knien die übrigen Mitbewohner. Die alte Mutter, mit der Zubereitung des Mahls beschäftigt, zunächst der Türöffnung, ihr zu beiden Seiten ihre Töchter, von denen die älteste ungefähr achtzehn und die jüngste nur zwei Jahre zählen mochte. Der Hausvater, sein Sohn und Schin-ges-in-kinee hatten auf indianische Weise die besten Plätze für sich behalten, was mir, der ich mich in ihre Mitte setzte, ganz gut zustatten kam.
Die Medizinpfeife, mit einem Kopf aus rotem Stein geschnitten, machte fleißig die Runde, und die Zeit, die mit dem Verteilen des zum Mahl bestimmten Fleisches hinging, machte ich mir zunutze, um das Innere einer indianischen Wohnung genauer in Augenschein zu nehmen. Sechzehn lange Pfähle, aus schlanken Fichten leicht ausgearbeitet, waren so hingestellt, daß sie auf dem Boden einen Kreis von sechzehn bis achtzehn Fuß im Durchmesser bildeten, während sich ihre Spitzen aneinander lehnten und zusammengebunden waren. Um dieses Gerüst schlang sich mantelartig das Zeltleder, das aus vielen weißgegerbten Büffelhäuten bestand, die zu diesem Zweck sauber mit Sehnen zusammengenäht waren. Das Leder reichte indessen nicht ganz bis zur Spitze hinauf, wodurch eine Öffnung entstand, die dazu diente, dem fortwährend aufsteigenden Rauch einen Weg ins Freie zu lassen, zwei dort angebrachte flaggenähnliche Verlängerun-

gen der Zeltwände, die von außen durch besondere Stangen nach Belieben gestellt werden konnten, bildeten bei stürmischem Wetter oder widrigem Wind einen hinlänglich guten Rauchfang. Mittels kleiner Pflöcke war das Zelt dicht auf dem Boden so befestigt, daß die straff gespannten Seiten weder Regen noch den durch die Nähe des Feuers schmelzenden Schnee durchließen und die Bewohner sich nicht nur eines sicheren Obdachs, sondern sogar einer leidlich behaglichen Wohnung erfreuen konnten.
Ringsum an den Pfählen und Pflöcken reihten sich die Habseligkeiten der Indianer; sie nahmen dort den entbehrlichsten Platz ein und

Comanchen (Komantschen)

Ebenso wie die Kiowa lebten auch die Comanchen ursprünglich in den Rocky Mountains, und zwar im Gebiet des heutigen Bundesstaates Wyoming. Da ihre Sprache mit der der Schoschonen fast identisch ist – die Comanchen gehören zum schoschonischen Zweig der uto-aztekischen Sprachfamilie –, wird vermutet, daß sie sich vor langer Zeit von den Schoschonen abgespalten haben.
Zu Beginn des achtzehnten Jahrhunderts lebten die Comanchen im Südwesten von Kansas. Auf ihren Raubzügen, die in erster Linie der Erbeutung von Pferden galten, drangen sie weit nach Südwesten vor. Sie lagen im ständigen Krieg mit den Spaniern, aber auch mit ihren Erbfeinden, den Apachen, die von ihnen langsam aus den Plains verdrängt wurden. Sie galten als die besten Reiter der Plains und wurden in ihren Reitkünsten sicher von keinem Volk der Erde übertroffen. Im Lauf der Zeit breiteten sich die Comanchen so weit aus, daß sie in mehrere voneinander unabhängige Gruppen zerfielen; die bekanntesten davon sind die Yamparika, die Penateka und die Kwahadi.
Als sie 1815 das erste Mal mit amerikanischen Händlern in Berührung kamen, lebten sie im Nordwesten des heutigen Staates Texas. Man schätzte ihre Stärke für den Anfang des neunzehnten Jahrhunderts auf über vierzehntausend Personen.
Als 1845 Texas von den Vereinigten Staaten annektiert wurde und 1849 in Kalifornien der Goldrausch ausbrach, strömte eine Flut von Siedlern, Abenteurern und Händlern nach Westen, was den heftigen Widerstand der Comanchen und Kiowa herausforderte.

hielten zugleich noch Kälte ab, die sich dort am leichtesten hätte hineinstehlen können. Auf dem übrigen Raum, der sich um die in der Mitte ausgegrabene Feuergrube hinzog, waren Büffelhäute ausgebreitet, die während der Nacht wärmende Lager und am Tag zusammengerollt bequeme Sitze gewährten.

Die Feuergrube war einen halben Fuß tief und in einem Zirkel von zweieinhalb Fuß im Durchmesser angelegt; ein Haufen glühender Kohlen darin und darüber eine Anzahl flackernder Scheite verbreiteten eine angenehme Wärme in dem engen Raum. In der Nähe des Feuers war ein gabelförmiger Baumast in die Erde gesteckt, auf dem eine Querstange ruhte, die über die ganze Breite des Zeltes reichte; an dieser hing über den Flammen das einzige und unentbehrlichste Haus- und Küchengerät in Gestalt eines großen Kessels; der übrige Teil der Stange war mit nassen Leggins oder Gamaschen und zerrissenen Mokassins geschmückt, die sich in bunter Ordnung und gewiß nicht auf die lieblichste Weise aneinanderreihten.

Dies ist die Beschreibung eines Zelts, wie es die Oto oder besser gesagt alle Prärie-Indianer auf ihren Reisen mit sich führen. Freilich finden sich bei den verschiedenen Stämmen einzelne kleine Unterschiede in der Einrichtung; so graben z. B. die Kiowas ihre Feuergruben zwei Fuß breit, die Komantschen dagegen, die nächsten Nachbarn der Kiowa, legen diese nur eineinhalb Fuß im Durchmesser an, doch sind das Abweichungen, die man nur durch längeren Aufenthalt unter den Wilden ausfindig machen kann, und besonders wenn man darauf angewiesen ist, aus einer verlassenen Lagerstelle der eigenen Sicherheit wegen einen Schluß zu ziehen, ob es freundliche oder feindliche Indianer sind, deren Spuren man kreuzt.

Außer den wilden, halbnackten Gestalten belebten noch einige alte und junge Hunde Wa-ki-ta-mo-nees Zelt. Die Aufmerksamkeit der Hausmutter, einer schmutzigen, alten Squaw, war ausschließlich dem Kessel und seinem brodelnden Inhalt zugewandt. Roh geschnitzte, hölzerne Schüsseln standen in einer Reihe vor ihr, und mittels eines zugespitzten Stabes fischte sie ganze Viertel von Waschbären und halbe Truthühner aus dem großen Behälter und versah jede der Schüsseln mit einer bedeutenden Portion der angenehm duftenden Speise. Sie geriet bei dieser Beschäftigung mehrfach in Streit

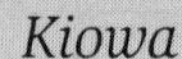

Kiowa

Nachdem lange Zeit angenommen worden war, die Kiowa seien als eigenständige Sprachgruppe anzusehen, ist man heute der Auffassung, daß sie zur Tanoan-Gruppe gehören. Die Jagdgebiete der Kiowa sind schwer abzugrenzen. Im neunzehnten Jahrhundert durchstreiften sie Gebiete von Kansas, Colorado, New Mexico, Texas und Oklahoma. Nach den Überlieferungen ihres Stammes lebten sie ursprünglich im Quellgebiet des Yellowstone River und des Missouri im heutigen Montana.
1732 berichten spanische Chronisten, daß die Kiowa in den Besitz von Pferden gelangt waren. Dadurch wurden sie wesentlich beweglicher und verließen ihre bisherigen Wohngebiete. Auf ihrem Weg nach Süden, im Gebiet der Black Hills, trafen die Kiowa auf die Crow, mit denen sie sich verbündeten. Von den Cheyenne und Arapaho wurden sie aber noch weiter nach Süden verdrängt und erreichten um 1800 den Arkansas River. Das Gebiet südlich davon wurde von den Comanchen beansprucht, weswegen es anfangs zu Konflikten kam.
Später schlossen die Stämme Frieden, die Kiowa zogen noch weiter nach Süden und ließen sich am Red River nieder. Die Kopfzahl des Stammes wurde auf höchstens zweitausend geschätzt. Gemeinsam mit den Comanchen kämpften sie gegen die Flut weißer Siedler. Diese beiden Stämme zählten zu den erbittertsten Feinden der Amerikaner.

mit den diebischen Hunden, wobei sie genötigt war, auf unsanfte Weise ihren hölzernen Bratspieß auf die gefühllosen Köpfe der hungrigen Haustiere fallen zu lassen, um ihren scharfen Zähnen einen schon erfaßten Braten zu entreißen. Knurrend und jammernd krochen die unglücklichen Hunde umher; das Austeilen des Fleisches nahm ruhig seinen Fortgang, wobei ich auf eine so freigebige Weise mit fetten Bissen bedacht wurde, daß trotz meines großen Hungers gewiß zwei Tage für mich nötig gewesen wären, einen solchen Vorrat von Lebensmitteln zu vertilgen. Es schmeckte mir vortrefflich, wobei der Medizinmann es nicht an freundlichem Zureden fehlen ließ, doch trotz des besten Willens konnte ich die mir zugeteilte Portion nicht bewältigen; ich schob das übrige zurück, wodurch ich unschuldigerweise bedeutend im Ansehen bei meinen Gastfreunden verlor, die eine Art Beleidigung in meinem Benehmen fanden, das so

sehr gegen indianische Sitte verstieß. Man ließ mich indessen ungestört, fast unberücksichtigt meinen Einzug in das Zelt des Halbindianers Farfar bewerkstelligen.
Farfars Wohnung unterschied sich von der des Medizinmanns nur durch größeren Umfang, der außerdem von weniger Mitgliedern eingenommen wurde. Denn außer Farfar und seiner jungen, hübschen Squaw Sche-ne-lo-töm waren noch der alte Wo-nes-hee, seine Gemahlin und Scha-ho-ka-ta-ko Mitbewohner oder vielmehr meine Hausgenossen. Ich wurde Schlafkamerad des jungen Scha-ho-ka-ta-ko und begab mich also mit meinen Waffen zu ihm auf sein Lager, um mich häuslich einzurichten. Der alte Wo-nes-hee ließ die Pfeife die Runde machen, und ich hatte seit langer Zeit zum ersten Mal wieder den Genuß, mich mit einem Nebenmenschen in eine förmliche Unterhaltung einlassen zu können. Obgleich ich aus Farfars Worten und Ideen entnehmen konnte, daß ich in die Gesellschaft eines Schurken geraten war, vor dem ich beständig auf meiner Hut zu sein habe, so fand ich doch nicht wenig Ergötzen daran, mich mitteilen und verständliche Worte vernehmen zu können.
Mit Schrecken nahm ich wahr, daß auch hier Anstalten zu einem bevorstehenden Mahl getroffen wurden. Ich wandte mich daher an Farfar mit den Worten: »Sage deinen Weibern, ich sei so zur Genüge gesättigt, daß es mir unmöglich wäre, an der kleinen Erfrischung, wie du diese Masse von Fleischproviant zu nennen beliebst, teilzunehmen.«
»Du erfreust dich jetzt der Gastfreundschaft der Oto«, antwortete Farfar, »und du tust wohl, dich in ihre Sitten und Bräuche zu fügen, wenigstens solange du bei ihnen weilst. Siehe, ich habe lange unter den Weißen gelebt und verlache alle Torheiten der Indianer; es ist mir aber plötzlich eingefallen, Indianer zu sein, ich habe mir eine Squaw genommen und mische mich in die Kriegs- und Medizintänze wie eine vollblütige Rothaut; man traut mir, und ich bin angesehen. Wenn du in die Wohnung einer Rothaut trittst, so ist die Pfeife das erste, was sie dir als Zeichen der Freundschaft bietet, und das zweite ist Nahrung; und je freundschaftlicher die Gefühle, um so größer sind die angebotenen Portionen. Der Medizinmann liebte in dir den zähen Jäger und Krieger; demgemäß wurde dir auch ein achtunggebietendes Mahl verabreicht, wie dir gleich ein zweites durch Wo-nes-hee

zukommen wird. Deine Pflicht war es, die Freundschaftserklärung durch Verzehren der ganzen Gaben anzuerkennen; du hast Wa-ki-ta-mo-nee beleidigt, du hast mehr als die Hälfte übriggelassen; du wirst es in Zukunft besser machen und es gleich in unserem Zelt beweisen, da du jetzt unsere Bräuche kennst.«

»Soll ich eure hölzernen Schüsseln nicht auch gleich mitverzehren?« fragte ich unmutig.

»Nein«, erwiderte er ruhig, »damit wäre uns ein schlechter Dienst geleistet, denn es kostet viel Mühe, einen solchen Behälter zu schnitzen.«

»Dann soll ich mich zur Strafe, daß ich dem Hungertod entgangen bin, wohl jetzt zu Tode essen?«

»Auch das nicht«, antwortete Farfar. »Ich will dir einen Ausweg sagen. Wenn du wieder zum Essen in anderen Zelten geladen bist, dann nimm soviel zu dir, wie du willst und magst, das übrige packe stillschweigend und ungeniert in deine Büffelhaut oder Kopfbedeckung und bring es nur hierher; wir werden dir dann helfen, den Medizinmann zufriedenzustellen.«

»Eure Bräuche sind doch etwas verschieden von denen in den Vereinigten Staaten«, bemerkte ich mit halberleichtertem Herzen; »aber sage mir, wie wird es, wenn mir hier in deinem Zelt eine solch unerhörte Masse von Fleisch verabreicht wird? Soll ich das, was ich übriglasse, vielleicht in Wa-ki-ta-mo-nees Zelt tragen?«

»Nein«, antwortete der Halfbreed*, »iß etwas, und lege das übrige hinter dein Lager, und zwar so, daß du, wenn du während der Nacht aufwachst, nur zuzulangen brauchst; die Nächte sind jetzt lang.«

Auf diese Weise pflogen wir unsere Unterhaltung weiter; ich versuchte, alle Indianer zu zivilisieren, Farfar belehrte und unterwies mich, mir immer mehr und mehr die indianischen Gewohnheiten anzueignen. Wie ich auf solche Weise in dieser Schule Schritt für Schritt weiterging und dem Äußeren nach zuletzt mich nur noch wenig von meinen Gefährten unterschied, da mußte ich mir doch manchmal sagen, daß ein Weißer leichter zum Indianer als ein Indianer den Sitten und Bräuchen nach zu einem weißen Mann wird. –

Hell flackerte am ersten Abend meines Aufenthalts in der neuen Hei-

---

* Halfbreed = englische Bezeichnung für Halbindianer

Oto-Frau mit Pferde-Travois
(Aus: *Möllhausens Skizzenbuch*)

mat das Feuer in Farfars Zelt, getrocknetes Büffelfleisch und Biberschwänze siedeten in dem mächtigen Kessel, und mit Ausnahme einer alten Squaw, die die Angelegenheiten der Küche zu besorgen hatte, war jedes weibliche Wesen aus unserer Nähe verschwunden. Mit ernster, gewichtiger Miene saßen junge und alte Krieger im Kreis um die leuchtende Flamme, die Pfeife ging von Hand zu Hand – es sollte Rat gehalten werden. Der Medizinmann war Vorsitzender, und der Halbindianer vertrat die Stelle des Dolmetschers.
Wa-ki-ta-mo-nee nahm einen langen Zug aus der mit grünen Entenköpfen und weißen Schnäbeln von schwarzen Spechten geschmückten Medizinpfeife, ließ den Dampf langsam durch die Nase wirbeln, beobachtete die bläulichen Tabakwölkchen, wie sie in die Höhe zogen und sich mit dem Qualm der Holzscheite vereinigten, und hielt dann eine lange Rede, die natürlich mich betraf, von der ich indessen kein Wort verstand. Nichtsdestoweniger lauschte ich aufmerksam der klangreichen Stimme und den Worten, die wie Musik ineinander zu verschwimmen schienen und die nach der Übersetzung des Halbindianers ungefähr folgenden Inhalts waren:

Ponca (Ponka)

Die Ponca gehören zusammen mit den Omaha, Osage, Kansa und Quapaw zur Dhegiha-Gruppe der Sioux-Sprachfamilie. Besonders eng sind sie mit den Omaha verwandt, auch die Geschicke der beiden Stämme waren stark miteinander verknüpft.
Nach den Berichten Marquettes lebten die Ponca bereits in der zweiten Hälfte des siebzehnten Jahrhunderts am Niobrara River. Siedlungen von ihnen befanden sich auch im Gebiet der heiligen Steinbrüche im Südwesten von Minnesota und in den Black Hills. Obwohl die Ponca ein ausgesprochen friedlicher Stamm waren, wurden sie lange Zeit von den Sioux bedroht, konnten sich aber behaupten.
Ende des achtzehnten Jahrhunderts zählten sie etwa achthundert Köpfe; durch eine Pockenepidemie wurden sie auf etwa ein Viertel reduziert, hatten aber gegen 1840 wieder ihre alte Stärke erreicht. Während zahlreiche Präriestämme in den Kämpfen gegen die Amerikaner ihre Heimat verloren, gelang es den Ponca, sich die Heimat zu erhalten.

»Der Weg zu unseren Wigwams ist lang, und wenn die Füße ruhen, versteckt sie tiefer Schnee; der Weg ist lang von Holz zu Holz, er dauert von Sonnenaufgang bis Sonnenuntergang. Die Pferde sind beladen mit Fleisch und Fellen, die Rücken unserer Weiber mit ihren Kindern; wir alle müssen gehen; der Amerikaner soll mit uns ziehen. Das Fleisch der Wölfe war lange seine Nahrung, er ist hungrig und ohne Kraft, er kann am Abend das Holz nicht erreichen, er ist müde; er hat lange die Augen schließen müssen, denn der Schnee fiel hinein; er hat sie offenhalten müssen, denn der Weiße Wolf bedrohte ihn. Der Amerikaner muß schlafen und essen drei Tage und drei Nächte, er muß frisches und getrocknetes Fleisch essen, und dann kann er gehen, daß die Squaws und die Kinder seiner nicht lachen.
Unsere Weiber sollen Mokassins an seine Füße schnüren und rohe Büffelhaut unter diesen befestigen; die verbrannten Grasstoppeln stechen sonst sein weiches Fleisch. Der Amerikaner hat eine kurze Flinte, er hat aber lange Kugeln; der Ponka, dem wir begegnen, wird zuerst auf den weißen Bruder schießen, der weiße Bruder muß ein Oto sein. Laßt uns seine gelben Haare von seinem Schädel scheren, die Skalplocke schwarz färben und Vermillion* in sein Gesicht reiben; er ist dann ein Oto und kann eine Oto-Squaw zu seiner Frau machen!«
Dies war ungefähr der Inhalt von Wa-ki-ta-mo-nees Rede. Handgreiflich war es, daß es die Leute redlich mit mir meinten, und ich war auch ganz einverstanden mit dem ersten Teil der Rede; allein die letzten beiden Vorschläge verdienten von meiner Seite noch einer besonderen Erwägung. Von meinen blonden Locken wollte ich mich auf keinen Fall trennen, obgleich diese einem Haufen Filz nicht unähnlich waren; aber mit rasiertem Schädel umherzulaufen, dazu im Januar, schien mir noch gefährlicher, als den Pfeilen und Kugeln der feindlichen Ponka und Sioux ausgesetzt zu sein. Dann dachte ich auch, daß im Falle eines Zusammentreffens mit diesen Stämmen ein kahler Kopf mich schwerlich vor dem Skalpiertwerden schützen würde, da ich ja mit ihren Feinden, den Oto, reiste. Bedenklicher aber noch als Kopfrasieren und alles andere erschien mir das Heiraten; denn Haare wachsen wieder nach, aber eine mit Gewalt aufgezwun-

* Zinnober

gene indianische Frau wieder loszuwerden ist nicht ganz so leicht. In dieser Lage mußte ich mich mit der größten Vorsicht benehmen.
Um nun die Leute nicht zu beleidigen und mir ihre wohlwollende Gesinnung zu erhalten, sann ich hin und her, konnte aber zu keinem Entschluß gelangen, bis Farfar mir aus der Verlegenheit half und in meinem Namen folgende Worte an seine Gefährten richtete: »Der Amerikaner ist ein Bruder der Oto; er liebt sie, denn sie haben ihn gerettet, er wird mit ihnen rauchen, essen, jagen und ihre Feinde bekriegen. Er hat lange im Schnee geschlafen und hat manchen guten Traum gehabt und im Traum Oto-Krieger gesehen, die seine Haare schoren, aber aus jedem Haar kamen Schneeflocken, und der Sturm kam hinter die Flocken und trieb sie nach dem Wigwam der Oto und begrub alles im Schnee.
Der Amerikaner ist jetzt arm, er muß im Wigwam der Oto schlafen, er muß aus ihren Händen essen; er will zwei Töchter des Wa-ki-ta-mo-nee in sein Zelt nehmen, er will aber mit offenen Händen für seine Squaws zahlen und im eigenen Wigwam schlafen. Er will dreißig Büffel schießen, dreißig Büffelfelle von den Squaws der Oto gerben und in ein Zeltleder nähen lassen; er will sechs Pferde stehlen – zwei für sich, zwei für seine Weiber und zwei, um damit dem großen Medizinmann die Töchter abzukaufen.«
Mit Aufmerksamkeit und augenscheinlicher Zufriedenheit lauschte der Oto-Krieger den Worten, die Farfar aus dem Stegreif erzählte, und war so erfreut über meinen eben beschriebenen ritterlichen Sinn, daß er, wie der schlaue Halbindianer vorhergesehen hatte, mir seine Töchter augenblicklich zu Frauen anbot, vorausgesetzt, daß ich später die Pferde richtig bezahlen wolle. Bart und Haare durfte ich mir nach seiner Meinung aber nicht abschneiden, weil der gute Traum für diesen Fall Unglück geweissagt habe. Farfar rettete mich abermals vor einer Konvenienzheirat, indem er rundweg erklärte, es sei gegen meine Medizin, eine Verbindung einzugehen, ohne den gesonderten Preis bezahlt zu haben. So blieb ich unverheiratet und hatte womöglich noch im Ansehen meiner Gastfreunde gewonnen, denn ich erhielt fast täglich von Wa-ki-ta-mo-nee als Beweise seiner Zuneigung solche Fleischrationen, wie ein Indianer sie seinem zukünftigen Schwiegersohn nur immer zu geben vermag.

Der Beratung folgte ein Schmaus, worauf sich jeder zur Ruhe begab. Mit einem besonderen Gefühl der Behaglichkeit dehnte ich mich unter meinen Decken, die Glut der Feuergrube wärmte mich von der einen und Scha-ho-ka-ta-ko, der mit mir sein Bett geteilt hatte, von der anderen Seite. Mein Schlaf würde nichts zu wünschen übriggelassen haben, wenn nicht zu häufig die Hunde auf meinen abgemagerten Gliedern, dieser spärlich wärmenden Unterlage, Platz genommen hätten. Was sie dazu bewog, weiß ich nicht; glaubten sie mich als einen Fremdling so mißbrauchen zu dürfen, oder hatte ich in der Tat ihren alten, bewohnten Platz eingenommen? Genug – ich lebte in ewigem Krieg mit diesen Tieren, habe mir dafür aber ihr Fleisch, wenn bei besonderen Gelegenheiten der eine oder der andere geschlachtet und zubereitet wurde, vortrefflich schmecken lassen. Unter Essen, Trinken, Schlafen und zeitweisem Bändigen zweier Pferde vor meinem kleinen Wagen gingen die drei Tage hin.
Ich war dem Äußeren nach fast gar nicht mehr von meinen rothäutigen Gefährten zu unterscheiden: meine Kleidung war nach ihrer Mode gearbeitet und mein Gesicht zum Überfluß mit gelber und roter Ölfarbe aufs kunstfertigste bemalt. Die Indianer hielten mich, auf diese Weise geschmückt, für einen jungen Mann von einnehmendem Äußerem und schienen sich ganz der Hoffnung hinzugeben, mit der Zeit noch einmal aus mir einen recht ansehnlichen Oto-Krieger zu machen. Die Kinder fürchteten sich nicht mehr vor mir, und die Weiber ließen ihre blitzenden Augen mit besonderem Wohlgefallen auf meinen Zügen ruhen, die in fast allen Regenbogenfarben prangten. Ich fügte mich gern in die harmlosen Bräuche dieser freundlichen Menschen; um so mehr, als ich bemerkt hatte, daß eine gute Lage dieser fettigen Farbe ein sicheres Mittel gegen die schneidende Kälte war und das Aufspringen der Haut bei dem eisigen, scharfen Wind verhütete.
In dem Maße, wie ich meinen Körper pflegte, nahmen meine Kräfte wieder zu; doch war ich nach Verlauf der drei Tage dem Ausspruch des weißen Zauberers zufolge noch nicht imstande zu wandern, und zwei Tage wurden zugegeben, nach deren Ablauf die Reise unbedingt angetreten werden sollte.

Bei einer früheren Gelegenheit habe ich die Beschreibung eines indianischen Zeltes gegeben, wie dieses aus Büffelleder* und Zeltstangen besteht; wollen die Indianer nun wandern, so schnüren sie das Zeltleder sowie alle übrigen Habseligkeiten in kleinere oder größere Bündel und packen diese nach unserer gewöhnlichen Art auf den Rücken ihrer Tiere. Die Zeltstangen werden so auf die Packpferde verteilt, daß vier oder sechs davon auf jedes bepackte Tier kommen, und dann mit dem dicken Ende an den äußeren Bündeln so befestigt, daß der obere und schwächere Teil der Stangen auf der Erde nachschleift. Da die Tiere nun auf jeder Seite zwei oder drei davon mit sich schleppen und immer eins in die Fußstapfen des anderen tritt, so entstehen diese drei Pfade; in den beiden äußeren schleifen die Stangen, in dem mittleren gehen das Pferd und die dazugehörige Squaw, die das Pferd führt, dem die übrigen zu dem Wigwam gehörigen Tiere, immer eins an des anderen Schwanz gebunden, folgen. –
Mitunter werden die beiden Stangen durch eine ausgespannte Büffelhaut verbunden, um auf dieser kranken und schwachen Mitgliedern des Stammes einen Sitz zu verschaffen und ihnen die Mühe des Reitens zu ersparen.
Den Hunden, die ebenfalls zur Arbeit angehalten werden, befestigen die Indianer mittels eines breiten Riemens auf dieselbe Weise an den Seiten zwei kleine Pfähle, die dann mit leichteren Gegenständen, zuweilen auch mit Kindern, beladen werden.
Findet man eine solche Fährte, so kann man ihr ohne Gefahr nachfolgen; es ist ein sicheres Zeichen, daß Weiber und Kinder im Gefolge des Zuges sind und man auf keine Kriegspartei stößt. Denn Indianer auf Kriegs- und Raubzügen beschweren sich nicht mit Zelten; einesteils, um durch die Last nicht behindert zu sein, andernteils, um nicht in die Notwendigkeit zu geraten, ein Zelt aufschlagen zu müssen – eine Arbeit, die den Weibern gebührt, mithin als entehrend für den Mann angesehen wird.
Wenn ein Trupp dieser Wilden in rauhen Jahreszeiten nach einer Rast mehrerer Tage aufzubrechen und schnell zu wandern beabsich-

* Zoologisch korrekt handelt es sich bei den »Büffeln« um Bisons

tigt und zu diesem Zweck gutes Wetter wünscht, so wenden sie sich direkt an ihren Manitu. Sie rauchen und singen zu ihm und setzen dies so lange fort, bis sie am klaren Wetter erkennen, daß ihr Großer Geist sie erhört hat und mit den ganzen Vorbereitungen zur Reise zufrieden ist.

Der Tag des Aufbruchs war also bestimmt, und die Vorbereitungen dazu wurden am vorhergehenden Abend getroffen, das heißt, es wurde gutes Wetter für die Dauer der Reise herbeigesungen, und dabei auf folgende Weise zu Werke gegangen:

Hell flackerte das Feuer in Farfars Zelt, ernst saßen und hockten die Krieger um dieses herum; Weiber und Kinder – mit Ausnahme von Wo-nes-hees Gemahlin – hatten das Zelt verlassen. Der Kessel hing über den Flammen, doch war sein Inhalt nur brodelndes und dampfendes Wasser. Da ich während des Tages die Festlichkeiten des Abends und mit diesen eine reichliche Mahlzeit vermutete, so hatte ich meinen Appetit etwas geschont, um in der Reihe der Krieger endlich einmal mit Ehren bestehen zu können. Beinahe ungeduldig harrte ich des Augenblicks, in dem getrocknetes Büffelfleisch und Biberschwänze zum Medizinmahl dem wild schäumenden Kessel übergeben werden sollten. Die Biberschwänze waren schon bereit, doch noch kein Büffelfleisch war zu sehen; statt dessen lag nahe dem Feuer an einem Riemen befestigt ein großer, zottiger Wolfshund, der verschlafen mit den Augen blinzelte.

Zufällig war es gerade der Hund, dessen besonderer Zuneigung oder vielmehr nächtlicher Zudringlichkeit ich mich zu erfreuen gehabt hatte, und ich schrieb daher seine Fesseln diesem Umstand und der indianischen Höflichkeit zu, die mich in so feierlichen Momenten vielleicht nicht von Hunden belästigt sehen wollte. Ich war ganz unvorbereitet auf das tragische Ende, das dem armen Tier bevorstand. Nachdem Wa-ki-ta-mo-nee mit kunstgeübter Hand einige gelbe Linien in meinem Gesicht verbessert und in symmetrische Ordnung gebracht hatte, nahmen die Feierlichkeiten ihren Anfang.

Die indianische Trommel, ein ausgehöhlter, mit Büffelhaut überzogener Block, wurde in langsamem Takt von den beiden jungen Burschen geschlagen, und zu dieser eintönigen, dröhnenden Musik gesellte sich alsbald der wilde, ohren- und nervenzerreißende Gesang

aller Mitglieder: »Hau-Hau-Hau Oto-Winne-bag Oto Winne-bag kero-kero li-la!«
Es war zum Davonlaufen.
»Kero, kero, kero!« brüllte der Medizinmann und ließ seinen Tomahawk über seinem Kopf wirbeln; »kero, kero, kero!« heulte er, als das Beil niedersauste und dem armen, schnarchenden Hund den Schädel zerschmetterte.
Der Gesang verstummte, nur wenige Minuten, und der Hund war seines Pelzes entledigt und zerlegt. Er wurde alsdann stückweise nebst einigen Biberschwänzen in den siedenden Kessel geworfen.
Um dich, armes, unglückliches Tier verzehren zu helfen, habe ich also heute mehr als mäßig gelebt! So dachte ich, als ich jede Probe von Appetit schwinden fühlte. Ich mußte aber von dem Medizinmahl genießen; ich wußte, ich fühlte, daß ich beobachtet wurde, und war auf meiner Hut.
Das Fleisch der Wölfe, das weit hinter dem der Hunde zurücksteht, hatte ich ja schon essen gelernt, und nur ein kleines Vorurteil hatte ich also in diesem Fall zu besiegen. Hätte ich das Tier nicht so genau gekannt, so wäre es mir wahrscheinlich leichter geworden. Ich überwand indessen meinen Widerwillen und kann Ihnen versichern, daß kein Hammelfleisch besser schmecken kann als die wohl zubereiteten Stücke eines Hundes.
Nach Beendigung der reichlichen Medizinmahlzeit wurde noch etwas geraucht, und dann gingen wir alle sehr zufrieden hinaus ins Freie, um den Stand des Wetters zu beobachten. Es war furchtbar kalt, der Schnee knirschte unter den Mokassins, die Sterne funkelten, und heiser tönte das Geheul der hungrigen Wölfe durch die Nacht. Der Medizinmann ließ seine Blicke nach allen Himmelsgegenden schweifen, wo keine Wolke das schimmernde Firmament trübte. »Der Gesang war gut!« rief er aus. »Die aufgehende Sonne bringt günstiges Reisewetter.«
»Wenn aber trotz Hundefleisch und Singen ein Schneesturm eintritt?« fragte ich Farfar, den Halbindianer.
»Es kommt oft genug vor«, antwortete dieser; »dann singen und essen wir aber unverdrossen so lange, bis wir einen schönen Tag haben; und sind wir erst unterwegs, dann kehren wir uns nicht an

Stürme, wenn nur bei unserem Aufbruch die Sonne freundlich geschienen hat.«

Am nächsten Morgen waren unsere Weiber schon in aller Frühe in Bewegung; ich hörte von meinem Lager aus das Getrappel unserer Pferde, die herangetrieben und gesattelt wurden, was mich nicht verwunderte, da ich die Männer, in ihre Decken eingehüllt, noch liegen sah. Ich war aber mit den Sitten und Bräuchen dieser noch nicht hinlänglich bekannt, um dies natürlich zu finden.

Ich kann übrigens versichern, daß sich nichts leichter lernt als das Zusehen, wenn andere Menschen arbeiten; so wurde es mir denn auch in der Tat nicht schwer, mit meinen Gefährten am Feuer sitzen zu bleiben, bis die Zelte über unseren Köpfen verschwunden und unsere Lagerpelze buchstäblich unter uns fortgezogen waren.

Als nun zwei Pferde vor mein schwer beladenes Wägelchen gespannt und die übrigen mit dem Rest unserer Habseligkeiten bepackt waren, setzte sich der alte Wo-nes-hee an die Spitze des Zuges und schritt in nordwestlicher Richtung über die weiße Ebene dahin. Ich blieb mit den Kriegern am Feuer sitzen, die noch eine Pfeife rauchten und sich anscheinend verabredeten, um welche Zeit sie im neuen Lager eintreffen wollten. Endlich trennten wir uns; zu zweit oder dritt verschiedene Richtungen einschlagend, folgten wir dem Lauf kleiner Bäche, an deren Ufer sich spärlich Holz zeigte, wo wir aber Wild im Überfluß finden mußten. Ich folgte dem Halfbreed und Scha-ho-ka-ta-ko und wußte in kurzer Zeit nicht mehr, in welcher Richtung unsere übrige Gesellschaft gefunden werden könnte.

Ich muß gestehen, es ist mir heute noch unerklärlich, wie die Indianer in einer endlosen, mit Schnee bedeckten Steppe reisen können, ohne sich je zu verirren, da sich nichts dort dem Auge bietet, was als Landmarke dienen könnte. Solange ich auch mit den Eingeborenen lebte und wanderte, so weiß ich doch keinen einzigen Fall, in dem sich einer verirrt hätte oder nicht zur bestimmten Zeit in dem neu errichteten Lager erschienen wäre.

Es wurde mir schwer, mit meinen beiden Gefährten, die halb gehend, halb trabend den Windungen der Bäche nachfolgten und dabei nur selten in den festgefrorenen, tiefen Schnee einbrachen, gleichen Schritt zu halten. Ich wählte meinen Weg auf den Höhen, von denen der Wind den meisten Schnee fort- und in Niederungen geweht hatte; das Gehen wurde mir dort leichter, und da ich die beiden Indianer nicht aus den Augen verlor, zugleich auch die von ihnen zu haltende Richtung weithin an dem schmalen Holzstreifen zu erkennen vermochte, so kam es mir zustatten, daß ich mitunter eine Ecke oder einen Winkel ihrer Straße abschneiden konnte. Die scharfe Eiskruste, über die die Indianer leicht hinwegglitten, die aber unter meinen Füßen fortwährend einbrach, hatte bald meine Füße durch die weichen Mokassins hindurch zerschnitten, und nur unter den größten Schmerzen schleppte ich mich weiter.

Wie sehr ich litt, ist daraus zu entnehmen, daß ich mich bei Gelegenheit einer Waschbärenjagd ruhig auf den Boden warf und dem Treiben meiner Kameraden zusah, ohne selbst an einem Vergnügen teilzunehmen, das mir stets die angenehmste Aufregung und Unterhaltung gewährt hatte.

Waschbären oder Racoons, wie die Tiere hierzulande genannt werden, waren dort im Überfluß, und das zarte Fleisch, besonders aber das wohlschmeckende Fett dieser Tiere veranlaßte uns, mit allem Eifer diesen nachzustellen und sie aus den hohlen Bäumen – ihrem Lieblingsaufenthalt – herauszuräuchern. War ein Waschbär erst aufgespürt, so genügte eine kurze Zeit, um ihn in unsere Gewalt zu bringen. Mit einer kleinen Axt wurde eine Öffnung in den hohlen Stamm geschlagen, die groß genug war, ein brennendes Grasbüschel durch- und in den Stamm hineingleiten zu lassen; dürre Blätter und Ranken wurden nachgeschoben und mußten den Brand nähren, der einen dicken, erstickenden Qualm innen hinaufschickte. War dann ein Waschbär oder irgendein anderes Tier in dem Baum verborgen, so steckte es schon nach wenigen Minuten seine Schnauze aus einer oberen Öffnung, um frische Luft zu schöpfen; der zunehmende Qualm ließ aber nicht nach, und das unglückliche Tier rettete sich auf den nächsten Zweig, wo es dann von einer Kugel oder von Pfeilen begrüßt wurde.

Doch wie ich schon bemerkte, konnte ich in den ersten Tagen an dergleichen Vergnügen nicht teilnehmen; ich mußte jeden Schritt zu sparen suchen, um überhaupt nachzukommen. Blieb ich zurück oder verlor die leitenden Spuren, so mußte ich rettungslos in der ersten

Skalptanz der Oto
(Aus: *Möllhausenes Skizzenbuch*)

Nacht der furchtbaren Kälte, gegen die ich mich durch Feuer allein nicht hätte schützen können, unterliegen. Gewartet hätten oder meinetwegen zurückgegangen wären die Indianer nicht, denn Farfar wäre gewiß recht gern mein Erbe geworden, wogegen die anderen ein solches Vertrauen in ihren Medizingesang setzten, daß ihnen mein Untergang unmöglich schien, wenn ihr Manitu es nicht anders bestimmt hatte: in welchem Fall sie seinem Willen unter keiner Bedingung entgegengehandelt haben würden und mich lieber hätten verderben lassen.

Wir hatten am ersten Tag achtzehn bis zwanzig Meilen zurückgelegt, und ich war glücklich, als ich kurz vor Sonnenuntergang einem kleinen, dichten Gehölz vor mir Rauchsäulen entsteigen sah. Alle meine Leiden waren plötzlich vergessen, und rüstig eilte ich Farfar nach, um mich so bald als möglich im schirmenden Zelt wieder erholen zu können. Die Zelte standen schon, als ich anlangte; tüchtige Scheiterhaufen wärmten die Luft in ihnen und tauten zugleich die letzte Probe vom Schnee an den Stellen auf, wo große Bündel frisch gerupften, dürren Grases gestreut werden sollten, um die Felle und Decken nicht in unmittelbare Berührung mit dem gefrorenen Boden kommen zu lassen.

Matt und erschöpft lag ich endlich am Feuer; Wa-ki-ta-mo-nees Töchter hatten die nassen Leggins und Mokassins von meinen Füßen entfernt, um diese zu trocknen und mit stärkeren Sohlen zu versehen. Ich blieb aber gleichgültig bei aller Aufmerksamkeit und Freundlichkeit; ich war zu hungrig, um an etwas anderes als an Essen denken zu können; ich kaute mechanisch an einem Riemen gedörrten Fleisches und wandte meine Blicke nicht von Wo-nes-hees Squaw, die einen Haufen Mais stampfte, der in einen wohlschmeckenden Brei verwandelt werden sollte. – Wenn ich jetzt daran zurückdenke, wie ich an diesem Abend mit Heißhunger über den Berg der nicht übermäßig reinlich zubereiteten Mehlspeise herfiel und dazu noch das Viertel eines Racoons verzehrte, so kommt es mir noch immer wie ein wilder Traum vor. Ich ließ es mir aber schmecken, und damit noch nicht zufrieden, blieb ich den ganzen Abend damit beschäftigt, wie die übrige Gesellschaft zwischen zwei Steinen süße Hickorynüsse aufzuschlagen, von denen von den Weibern und Kindern eine Unmasse aus dem

Schnee hervorgekratzt worden waren und die einen kleinen Winkel im Zelt einnahmen, so daß sie jedem bequem zur Hand lagen.
Selbst in einem indianischen Zelt kann man sich so recht behaglich und zufrieden fühlen; so ging es mir an diesem Abend, nachdem ich meinen Hunger gestillt und meine Glieder aufgewärmt hatte. Ich lag auf meiner Büffeldecke am hellodernden Feuer und hatte keine anderen Sorgen als höchstens die, die mir von einer etwas härteren Nuß verursacht wurden; meine Füße schmerzten nicht mehr, und Wo-nes-hee trug dafür Sorge, daß die Pfeife nie kalt wurde.
Der alte Wo-nes-hee war überhaupt für mich eine Person von größerem Interesse geworden, seit ich erfahren hatte, daß er ein Geisterseher sei, dem alle Dahingeschiedenen seines eigenen sowie anderer Stämme des Nachts erschienen und Mitteilungen machten. Wenn der greise Krieger die Decke über sein Haupt zog und während mehrerer Stunden mit klagender Stimme die Worte »Oto-Winne-bag« sang, dann waren die Geister derjenigen um uns herum, deren Skalpe von ihren Feinden genommen waren und die deshalb in den glückseligen Jagdgefilden keine Ruhe finden konnten; sie waren in unserem Zelt und zeigten dem alten Wo-nes-hee ihre klaffenden Wunden, ihre blutigen Schädel und mahnten zur Rache, wobei sie aber für jeden anderen unsichtbar blieben. Alle übrigen waren an die nächtlichen Gesänge des beschneiten Kriegers schon gewöhnt, doch machten diese auf mich nicht den angenehmsten Eindruck, obgleich Farfar mich von der großen Medizin Wo-nes-hees in Kenntnis gesetzt hatte.
Diese Medizin schrumpfte indessen in meinen Augen bedeutend zusammen, als ich mich davon überzeugt hatte, daß eine merkwürdige Einbildungskraft dem braven, halbschlafenden Wo-nes-hee die ihn umgebenden Gegenstände in ganz veränderter Gestalt erscheinen ließ. So weiß ich, daß er in einer Nacht ein Paar zum Trocknen aufgehängter Leggins für zwei Pferde ansah, die er in seiner Jugend hätte stehlen können, jedoch zu nehmen versäumt hatte, und daß er sich jetzt singend die bittersten Vorwürfe über das Versehen machte. Ein anderes Mal wurde mir am frühen Morgen mitgeteilt, daß während der ganzen Nacht ein skalpierter Missouri-Häuptling auf mir gesessen sei und vergebens seinen blutigen Kopf am Feuer zu trocknen versuche habe. Ich erwiderte, daß ich den Druck wohl ge-

fühlt hätte, und ebensowohl wisse, welcher von unseren Hunden auf mir gelegen habe. Doch Wo-nes-hee ließ sich nicht irremachen; nach seiner Meinung; konnten nicht alle Menschen im Besitz derselben Medizin sein, und was ich für einen Hund gehalten hätte, konnte nur der Missouri-Häuptling gewesen sein.

Als ich am nächsten Morgen erwachte, war ich fast unfähig, auf meinen Füßen zu stehen, und wünschte sehnlichst, einen Tag zu rasten. Um meinen Zweck zu erreichen, erklärte ich, daß ich am ganzen Körper krank wäre und durchaus unfähig zum Reisen sei, es solle Ruhetag gehalten werden. Wäre ich mehr an die indianischen Schuhe gewöhnt gewesen, so hätten meine Kräfte schon wieder so weit gereicht wie die einer Rothaut; allein mit Wunden an den Füßen glaubte ich am zweiten Tag unserer Reise das neue Nachtlager nicht erreichen zu können. Mein Entschluß wurde also dem Doktor Wa-ki-ta-mo-nee mitgeteilt, der es denn auch sogleich übernahm, mich sofort von Grund auf zu kurieren.

Wa-ki-ta-mo-nee besuchte mich auf meinem Lager, und zwar mit der gewichtigen Miene eines Studenten, der eben sein Doktorexamen bestanden hat. Er faßte nicht nach meinem Puls, sondern fing an, auf eine fürchterliche Weise meinen Magen zu kneten; seiner Meinung nach war ein böser Geist in meinen Körper gefahren, der nur einer kleinen Aufforderung bedürfe, um seinen jetzigen Aufenthaltsort sogleich wieder zu verlassen. Mein Lachen über diese komische Ansicht bestärkte ihn in seinem Glauben, und ohne länger zu säumen, ging er sogleich an die Arbeit.

Mit einer indianischen Trommel und einem tüchtigen Schlägel bewaffnet, setzte er sich zu mir aufs Lager, und zwar so, daß die Trommel recht nahe an meine Ohren zu stehen kam, und dann fing er an, die über den Klotz gespannte Haut so fürchterlich zu bearbeiten, daß mir beinahe Hören und Sehen verging. Er begann mit gellender Stimme zu singen, von dem tiefsten Baß bis hinauf zu den höchsten Kadenzen; der Schweiß rieselte seine bemalten Wangen hinunter, und seine Augen funkelten in wilder Wut. Ich hoffte den aufgeregten Indianer zu ermüden, und in mein Unglück ergeben, fast betäubt von der gräßlichen Musik, blieb ich regungslos und versuchte einige seiner Worte zu erhaschen; doch vermochte ich nur das immerwährende

»Hau-Hau« und den Ruf »Ra-van-ga tan-ga« zu unterscheiden, was soviel heißt wie »Großer Moskito«, eine Benennung, die mir von meinen Oto-Freunden beigelegt worden war, weil ihnen die Aussprache meines Namens zu viele Schwierigkeiten verursachte.

Etwa zwei Stunden hatte ich auf dieser Folter gelegen, als ich die Unmöglichkeit einsah, meines besorgten Arztes Geduld zu erschöpfen, zugleich aber auch wahrnahm, daß meine eigene schon längst ihr Ende genommen hatte. Ich machte Anstalt, mich vom Lager zu erheben und zu entfernen, doch kaum bemerkte Wa-ki-ta-mo-nee, daß ich mich rührte, als er seinen Gesang in lautes, gräßliches Heulen verwandelte und auf seine Trommel einhieb, als wolle er diese in Stücke schlagen. Seiner Meinung nach hatte der halsstarrige böse Geist endlich dem Einfluß der großen Medizin nachgegeben, und es bedurfte nur noch dieses letzten, heftigen Angriffs, um ihn auf immer zu verscheuchen. Freilich war er verscheucht, denn ich kroch ins Freie mit dem festen Willen, lieber meinen Pfad nach dem Missouri durch eine Blutspur zu bezeichnen, als noch länger solch rasendem Getöse und Lärmen in nächster Nähe ausgesetzt zu sein.

Wa-ki-ta-mo-nee trocknete sich indessen den Schweiß von der Stirn und erklärte mit triumphierender Miene seiner Umgebung, daß seine Medizin so ausgezeichnet sei, daß ihr nichts zu widerstehen vermöchte. Er gab alsbald das Zeichen zum Aufbruch.

Die Medizin war wirklich nicht so schlecht; meine Füße gewöhnten sich an die Mokassins, die Wunden heilten während des Laufens, und bald war ich soweit hergestellt, daß ich wie eine vollblütige Rothaut dem Elkhirsch und dem Bären auf dem scharfen Schnee nachspürte. Unsere Reise ging nun glücklich vonstatten, bald brachten wir einen Hirsch, bald eine wilde Katze oder einen Schwarzen Bären ins Lager und erfreuten uns auf diese Weise einer Art von Luxus; wir erreichten allabendlich ein kleines Gehölz und Wasser, und es blieb uns also nichts, gar nichts zu wünschen übrig – wir besaßen das unter solchen Verhältnissen Wünschenswerteste.

Die erste Unterbrechung erlitt unsere Reise durch einen Regentag, der nicht nur unsere Straße furchtbar glatt machte und verdarb, sondern auch die Bäche in reißende Ströme umwandelte, so daß wir genötigt waren, am waldigen Ufer eines solchen Wassers stillzuliegen, um

eine Änderung des Wetters abzuwarten. Wir litten indessen keine Not, und die Langeweile vertrieben wir uns durch Aufknacken von Nüssen, die durch das eingetretene milde Wetter in großen Massen bloßgewaschen waren.
Dem Regenwetter folgte klarer Frost, und wir zogen weiter. Das Eis auf den Gewässern, die unsere Straße durchschnitten, war nicht stark genug, um uns und unsere Pferde zu tragen; der jedesmalige Übergang mußte daher auf eine Weise bewerkstelligt werden, die für Menschen und Tiere gewissenlos genannt werden konnte; wir kamen indessen hinüber, und das genügte uns. – Übrigens habe ich mich in dieser Zeit davon überzeugt, daß eine indianische Squaw mit Recht zu den besten Arbeitern der Welt gerechnet werden kann, so lange sie nur allein die Sklavin ihres Gatten ist und nur für sich und die Ihrigen zu arbeiten braucht.
Um bei solchen Gelegenheiten also das jenseitige Ufer zu gewinnen, wurde der Anfang damit gemacht, daß wir die Tiere ihres Gepäcks entledigten, dem stärksten Pferd eine lederne Leine oder einen Lasso um den Unterkiefer schnürten und an seinem Schwanz ein zweites Pferd befestigten, dem die übrigen dann auf dieselbe Weise zu folgen gezwungen wurden. Waren diese Vorkehrungen getroffen, so watete die Hälfte der Männer, das Eis vor sich zerbrechend, durch den Strom und nahm das eine Ende der zusammengeknüpften Leine mit hinüber. Ich war schon etwas an Kälte gewöhnt, kann Ihnen aber die Versicherung geben, daß man sich gar keinen Begriff von der Empfindung machen kann, sobald man dem eisigen Bad entsteigt und augenblicklich die nasse Lederkleidung steif gefriert; wie ein Messer wühlt die Kälte in der Haut, und trostlos sieht man die Unmöglichkeit ein, sich zu erwärmen. Aus Verzweiflung greift man dann gern nach dem Lasso, an dessen anderem Ende auf dem jenseitigen Ufer in langer Reihe die Pferde gefesselt harren, und zieht mit allen nur zu Gebote stehenden Kräften, während die zurückgebliebenen Männer, Weiber und Kinder durch Schläge und Stöße die Tiere in die Fluten treiben, vor denen sie zitternd zurückbeben. Sind sie erst im Wasser, so werden sie leicht nach dem anderen Ufer hinübergelenkt und -gezogen. Das Gepäck wird auf Eisschollen nachgeflößt, schnell wieder auf die zitternden Tiere geladen, und weiter geht es im Trab über die

blendende Schneefläche, um den stockenden Kreislauf des Blutes durch die rasche Bewegung wiederherzustellen.
Doch auch diese Leiden nahmen ihr Ende, scharfer Frost baute uns sichere Brücken, und starker Schneefall, der uns dicht vor einer rettenden Schlucht beinahe tötete und begrub, verschaffte uns eine bessere Straße, so daß wir uns rasch der Mündung des Nebraska und dem dort gelegenen Dorf der Oto näherten. Unsere Jagden fielen fast immer glücklich aus, und ich glaube mit Recht sagen zu können, daß ich nie eine interessantere Zeit verlebt hatte als gerade auf diesem Teil der Reise. Es ist wahr, ich hatte fast fortwährend mit Strapazen und Entbehrungen zu kämpfen, doch wie gern vergißt der Mensch dergleichen, wenn er mit jedem Augenblick mehr fühlt, wie wohltätig Gottes schöne, freie Natur auf den Körper und den Geist einwirkt; mit Stolz blickte ich auf meine zerrissenen Mokassins und meine vernarbten Füße und lachte über den eisigen Nordwind, der zwischen den Falten meiner Büffelhaut meine bloße Brust suchte.
Ich war glücklich, überschwenglich froh, weil die Träume meiner Jugendzeit, hervorgerufen durch Cooper[*] und Washington Irving[**], verwirklicht worden waren; und wenn ich dem mächtigen Riesenhirsch den Gnadenstoß gab oder dem Bären mit meiner Kugel den Schädel zerschmetterte, dann war es mir in der Begeisterung des Augenblicks, als möchte ich mit keinem Menschen auf Gottes Erdboden tauschen; und wenn die rothäutigen Krieger mir die Pfeife reichten und zufrieden zuriefen: »Ra-van-ga tan-ga, ka-hi-ga tan-ga[***]!«, dann war ich über alle Maßen für meine Entbehrungen bezahlt.
Vier Wochen waren wir unterwegs, als Farfar mir mitteilte, daß wir an diesem Tag den Missouri erreichen würden, auf dessen östlichem Ufer weiße Pelztauscher kleine Ansiedlungen gegründet hatten. Er machte zugleich den Vorschlag, daß er selbst vorauseilen wolle, um Leute über den Fluß zu holen, die mir behilflich sein sollten, gleich bei unserer Ankunft meine Übersiedlung von den Oto zu den Weißen

---

[*] James Fenimore Cooper (1789–1851) Verfasser der Lederstrumpf-Erzählungen

[**] Washington Irving (1783–1859) Verfasser der »Reise in die Prärie«

[***] »Der Große Moskito ist ein großer Häuptling.«

zu bewerkstelligen. Farfar handelte unserer Verabredung gemäß und war schon in aller Frühe verschwunden; ich folgte mit den übrigen etwas später nach, und gegen Mittag näherten wir uns dem Waldstreifen, der den Lauf des Missouri bezeichnete.
Ehe wir hinab in das Tal zogen, kamen wir an dem Begräbnisplatz der Oto und bald darauf an ihrem Dorf vorbei. Ersterer zeigte eine Anzahl von Hügeln, die von rohen Palisaden eingeschlossen und mit Stäben geschmückt waren, von denen bunte Zeugstreifen und Federn herabflatterten. Das nur wenige hundert Schritte weiter entfernte Dorf bestand aus ungefähr sechzig Hütten verschiedener Bauart; einige, die aus Erde ausgeführt waren, glichen großen Backöfen oder Heuschobern, während andere, die die Form kleiner Häuser hatten, von dicker Eichenrinde zusammengefügt waren. Die Wohnungen standen größtenteils leer, indem die Bewohner ihre Zelte auf den beiden Winkeln, die von Nebraska und Missouri gebildet werden, aufgeschlagen hatten; sie waren dort in der Niederung mit ihren Tieren mehr gegen die heftigen Stürme geschützt, und fetteres Gras war in den Bottom-Ländereien unter dem bergenden Schnee in Fülle vorhanden.
Wa-ki-ta-mo-nee mit seinen Hausangehörigen blieb im oberen Dorf, während Wo-nes-hee mit den Seinigen hinab in die Niederung zog, und kurz vor Abend stand ich auf dem Eis des Missouri und machte die Bekanntschaft eines Mr. Marten, der mich freundlich zu sich in seine Behausung auf dem jenseitigen Ufer des Flusses einlud. Ich nahm einen vorläufigen Abschied von meinen Oto-Freunden und bezeichnete ihnen das kleine Blockhaus, in dem ich vorläufig wohnen würde und wo ich sie alle wiederzusehen wünschte. Meine Sachen wurden in den kleinen Wagen geworfen, in diesem über das dicke Eis des Flusses geschoben, und bald befand ich mich unter freundlichen weißen Menschen, die miteinander wetteiferten, mich wieder mit Kleidungsstücken zu versehen, die der weißen Hautfarbe angemessener waren. Förmlich umgewandelt saß ich an diesem Abend am flackernden Kaminfeuer, aß gutes Brot zu einem Glas Whisky-Punsch und unterhielt meine Umgebung mit der Erzählung meiner Reisen und Abenteuer. Ich hatte die Genugtuung zu bemerken, daß selbst diese rauhen Ansiedler des Fernen Westens Anteil an meinen Leiden und Freude über meine Rettung zeigten.

Ich blieb indessen nicht lange dort, sondern ging nach acht Tagen schon wieder zurück zu den Oto und von diesen weiter nördlich zum Stamm der Omaha, mit denen ich noch vierzehn Wochen verlebte.
Auf dem hohen Ufer des Papillon Creek, ungefähr sechs Meilen vom Missouri, liegt das Dorf der Omaha-Indianer. Es hat eine klug gewählte Lage, so daß die Bewohner, deren Zahl kaum noch eintausendfünfhundert übersteigt, vollkommen imstande sind, sich gegen eine bedeutend überlegene Macht zu verteidigen.

Omaha

Die Omaha zählen zur Dhegiha-Gruppe der Sioux-Sprachfamilie, zu der auch die Osagen, Ponca, Kansa und Quapaw gehören. Um die Mitte des neunzehnten Jahrhunderts lagen ihre Wohnsitze westlich des Missouri zwischen Platte und Niobrara River. Im Sommer wohnten sie in Erdhäusern, zur Zeit der Jagd verwendeten sie Tipis aus Bisonhaut. In den Verträgen von 1830, 1836 und 1854 verkauften sie all ihr Land westlich des Missouri mit Ausnahme eines Gebietes, das dann als Reservation diente. Auch davon verkauften sie 1865 einen Teil. Schoolcraft schätzte ihre Bevölkerungszahl für 1851 auf etwa 1300 Seelen.

Der Häuptling, Ongpa-tonga (der Große Hirsch), steht in großem Ansehen, wenn auch nicht in so hohem Grad wie sein Vater, der als achtzigjähriger blinder Greis starb und nicht nur von seinem ganzen Stamm, sondern auch von der weißen Bevölkerung, die auf der anderen Seite des Missouri lebt, betrauert wurde. Das Grab dieses hervorragenden Kriegers befindet sich auf einem Hügel, von dem man das Tal des Missouri weithin übersieht; dort liegt der große Elkhirsch mit seinem Streitroß und seinen Waffen; ein Pfahl und Steine bezeichnen die Stelle, um jeden Vorübergehenden an den Dahingeschiedenen zu erinnern. Doch bedarf es nicht solcher Zeichen; der Name Ongpa-tongas wird an den Council Bluffs fortleben, selbst noch wenn der Pflug den Rasen über seinen irdischen Überresten aufgerissen hat und betriebsame Menschen Samen in die Furchen gestreut haben.
Einen Zug aus dem Leben dieses Wilden kann ich Ihnen mitteilen, in

dem sein edler Charakter so recht klar zutage tritt. Die westlichen Handelsposten der St.-Louis-Pelzkompanie, obgleich weit voneinander entfernt, halten dennoch fortwährend einen gewissen Verkehr unter sich aufrecht. Die Chefs der Forts bedienen sich zur Beförderung ihrer Nachrichten und Befehle gewöhnlich weißer, doch auch indianischer Läufer, die, mit einigen Lebensmitteln und ihren Waffen versehen, Hunderte von Meilen durch die Urwildnis wandern, ihre Briefe und Bestellungen an Ort und Stelle schaffen und nach kurzer Rast sich wieder auf den Heimweg begeben. Um weniger Spuren zurückzulassen und sich in der Nähe feindlicher Indianer leichter verbergen zu können, reisen diese Läufer gewöhnlich zu Fuß und dennoch schneller, als es ihnen zu Pferd in der pfadlosen Wildnis möglich sein würde.
Vor einer Reihe von Jahren also, als der große Ongpa-tonga noch lebte, und zwar schon ein alter Mann war, doch immer noch rüstig mit seinen jungen Kriegern auf die Jagd zog, wurde von Belle-Vue aus ein Kanadier mit Briefen und Depeschen an den Kommandeur des Handelspostens der Ponca-Indianer am Eau-qui-court abgesandt. Der Läufer, ein junger, rüstiger Jäger, zog es aus den oben angeführten Gründen vor, die Reise, die etwa zweihundert Meilen den Missouri hinaufführte, zu Fuß zurückzulegen, und begab sich wohlgemut auf den Weg. Eine Woche hatte er seine Straße verfolgt, ohne irgendwie auf Hindernisse gestoßen zu sein, als er sich des Morgens beim Erwachen in einem so krankhaften Zustand fühlte, daß es ihm unmöglich war, sich von der Stelle zu bewegen. Hilflos lag er mehrere Tage da, als er inne wurde, daß er von den Blattern, der fürchterlichen Seuche, die die westlichen Regionen auf so unbarmherzige Weise heimsucht, befallen sei. In sein Geschick ergeben, sah der Unglückliche seinem Ende entgegen und dankte in seinem Herzen der Vorsehung, die ihn wenigstens einen sprudelnden Quell hatte erreichen lassen, in dem er seine fieberhaft glühende Zunge zu kühlen vermochte.
Zu derselben Zeit befand sich der alte Ongpa-tonga mit sechs seiner Krieger auf der Jagd, und wie der Zufall es oft so wunderbar fügt, so geschah es hier, daß der kranke Weiße von den Indianern gefunden wurde. Auf den ersten Blick erkannte der Häuptling die ansteckende

Omaha-Indianer

(Aus: *Möllhausens Skizzenbuch*)

Krankheit, hieß seine Leute sich aus der gefährlichen Nähe des Jägers entfernen und faßte nach kurzer Beratung einen Entschluß, der manchem frommen Missionar zur Ehre gereicht haben würde. Es ergab sich nämlich, daß drei von Ongpa-tongas Leuten in früherer Zeit einen Anfall dieser schrecklichen Krankheit glücklich überstanden hatten, während er selbst sowie die drei übrigen von dieser verschont geblieben waren. Die ersteren waren also nach seiner Ansicht gegen eine neue Ansteckung geschützt, und in Verbindung mit diesen unternahm es der Häuptling, den Weißen zu retten und zurück nach Belle-Vue zu schaffen, während er die anderen anwies, Wege einzuschlagen, auf denen sie dem Kranken nicht würden begegnen können.
Seinen Befehlen wurde Folge geleistet; auf eine aus Zweigen geflochtene Bahre legten die edelmütigen Indianer den leidenden Jäger und traten dann, die Last auf ihren Schultern verteilend, den Heimweg an. Nach einer unbeschreiblich mühevollen Reise von vierzehn Tagen erreichten sie Belle-Vue, wo sie von ihren Gefährten schon angemeldet worden waren, für die aufopfernde Mühe fanden sie reichen Lohn, denn der Zustand des jungen Jägers hatte sich auf der Reise so weit gebessert, daß er zur großen Genugtuung der Indianer nach kurzer Zeit schon wieder seinen Arbeiten obliegen konnte und nur noch die unauslöschlichen Zeichen der überstandenen Leiden in seinem Gesicht trug.
Durch solche Handlungen hatte sich der greise Krieger die allgemeine Zuneigung und Achtung der Weißen erworben und mit ins Grab genommen, und wenn sich jemand an den Council Bluffs nach dem großen Häuptling erkundigt, dann schallt ihm von allen Seiten entgegen: Bei den Leiden seiner Mitmenschen war er weichherzig wie ein Kind, doch schrecklich klang sein wilder Kriegsruf in die Ohren seiner Feinde, von denen er sich manchen geschmückten Skalp erbeutete, der jetzt mit ihm an seiner Seite in Verwesung übergegangen ist.
Als dieser Häuptling einst nach Washington gezogen war, wurde er dort auf Befehl des Gouvernements porträtiert; sein wohlgetroffenes Bildnis, umgeben von den Porträts anderer berühmter indianischer Krieger, wurde im Saal der ethnologischen Sammlung im Patent Office aufgehängt, wo man es noch heute sehen kann.
Der junge Ongpa-tonga ist ebenfalls ein tüchtiger Häuptling, doch

vermißt man an ihm die edleren Gefühle, die seinen Vater auszeichneten. Er ist indessen gastfreundlich gegen Fremde, und da ich eine Art Freundschaft mit ihm geschlossen hatte, so wurde es mir nicht schwer, häufig Zeuge der Medizintänze der Omaha zu sein.
Die Krieger dieses Stammes sind in zwei Kompanien geteilt, die ihre verschiedenen Trachten und Bräuche haben; die jungen Leute schließen sich der einen oder der anderen an, je nachdem sie durch Träume oder Ansichten über Medizin und Zaubereien dazu veranlaßt werden. Die eine Abteilung trägt langes Haar, das bei besonderen Gelegenheiten mit einem mächtigen Busch von Eulen- und Geierfedern geschmückt wird, an deren jeder ein Büschel gefärbter Pferdehaare prangt. Die andere dagegen schert den Schädel kahl und läßt nur den Wirbelbusch wachsen, an dem der hochrot gefärbte Schweif des Virginischen Hirsches befestigt wird, so daß er sich wie ein Kamm über das Haupt zieht und auf herausfordernde Weise dem Feind einen bequemen Griff bei der Prozedur des Skalpierens bietet. In der Malerei herrscht keine Gleichmäßigkeit, sondern jeder färbt Gesicht und Körper nach seinem Geschmack und sucht es dabei an Absonderlichkeit seinen Gefährten zuvorzutun. Beim Rauchen werden ebenfalls verschiedene Formen beobachtet: die einen lassen nämlich bei ihren Versammlungen die Pfeife von Hand zu Hand gehen, während die anderen den Pfeifenkopf mit der glimmenden Füllung in beiden Händen halten und die Spitze des Rohrs von Mund zu Mund reichen, wobei es den Rauchenden verwehrt ist, die dargereichte Pfeife mit den Händen zu berühren.
Alle indianischen Tänze haben insoweit Ähnlichkeit miteinander, als sie im Stampfen mit den Füßen nach dem Takt von Trommeln bestehen. Die Tanzenden bleiben dann entweder auf derselben Stelle und hüpfen von einem Fuß auf den anderen oder bewegen sich im Kreis und ahmen dabei die Bewegungen von Tieren nach, wodurch die Tänze dann ihre verschiedene Bezeichnung erhalten, wie z. B. Büffel-, Biber-, Bären-, Pferde- und Hundetänze.
Das Interessanteste dieser Art sah ich einst in Belle-Vue, als ein Trupp der langhaarigen Omahas uns besuchte und Tänze vor unserer Tür aufführte. Der Aufzug allein hatte schon so viel Merkwürdiges und zeigte ein solches Durcheinander greller Farben, daß es wirklich

Mühe kostete, die schlanken menschlichen Gestalten unter der Überladung der eigentümlichsten Schmucksachen zu erkennen. Der Kopfschmuck war bei allen derselbe, nämlich der große Federbusch; außerdem waren aber bei der ganzen Gesellschaft, die über dreißig Mann zählte, auch nicht zwei Linien in der Malerei einander ähnlich. Die Gesichter und Oberkörper schienen dem Chamäleon entnommen zu sein, und die aus weichem Leder angefertigten Kleidungsstücke waren mit bunten Perlen und gefärbten Stacheln des nordamerikanischen Stachelschweins reich bestickt. Ganze Massen lederner Fransen, Skalplocken, Pferdehaare, Bälge von Vögeln, vierfüßigen Tieren und Reptilien waren an den Armen und an den Leggins befestigt, Ketten von Perlen, Muscheln, Tigerzähnen und Bärenkrallen vielfach um die bemalten und tätowierten Hälse geschlungen, und messingene Spangen reihten sich auf den Armen dicht aneinander.
Diese wilde Schar in ihrem festlichen Anzug bot in der Tat einen prächtigen Anblick, als sie sich in weitem Bogen in einer Reihe aufstellte. Jeder hielt in der rechten Hand eine Rassel in Form eines zierlich geschnitzten Stäbchens, an dem eine Anzahl Hirschklauen befestigt war, und begleitete das Dröhnen der Trommel, die von vier alten Kriegern geschlagen wurde, mit taktmäßigem Gerassel; alle Tanzenden stimmten in den wilden Gesang ein, und schrilles Pfeifen auf ausgehöhlten Schwanenknochen half das unharmonische Konzert vervollständigen. Alte, schwarz bemalte Krieger gingen hinter den Tanzenden auf und ab, munterten mit lauter Stimme zu neuen Anstrengungen auf, prahlten mit der Tapferkeit ihres Stammes und redeten den Zuschauern zu, mit offenen Händen Geschenke zu spenden. Jeder der anwesenden Weißen und Halbindianer leistete denn auch der Aufforderung Folge und steuerte nach Kräften dazu bei, die Tänzer durch Geschenke zu erfreuen.
Mehl, Decken, Farbe, Tabak, ja Pferde wurden ihnen zuteil, so daß der gute Humor zur wilden Ausgelassenheit gesteigert wurde, bis endlich ein Medizinmann den Tanz für beendet erklärte und die Mitglieder sich trennten, um für den übrigen Teil des Tages in ihren phantastischen Anzügen umherzustolzieren und sich von jedermann bewundern zu lassen.
Die Indianer sind überhaupt außerordentlich eitel; sie verwenden

Tanz der Omaha
(Aus: *Möllhausens Skizzenbuch*)

viel Zeit und Mühe auf ihren Putz, und ich glaube kaum, daß die feinsten Dandys der zivilisierten Welt mit größerer Gewissenhaftigkeit ihren Anzug vor einem Trumeau* ordnen, als die Indianer vor einem kleinen Handspiegel die bunten Linien auf Gesicht und Körper ziehen. Daher mag es auch wohl kommen, daß ich beim Anblick eines geckenhaft gekleideten Stutzers immer an unzivilisierte Menschen denken muß; natürlich flößt aber das Äußere einer Rothaut mehr Achtung ein, weil man neben zarter Schminke die Krallen eines erlegten Bären und neben unschuldigem Flitterstaat die gegerbten Kopfhäute erschlagener Feinde sehen kann.

Das Skalpieren nun, an das von der zivilisierten Welt mit gerechtem Abscheu gedacht wird, ist ohne Zweifel ein barbarischer Brauch, der aber bei näherer Kenntnis der Operation von seinem schaudererregenden Eindruck verliert. Die Vorstellung von den dabei zu erduldenden Schmerzen wird weniger entsetzlich, wenn man erwägt, daß der Indianer nur dann imstande ist, die Haut von dem Schädel seines Feindes zu entfernen, wenn dieser der letzten Lebenskraft beraubt ist, denn jeder Widerstand würde dem Skalpieren hinderlich sein; doch soll es – freilich selten – vorgekommen sein, daß der Besiegte durch einen heftigen Schlag nur betäubt war und skalpiert erwachte, denn die Entfernung der Schädelhaut allein verursacht nicht den Tod und macht die Wiederherstellung des Verwundeten nicht unmöglich. Der Brauch des Skalpierens hat sich aus dem grauen Altertum bis auf den heutigen Tag erhalten und wird so lange dauern, als noch Indianer im Urzustand die Wälder und Steppen Amerikas beleben. – Selbst der Halbzivilisierte wird der ererbten Neigung nicht so leicht widerstehen können und noch oft heimlich die Locken eines Feindes an seinem Gürtel befestigen.

Diese Operation, obgleich an und für sich mit geringer Mühe ausgeführt, ist doch fast immer mit den größten Schwierigkeiten und Gefahren verbunden, und es gehört unstreitig mehr persönlicher Mut dazu, im Schlachtgetümmel um die blutige Trophäe zu kämpfen, als aus weiter, sicherer Ferne das tödliche Blei in eine nackte Brust zu senden. Das heiße Streben nach so sprechenden, untrüglichen Be-

* Wandspiegel

weisen eines kalten Mutes stempelt den indianischen Jüngling zum Krieger und verschafft dem Krieger Achtung und Ansehen. Da Prahlen eine der Haupteigenschaften der amerikanischen Eingeborenen ist und sie vom Prahlen zu leicht zum Lügen hingerissen werden, so folgt daraus, daß ein Krieger nie von einem überwundenen Feind spricht, wenn er dessen Skalp nicht im Rauch seines Wigwams aufgehängt hat. Er weiß, es würde ihm nicht geglaubt werden, und jeder würde ihn für einen Lügner halten.

VIII.

Friedrich Rudolph Kurz kam am 8. Januar 1818 in Bern als Sohn eines aus Schwaben stammenden Kaufmanns zur Welt. Seinem durch Reiseberichte und Indianerbücher initiierten Wunsch, Maler zu werden, stellten sich seine Eltern massiv entgegen, weil sie darin keine gesicherte Zukunft sahen. Seine drei Brüder ergriffen immerhin die Berufe des Offiziers, des Bankdirektors und des Regierungsrats. Sie sind heute selbstverständlich vergessen, während Friedrich, der seinen Willen durchsetzen konnte, den Kennern des Wilden Westens ein Begriff ist.

Nach Studien in Bern ging es nach Paris, um sich durch intensive Studien bei den französischen Realisten für seinen Plan, bei den Indianern Nordamerikas die »lebende Antike« – wie er die Welt der Indianer nannte – künstlerisch vorzubereiten.

Über Zweck und Verlauf seines Amerikaaufenthaltes schrieb Kurz ausführlich in einem Brief an Balduin Möllhausen am 1. Juli 1862:

»Der Zweck meiner Reise nach dem Far West war das Studium des Urmenschen mit seiner Umgebung. Schön nenn ich alles, wo die äußere Form der innewohnenden Idee entspricht. Je vollkommener diese Idee und ihre entsprechende Hülle, desto höher die Schönheit; der Mensch, der unverhüllte, als das vollkommenste Geschöpf unserer sichtbaren Welt, muß also auch künstlerisch das Schönste sein, was ein Maler darzustellen hat. Um also mein Ideal des Urmenschen als ausgezeichnete, schaffende Intelligenz mit edlem Gemüt und entsprechender Hülle zu erreichen und dasselbe auch in passender Umgebung darzustellen, mußte ich den Urmenschen da studieren, wo er sich am geeignetsten dazu darbot. Der nordamerikanische Indianer mit seiner Umgebung bot mir alles zu meinem Studium, was ich notwendig hatte, doch mußte ich mich vorher technisch hinlänglich vorbereiten. Zehn volle Jahre übte ich mich abwechselnd in Landschaft, Tieren und Menschen so gründlich wie möglich, um ohne von technischen Schwierigkeiten geplagt zu werden, gleich in den Geist einzudringen.

Im Spätherbst '46 landete ich in New Orleans, fuhr von da den Mississippi (mehr oder weniger gefroren) hinauf nach St. Louis. Mein Plan war zuerst die Landschaft, Urwald und Prärie, dann die Indianer in ihrem häuslichen Leben und im Kampfe mit den wilden Tieren zu studieren. In der Nähe von St. Louis und Cahokia fand ich Stoff genug, ein ganzes Jahr den Charakter der dortigen zwar reichen, aber nicht tropischen Vegetation zu studieren. Im Frühjahr '48 siedelte ich mich in St. Joseph, Mo. [Missouri] an, um die Iowäs, Foxes und Potawatomis in der Nähe betrachten zu können. Wenn diese Indianer schon teilweise von der Zivilisation berührt sind, so ist doch Form und Farbe, selbst zum Teil die Tracht noch unverändert. Meinen Lebensunterhalt konnt' ich aber in einer so kleinen Grenzstadt nicht mit der Malerei gewinnen, schon in St. Louis war es nicht möglich gewesen; ich sah mich daher gezwungen: to open a grocery! Das Geschäft ging nur mittelmäßig, da mein Geist mehr mit Höherem beschäftigt war; jeden freien Augenblick benutzte ich zum Studium; mit den Pachotschies* war ich bald auf vertrautem Fuße, besonders im Winter hatt' ich eine zahlreiche Gesellschaft. Über allerlei Abenteuer vielleicht ein andermal mehr. Im Herbst '50 fing man an, von einem Indian meeting bei Fort Laramie zu reden. Die Idee, diese Versammlung zu besuchen, verleidete mir das ohnedies eklige Geschäft so sehr, daß ich die erste Gelegenheit benutzte, meinen Vorrat gegen gute Pferde zu tauschen, die Bar zu verlassen, um zu reiten oder zweispännig in der Umgegend herumzufahren. Ich fühlte wie Pegasus, als man ihm die Flügel von den Banden löste. Mit den speziellen Nachrichten über das meeting am Horseshoe Creek sah ich alsbald ein, daß diese Reise nicht viel abtragen würde. Ich hätte weder die Indianer in ihrem gewöhnlichen Leben noch Bisonten, Elche etc. nach der Natur malen können. Im Frühjahr '51 verkaufte ich also Roß und Wagen, bestieg ohne viel Gepäck das erste Dampfboot nach Council Bluff, wo ich bei P. A. Sarpy in boarding ging. Hier erstattete ich das erste Dampfboot der Big Fur Company. Unterdessen malt' ich Portraits von Omahaws, zeichnete im Lager am Papillon Tänze und Waffenübungen. Im Juni legte der St. Ange einen Augenblick an. Obschon seine halbe Mannschaft an der Cholera darniederlag, besann ich mich nicht lange, das Boot zu benutzen, denn eine bessere Gelegenheit würde sich für dieses Jahr nicht geboten haben; auch das Boot der Opposition Comp. mußte ja die Cholera von St. Louis mitschleppen.

---

* Andere Bezeichnung für die Iowa.

Herr W. Knotte bot mir gleich eine Clerkstelle in einem der Forts an, wodurch ich zwar frei gehalten wurde, aber auch sogleich den Dienst antreten mußte, die Cholerakranken zu pflegen. Während der père Van Hoken (Jesuitenmissionär für die Nez percés) neben den Kranken betete, mußte ich diese klistieren! Trotzdem starben täglich einige »zukünftige Mountaineers«. Selbst der gute V. H. wurde hinweggerafft und oberhalb Washingtons Sabas Grave beerdigt. Die Seuche ließ zwar gänzlich nach, bevor wir Fort Pierre erreichten. Aber die schlimme Nachricht war uns schon längst vorausgeeilt; deswegen wurde ich auch von den Herren Picotte und Culbertson gewarnt, keine Portraits zu malen, da mein Leben gefährdet würde, sobald einem Portraitierten etwas Menschliches passieren würde. In dieser Hinsicht mußte ich auch das auffallendste Pech haben. Sie wissen, daß anfangs der dreißiger Jahre Catlin und dann Bodmer, dessen Freundschaft mir während meines dreijährigen Aufenthaltes in Paris von ganz besonderem Nutzen war, den Missouri bereisten, um Indianerstudien zu malen und daß merkwürdigerweise jedesmal, gerade während des Aufenthaltes dieser Maler, zum ersten Male die wilden Blattern und die Cholera unter den Indianern ausbrachen und große Verheerungen anrichteten. Zwanzig Jahre hatten die Indianer keine Seuche, auch besuchte sie kein Maler.
Nach zwanzig Jahren, während denen das Andenken an die Seuche nicht vergessen wurde, mußte ich nun das Pech haben, mit der Cholera unter die Indianer zu reisen! Im Fort Berthold bei den Herantsa und Mandans angelangt, wurde ich als Clerk mit den Waren ausgeschifft. Die Cholera hatte das Boot schon seit einiger Zeit verlassen, ich hatte die Hoffnung, den Indianern keinen Schaden zu bringen. Aber dieser Wahn dauerte vierzehn Tage – bis man die Warenballen öffnete! In kurzer Zeit starben achtzig Indianer groß und klein rasch dahin. Die Herantsa flohen endlich ihr Dorf mit Schrecken und ließen die alten Weiber hilflos zurück, die bereits in meiner nächsten Nähe den Totengesang anstimmten und mich als den Unheilbringer bezeichneten. Herr Kipp, mein Handelschef, sah sich gezwungen, mir Pferd und Führer zu geben und mich nach Fort Union zu senden, denn Jeff Smith, der Trader der Opposition, hetzte die Herantsa gegen mich auf, als den Urheber des Unglücks, weniger aus Feindschaft

»Yanktonans, das Dampfschiff St. Ange erwartend (1851)«

Holzstich aus der *Gartenlaube*, Jahrgang 1862,
nach einer Zeichnung von Friedrich Kurz

gegen mich, als um den Unfall zu seinem Vorteil auszubeuten! Ich hatte ein gutes Gewissen und kannte keine Furcht, aber als Angestellter mußte ich mich in die Interessen der Big Comp. fügen. Der viertägige Ritt nach Fort Union war zwar sehr strapazierend, aber außerordentlich ergiebig an künstlerischer Ausbeute; auch mangelten die Abenteuer nicht. Von H. Dennick wurde ich sehr gastfreundlich aufgenommen; ich konnte mich auch sogleich nützlich machen – mit Anstreichen von Haus, Zimmern und Umzäunung! In diesem Posten sieht man fast täglich Assiniboins, Apsaroka*, Odjbua** oder métifs du Pembina; als reichliche Ernte an Skizzen, um so mehr als H. Dennick sehr zuvorkommend mir jede Gelegenheit gab, an Bison-, Hirsch- und Biberjagden teilzunehmen.
Im Mai '52 glaubte ich meine Studien vollständig und meinen Zweck des dortigen Aufenthaltes erreicht zu haben und sehnte mich, Bilder ausführen zu können. I took the buck track, wie man dort sagt. Mit H. Culbertson von Fort Benton (Blackfeet) und Gesellschaft ruderten wir in drei Wochen in einem Mackinawboote nach Council Bluffs, wo ich sogleich von Ihnen hörte, wie man Sie halb verhungert in einem Wagen allein das Silbergeschirr des Prinzen von Württemberg hütend aufgefunden. Von Ihrer Pawnee beauty könnte ich Ihnen auch einen Witz erzählen. *Meine* squaw von St. Joe *fand ich* in Council Bluff als Madame Decatour wieder!
Fever & ague*** zwangen mich, gegen meinen Willen New York zu verlassen und nach Hause zu eilen, um meine Gesundheit herzustellen. In der Hoffnung, einen Verleger zu finden, zeichnete ich die Ihnen bekannten Skizzen (mehr oder weniger ausgeführt), worin das Sehenswürdigste des Far West dargestellt und durch einen Text nach meinem Tagebuche, wo nötig erläutert, jedenfalls im Zusammenhang gebracht würden. Aber ein namenloser Künstler oder Literat findet keinen Verleger; man mag das Gediegenste bieten. Auch Protektion* fehlte mir. – Das Fehlschlagen dieser Hoffnung hat mich aber nicht

* Andere Bezeichnung für Crow
** Andere Bezeichnung für Chippewa
*** Schüttelfrost

abgehalten, mein Ideal des Urmenschen zu erreichen. Damit muß ich mich einstweilen begnügen.«
Leider war seinem großen Plan, das Leben der Indianer in einer großen Galerie darzustellen und mit Texten zu erläutern, kein Erfolg beschieden. Dummheit und Ignoranz, aber auch die großpolitische Wetterlage – der Krimkrieg – verhinderten seine Ausführung. So war Kurz von 1856 an bis zu seinem Tod am 16. Oktober 1871 als einfacher Zeichenlehrer an der Kantonsschule in Bern tätig. Daneben verarbeitete er jedoch seine Eindrücke und Skizzen von seinem sechsjährigen Aufenthalt in Nordamerika, von dem er allein vier Jahre den Indianern gewidmet und ungleich mehr und intensivere persönliche Kontakte hatte als George Catlin oder Prinz Maximilian zu Wied. Erst 1894/95 wurden seine Tagebücher auszugsweise in der »Schweizerischen Rundschau« und im XIII. und XIV. Jahresbericht der Geographischen Gesellschaft von Bern, mit einer Reihe von Skizzen ausgestattet, veröffentlicht.

* Ich hatte zwar die Ehre, mit dem sel. Baron A. v. Humboldt in Paris bekannt zu werden, da wir im gleichen Hotel wohnten. A. v. H. riet mir aber besonders Mexiko an, des Krieges anno 46 wegen konnte ich aber seinen Plan nicht ausführen. Deswegen wollt' ich mich später, nach so vielen Jahren, nicht mehr bei seiner Exzellenz melden.

Seinen ersten längeren Aufenthalt nahm Friedrich Kurz in St. Joseph (auch St. Joe genannt) am Missouri, wo er vor allem mit dem Stamm der Iowa in näheren Kontakt kam. Weil er Brillenträger war, gaben sie ihm den Namen Ista mantugra, »Eiserne Augen«, während ihn die Assiniboin, mit denen er bei Fort Union zusammentraf, Ista topa, »Vier Augen«, nannten.
Glücklicherweise führte Kurz über seine Erlebnisse und Beobachtungen Tagebuch, nicht mit der Akribie eines Buchhalters, sondern mit dem emotionalen Schwung des Künstlers. Gerade deshalb vermögen sie sehr vieles an atmosphärischen Zwischentönen zu vermitteln, woran es anderen Berichten oft mangelt.

Kurzes Glück mit einer Squaw

Friedrich Kurz

Ende des Jahres 1848 kampierten etwa dreißig Lodges (Zelte) der Iowa im Walde St. Joe gegenüber, um den Abfall der Schweineschlächtereien zu benutzen. Der Winter ist für die Indianer eine harte Jahreszeit, wenn sie bloß von der Jagd leben müssen, aber besonders schlimm, wo die Tiere beinahe ausgerottet sind. Büffel und Elk haben sich längst noch weiter nach Westen zurückgezogen; das Jagen in Schnee und Eis, bei Kälte und Nebel ist äußerst beschwerlich.
Das Haupt jener Bande oder Verwandtschaft von dreißig Iowafamilien oder Lodges hieß Kirutsche; ich war bereits sehr gut mit ihm bekannt. Im Sommer war er öfter mehrere Tage bei mir, um mich die Iowasprache zu lehren; er hatte große Freude an meinem Eifer. Er ist ein älterer, freundlicher Mann, nicht groß, aber äußerst behend. Er war schon weit herumgekommen und sogar bei Louis Philipp in Paris gewesen.
Sobald Kirutsche sein Lager in Ordnung hatte, kam er auch gleich zu mir herüber, um mich einzuladen, nächsten Abend in seinem Zelte

einem Tanze beizuwohnen, der ihm von seinen Freunden gegeben werden sollte. Ich nahm die Einladung mit Freuden an.
Es war den 15. Dezember abends, als ich über den gefrorenen Fluß ging; ein eiskalter Wind strich über den Fluß und jagte Schneewolken auf. Durch den Wald fand ich viele Pfade, wußte aber nicht welchen verfolgen, um Kirutsches Zelt zu finden. Sobald ich aber außer dem Bereiche des heulenden Windes ins Innere des Waldes kam, hörte ich gleich die Taktschläge der Trommel ertönen; ihre Richtung verfolgend, kam ich bald zum Zelte. Ich hatte erwartet ein Lederzelt zu finden, wie ich bereits an mehreren vorbeigegangen; es war aber eine elliptisch geformte Hütte aus gebogenen Weidenruten mit Binsendecken überhängt; oben befand sich eine Öffnung für Licht und Rauch, an einer der langen Seiten eine niedrige Öffnung, mit einem Felle gedeckt, als Tür.
Während ich vor der Hütte stand, um noch bei Tageshelle das interessante Bild eines indianischen Tanzes im Urwald zu genießen, wurde ein stämmiger Indianer (Hughes) aus der Türe geworfen. Nackt, wie er war, fiel er in den aufgehäuften Schnee und blieb da liegen, zum großen Vergnügen der umstehenden Weiber und Kinder; er hatte zuviel Whisky getrunken und deshalb das Fest gestört.
Wie ich durch die niedere Tür in die Hütte schlüpfen wollte, fand ich einen großen Indianer als Wache aufgestellt; er wollte mich nicht hin-

Iowa

Die Iowa gehören – ebenso wie die Oto – zur Chiwere-Untergruppe der Sioux-Sprachfamilie. Ende des achtzehnten Jahrhunderts zogen sie von Nordosten zum Missouri und ließen sich südlich der Council Bluffs am Ostufer nieder. Sie wechselten nochmals ihre Wohnsitze, blieben aber mehr oder weniger in der Nähe des Missouri. In den Verträgen von 1824, 1830, 1836 und 1837 traten sie ihr Land in Missouri und Iowa ab, im Vertrag von Prairie du Chien verzichteten sie auf alles Land in Minnesota. Durch die Verträge von 1854 und 1861 wurden sie in das Indian Territory umgesiedelt. 1836 wurde ihre Zahl auf knapp tausend geschätzt, sieben Jahre später auf nur mehr vierhundertsiebzig. Sie lebten von der Jagd auf Pelztiere und betrieben daneben etwas Ackerbau.

einlassen; Kirutsches Squaw hatte mich aber bereits erblickt, rief ihrem Mann zu, der mich auch gleich holte und mich bei seiner hübschen sechzehnjährigen Tochter Witthae niedersitzen hieß. Ohnehin begeistert durch das Bewußtsein, trotz allen Geduldsproben, Schicksalsschlägen, Hindernissen und vieljährigem Ausharren endlich doch meinen höchsten Wunsch in Erfüllung gehen zu sehen, endlich mich in der Mitte von Indianern zu befinden, die lebende Antike gefunden zu haben, – ohnehin romantisch genug gestimmt, mußte auf mich die reizende Witthae einen tiefen Eindruck machen. Wir konnten zwar sehr wenige Worte wechseln, sie verstand englisch, wollte aber nicht reden, ich sprach noch wenig Pachotchie und mußte mich daher der Zeichen- und der Augensprache bedienen. Mit einigen kleinen Geschenken, die ich für die Gelegenheit mitgenommen, suchte ich ihr wenigstens meinen guten Willen kundzutun. Dabei machte ich die später oft erprobte Erfahrung, daß man viel schneller Bekanntschaft macht, wenn man die Sprache nicht versteht.
Über der schönen Nachbarin vergaß ich aber den Tanz nicht. In der Mitte der Hütte brannte ein großes Feuer; rundherum saßen etwa zwanzig Männer und junge Burschen (von den Kanadiern bannerets, von den Amerikanern bucks genannt, weil sie in diesem Alter nichts tun als den Mädchen nachstreichen). Am oberen Ende der Hütte saß Kirutsche, wie alle, mit verschränkten Beinen auf dem Boden, neben ihm seine besten Freunde und zwei Trommler, die zum Taktschlagen (ein wiederholtes – ◡) laut sangen.
Zwei junge Männer sprangen hintereinander in dem freien Raume zwischen Feuer und Zuschauern herum, ihr Blanket mit der linken Hand nachschleppend, mit der rechten eine dünne knöcherne Pfeife haltend, mit welcher sie bald gegen den Boden, gegen den Himmel, das Feuer oder die Gäste gerichtet, rasch, ohne Melodie, pfiffen. Das Ganze bildete eine höchst belebte malerische Szene; ich prägte mir den Eindruck tief ein und vergaß auch nicht die Details zu studieren, damit ich gleich nachher eine treue Skizze entwerfen könne.
Zur Abwechslung gingen die beiden Spieler (Tänzer kann man sie nicht nennen) langsam, hielten bei jedem älteren Gast oder wirklichen Teilnehmer (zum Unterschied der bloßen Zuschauer) an und mit der rechten Hand auf ihn zeigend, sprachen sie einige schmei-

chelhafte Worte zu ihm, worauf er hau oder húu, beides gedehnt, letzteres sehr durch die Nase und stark aspiriert, – Abkürzung für ja, untsche (?) erwiderte. Nachdem die zwei jungen Männer im Kreise jedem etwas gesagt und wieder gesprungen waren und gepfiffen hatten, wurden sie und die Trommler durch andere abgelöst; bevor aber das neue Personal in Aktion trat, ließ man eine hölzerne Schale mit Whisky herumgehen, um die Gäste zu beleben. Um Unglück zu vermeiden im Fall eines Rausches, sammelte Witthae alle Messer (die nie im Gürtel fehlen, selbst die Weiber gehen nicht ohne solche) und versteckte sie hinter ihrem Gepäck.
Bei einem der Zwischenakte setzte sich Kirutsche neben mich, um zu schwatzen und mich seiner Tochter näher bekannt zu machen. Ich schenkte ihm Blei und Pulver, das er sehr nötig hatte, worauf er einige Worte zu Witthae sprach, die sogleich aus ihrem Tragsack (nebenbei als Hauptkissen dienend) ein Daguerrotypbild hervorzog und mir zeigte. Beide hatten große Freude, als ich den Alten sofort erkannte; Paris, Louis Philipp, bis king, french, sagte er und machte das Zeichen: »Zum Geschenk erhalten.« Witthae drückte das Bild in meine Hand und schenkte es mir. Die Mutter (Wuotschinna) deutete lachend, ich solle ihre Tochter dafür küssen; wie aber Witthae merkte, daß ich den Arm um sie schlingen wollte, sprang sie lachend auf und schlüpfte aus dem Zelt. Ich wurde tapfer ausgelacht; ich dachte aber, warte nur!
Nach etwa drei Stunden ging der Whisky aus. Die Leute waren müde und verliefen sich; ich hoffte immer, Witthae werde zurückkommen, aber vergebens; sie in den andern Zelten aufsuchen, wollte ich nicht. Als Finale tanzte noch zum allgemeinen Vergnügen eine alte Hexe ein Solo für sich allein. Sie war betrunken. Mit zusammengehaltenen Füßen hopste sie bald rechts, bald links, nach dem Takt der Trommel und ihrem eigenen Geschrei; dabei hielt sie sich mehr gebückt, bewegte abwechselnd ihre Ellbogen vor- und rückwärts und ließ ihr langes Haar wild um sich flattern.
Ich mußte nun meinen Weg nach Hause durch den hohen Wald suchen; es war zwar hell genug, um die dunklen Kolosse sich aus dem Schnee erheben zu sehen, aber zu dunkel, um einen Pfad zu finden. Ich wickelte meinen Reitmantel enger um mich und stapfte vorsich-

tig der Richtung des Flusses zu, bald über umgefallene Bäume steigend, bald bis an die Knie im tiefen Schnee watend, überglücklich, einen Abend in einem Wigwam zugebracht zu haben.
Während drei Monaten war ich ein regelmäßiger Besucher dieses Lagers, brachte manchen Tag und manche Nacht in den verschiedenartigen Wohnungen zu; diese bestanden zwar meistens aus dem indianischen Lederzelte von konischer Form, aber auch aus Hütten von gebogenen mit Binsenmatten bedeckten Weidenzweigen und endlich aus aufgestellten Stücken Baumrinde mit einem Dache von gleichem Material darübergelegt. Die letzteren Hütten waren bloß dann zu gebrauchen, wenn Dach und Seiten mit Schnee zugedeckt werden konnten.
Im Lager studierte ich Sitten und Gebräuche, skizzierte, soviel ich bei der kalten Witterung vermochte; bei schlechtem Wetter blieb ich zu Hause, portraitierte die interessantesten Gesichter, suchte auch so schnell als möglich die Sprache zu erlernen, was zu vielen Späßen Anlaß gab. Natürlich schrieb ich die Worte immer auf, um sie auswendig zu lernen und mir sie besser einzuprägen. Das Ablesen ihrer Worte machte den Iowas immer viel Vergnügen; ihre Missionäre (Protestanten) besitzen zwar ein Wörterbuch, um in den Schulen zu lehren, ich konnte aber nie ein Exemplar erhalten. Um die Aussprache richtig zu schreiben, benutzte ich alle mir bekannten Sprachen; die Iowas besitzen z. B. das englische *th*, aus dem Französischen viele Nasenlaute, aus dem Deutschen das *u, r, i*; aber *f* und *l* fehlen ihnen. Überhaupt fand ich die Iowa-Sprache weich und wohlklingend.
Am Neujahrstag 1849 morgens kam eine alte Squaw, um mir einen Köcher mit vielen guten Pfeilen zu verhandeln; ihr Mann hatte jetzt eine Flinte. Nach dem Kauf führte sie mich auf die Seite und gab mir teils durch Worte, teils durch Zeichen zu verstehen, sie möchte mir ein junges, hübsches, noch unschuldiges Mädchen verheiraten; ich sollte abends herüberkommen und es ansehen. Neugierig und zu jedem Abenteuer bereit (es kam mir kein Sinn an Gefahr, allein und unbewaffnet nachts im Walde unter sogenannten Wilden herumzuschweifen – ich liebte sie zu sehr und gab keinen Anlaß zu Streit oder Mißtrauen) ging ich auch wirklich abends den jetzt wohl bekannten Weg zum bezeichneten Zelte, wo ich die Alte samt der ganzen Fami-

Billardspieler (links), Herantsa-Häuptling (rechts)
(Aus dem *Tagebuch von Friedrich Kurz*, Bern 1895)

lie um das Feuer antraf. Sie hieß mich neben einem sehr jungen und anmutigen Mädchen niedersitzen, mit dem Zeichen, dies sei meine Frau! Es war noch ein Kind, wenigstens nicht mehr als dreizehn Jahre alt. Omene hüllte sich in ihren ärmlichen Blanket und fing vor Schrecken zu schluchzen an. Ich fühlte Erbarmen, suchte sie zu beschwichtigen. Während ich das scheue Mädchen mit Candy und anderen Kleinigkeiten zu trösten suchte, hatte die Alte einen jungen Iowa holen lassen, der in der Schule Johnsons in Kentucky sehr gut Englisch gelernt hatte. Nun fing der Handel an, erst über die Heiratsbedingungen, nämlich für die Mutter ein Pony zum Reiten, nebst einer neuen wollenen Decke, für die Braut eine vollständige, neue Kleidung, gute Nahrung und keine Prügel (!), für die übrigen Verwandten einen Sack (siebzig Pfund) Mehl; da ich zu allem verwundert schwieg, glaubte die Alte, ich sei mit ihren Bedingungen zufrieden und wünschte noch nachträglich für sich Kaffee und Zucker und – da kam Witthae mit ihrer Schwester Niukigrenne unerwartet hereingeflogen und sie setzten sich dicht hinter mir nieder. Witthae hatte von meinem Handel gehört und war nun gekommen, um zu zeigen, daß sie darum wisse. Ich sah sie nur einmal an, sie gab mir nur einen Blick, welcher aber Gefühle verriet, welche sie bis jetzt zu verbergen getrachtet. Dann rannten beide wieder fort, ohne ein Wort gesprochen zu haben. Auch Omene lief fort, wahrscheinlich aus Angst, von der eifersüchtigen Witthae geboxt zu werden; sie kehrte nicht mehr zurück, die Mutter mochte nach ihr senden, soviel sie wollte.
Nach langem vergeblichem Warten brach ich auf; draußen empfing mich aber ein heulender Sturm, die Bäume krachten, Schneeflocken fühlte ich schwer und dicht herunterfallen, die Finsternis hätte man greifen können. Unter solchen Umständen war es unmöglich, ohne Laterne den Weg nach Hause zu finden. Ich kehrte ans Feuer zurück. Kennachuk, Omenes Bruder (es nennen sich alle Bruder und Schwester, Vater und Mutter, die zu einer Lodge gehören, ob sie es seien oder nicht), machte mir ein Kopfkissen und Lager zurecht, worauf ich mich, in meinen Mantel gehüllt, niederlegte, aber erst spät in der Nacht einschlief; denn ich hatte zuviel Gedanken. Der Handel war verdorben, aber dafür war ich Witthaes gewiß.
Auf obige Weise wird bei den Indianern ein Mädchen verheiratet oder

verkauft, wenn sie nicht gutwillig geht. Ein oder zwei Pferde sind der Preis, der bindet. Ohne Pferde ist die Heirat weder für die Frau noch ihre Eltern verbindlich.* Diese müssen nämlich die Tochter, im Falle daß sie ausreißt, dem Tochtermann zurückbringen oder ihm seine, oder ebenso gute Pferde zurückgeben. Für dreißig Dollar hätte ich Omene erhalten! Billige Ware zum Ankauf! Billig wenigstens, wenn sie etwas wert ist.

Es war mir schon öfters aufgefallen, daß einige jüngere Iowas so gut Englisch sprachen. Ich erkundigte mich daher bei Irotschetsche, einem von ihnen, ob sie in der Mission so gut geschult würden. Er sagte: Nein! Bei Col. Johnson in Kentucky. Derselbe scheint ein großer Freund der Indianer zu sein (eine seltene Ausnahme bei einem Amerikaner) und eine Schule aus eigenen Mitteln für Indianerknaben gebildet zu haben. Daselbst werden die Jungens in der englischen Sprache, im Lesen, Schreiben und Rechnen, etwas Geographie und Geschichte unterrichtet; ob auch in der Religion, weiß ich nicht; wenigstens habe ich keine Spur von Glauben bei solchen Schülern gefunden, noch weniger eine bessere Moralität.

In einem gewissen Alter angelangt, müssen diese Pfleglinge Johnsons einen Beruf erlernen; so gut dies gemeint sein mag, so verfehlt es doch vollständig seinen Zweck, solange als die Indianer nicht unter die amerikanische weiße Bevölkerung mit gleichen politischen Rechten aufgenommen werden, oder wozu nützen Schuhmacher, Schneider etc., solange man sie als eine abgesonderte Kaste verstößt? Für ihren jetzigen Zustand, ihre jetzige Armut, dient ihre alte Kleidung vollkommen, sie paßt für ihre Lebensverhältnisse besser.

Ich möchte dies selbst von den nützlicheren Handwerken, wie Schmiede, Büchsenmacher, Gerber, Seiler, behaupten, indem ein solcher nie bei einem Amerikaner als Geselle angenommen oder arbeiten würde, nie als eigener Meister sich niederlassen könnte aus Mangel an Kapital, und unter seinen Landsleuten auch nicht Beschäftigung und Bezahlung fände.

---

* Da die Pferde ursprünglich nicht bei den nordamerikanischen Wilden bekannt gewesen, muß der Kauf mit Waren auch gültig gewesen sein. Durch die Einführung der Pferde ist jedenfalls der Wert einer Squaw gestiegen.

Kommen nun diese Kentuckyzöglinge zu ihren Stämmen zurück, finden sie bald die Wahrheit obiger Ansicht heraus; sie sind dann die Untauglichsten, Faulsten, Verachtetsten des Stammes. Mit ihren neuen Moden finden sie kein Auskommen, Ackerbauer sind sie auch nicht, Jäger und Schützen auch nicht, noch weniger Krieger. Mit einem Wort, sie sind keine Männer.
Col. Johnson leistet daher (wenigstens nach den vielen Mustern, die ich gesehen) trotz seinem guten Willen und schweren Opfern nichts Gutes und wird es nicht, solange seine Landsleute den Indianer nicht als ebenbürtig in ihre Gesellschaft aufnehmen. Indianisches Blut würde gewiß den Amerikanern keinen Schaden bringen; es ist gesünder als das von Tausenden Einheimischer oder Einwanderer, und der Indianer, als der eigentliche Natif, würde mehr Anhänglichkeit zum Boden, mehr Liebe zum Vaterland mitbringen, als z. B. Irländer, welche ihr amiraved Irland niemals aufgeben. Der Amerikaner ist ein Aristokrat der Haut, was einfältiger, lächerlicher, unmoralischer ist, als Aristokratie der Geburt; der alte Adel hat doch etwas Gutes geleistet; Adel dient als Sporn zur Auszeichnung, aber Verschiedenheit der Haut niemals.
Die Besuche meiner Indianer im Herbst dienten wieder zu Skizzen und Portraits. Einst kamen sechs der bedeutendsten Fox-Indianer mit ihrem Dolmetscher zu mir, damit ich ihnen ein Schreiben aufsetze, um verlaufene Pferde durch den hiesigen Squire (Friedensrichter) zurückzuerhalten. Als ich ihre Namen unterschrieb, berührte jedesmal der betreffende meine Feder, zum Zeichen seiner Einwilligung oder Bekräftigung des Geschriebenen. Ich hatte großen Gefallen an diesen Magnaten; sie betrugen sich mit einer so ausgezeichneten, so natürlichen Würde, daß ich sie nicht genug bewundern konnte. Durch allerlei Vorwände suchte ich sie hierzuhalten. Da war Takt im Benehmen, Adel in der Gesinnung, Würde in der Haltung. Leider notierte ich mir die Namen dieser Männer nicht; es begegnete mir daher, wie noch häufig, daß ich die Namen schließlich vergaß, indem ich meinem Gedächtnis zu viel zumutete bei der Menge meiner Gegenstände.
Erst den 22. Dezember kamen Iowas und richteten Zelte auf; der Fluß war aber noch nicht zugefroren, sie hatten auch kein Geld, den Fähr-

mann zu bezahlen. Mit Sehnsucht sahen sie den ganzen Tag nach dem Städtchen herüber; mit Ungeduld harrte ich diesseits ihrer Ankunft. Einige Bekannte riefen mir *Ista mantugra waggachere** herüber; ich sprang in den Kahn und ließ mich hinüberrudern; alle wollten nun, ich solle sie mit zurücknehmen. Erst erkundigte ich mich nach Kirutsche; er war noch nicht da; dann ging ich in alle Zelte, um zu sehen, ob sonst nähere Bekannte da seien. Ich wählte das Schönste aus, um meine Studien fortsetzen zu können. Bis der Fluß gefror, mußte ich immer hinüberfahren, wenn ich jemand malen wollte, und ihnen auch die Rückfahrt bezahlen.
Eines Abends war es zu schön in der Wildnis, ich blieb im Walde, machte Besuche, hörte den verliebten Burschen zu, wie sie ihre Mädchen mit der Flöte lockten oder sonst durch Blasen in die fest geschlossenen Hände Zeichen gaben; ich selbst hatte mit der niedlichen kleinen Hiukogse ein Stelldichein beim »hohlen Baum« am Ufer des Missouri, dessen Wasser jene Gegenden bespülten, wo einige wenige Trupps des edelsten Wildes weideten, glücklich in der Unwissenheit ihrer traurigen Zukunft. Der Mond schien mir nie so schön wie damals, die Bäume nie so kolossal und das Leben nie so romantisch. Lange saß ich mit dem lieblichen schalkhaften Mädchen auf einem umgefallenen Baumstamme; den Mond vor uns im Missouri, neben mir in ihren feuchten schmachtenden Augen sich abspiegelnd. Ich fragte viele Worte, schrieb aber keine auf; erst spät in der Nacht gingen wir ins Zelt, hüllten uns in Mantel oder Decke, – wer schlafen konnte, schlief.
1850, 1. Januar. Um das neue Jahr gut anzufangen, blieb ich den ganzen Tag im Lager und zeichnete Zelte von außen und innen. Endlich den 9. Januar kam Kirutsche, aber erst noch allein. Er machte mir den Vorschlag, seine Tochter Witthae zu heiraten und mich auf ihrem Lande niederzulassen; dadurch erhielte ich von ihrer Nation über zweihundert Acres Land, von den Chefs und dem U. S. Agenten versichert. Schon früher hatte mir Kirutsche davon gesprochen; er wünsche zu arbeiten; das Faulenzen mache nicht fett. Allein arbeiten fördere ihn wieder nicht, da dann seine Verwandten alle von ihm leben

* »Eiserne Augen«, zeichnen!

wollten; er könne für sich allein nichts besitzen, nicht sparen, während die andern hungern. Um aber Nutzen aus seiner Arbeit zu ziehen, sollte ich mich mit ihm verbinden, ein ihm bekanntes Steinkohlenlager als Anteil auswählen, dasselbe bearbeiten. Dabei sagte er ausdrücklich, ich solle nie anfangen von unserm Eigentum an die andern wegzuschenken, indem sie dann immer betteln würden, ohne für uns zu arbeiten. Die Iowas seien noch nicht gewöhnt an die Landarbeit, auch sei ihr Land nicht so sicheres Eigentum, wie das meinige würde, wenn der Titel vom U.S. Agenten unterschrieben sei; solches Land könnten die Iowas nicht mehr an die Vereinigten Staaten verkaufen. Der Plan gefiel mir nicht übel, Witthae noch besser; daß es mit dem Lande seine Richtigkeit habe (nur sind improvements als Bedingung daran geknüpft, damit nicht Spekulanten oder Spitzbuben sich bereichern können, sondern damit man Ansiedler gewinne), wußte ich; die größte Schwierigkeit bildete das Abhalten der hungernden Indianer. Aber erstens pflanzten wir nicht Korn; sie konnten uns die Kohlen nicht nehmen; ferner war das Kohlenlager am Missouri vom Dorfe entfernt. Ich dachte: wer nichts wagt, gewinnt nichts, überall gibt es für und wider. Meine Schwiegereltern gefielen mehr sehr gut; sie waren fleißig, gutmütig und ehrlich.
Als daher den 10. Januar Witthae mit der Mutter kam, bewillkommte ich sie als meine Frau; hieß die Mutter einen warmen Kaffee machen (die Squaws trinken den Kaffeesatz besonders gerne, darin sei die Kraft enthalten), Fleisch braten, Brot holen. Auch White Cloud, der Chef der Iowas, kam zu Gast, um Zeuge unseres Bundes zu sein. Den folgenden Tag kaufte ich ihr Zeug, damit sie sich eine vollständig neue Kleidung – kurzes Calicohemd, roter wollener Unterrock und pantelettes – anfertigen könne, ferner eine rote Decke und eine Auswahl von großen Glasperlen zu Halsbändern. Ich wollte sie als Indianerin gekleidet haben, nicht als Europäerin; es hatte für mich einen besonderen Reiz und Nutzen. Witthae hätte lieber einen Rock nach europäischer Mode gehabt.
Alles ging herrlich, bis auf einmal warme Witterung eintrat, in den Porkhäusern nicht mehr geschlachtet wurde, die Iowas sich nicht mehr vom Abfalle nähren konnten. Eine Familie nach der andern zog fort; auch Kirutsche und Wuotschimme. Der Fluß führte Treibeis; die

»Herantsa, im Begriff mit Büffelbooten
über den Fluß zu setzen.«
Die Boote sind aus Weidengeflecht,
das mit Bisonhaut überzogen ist
(Aus dem *Tagebuch von Friedrich Kurz*, Bern 1895)

Überfahrt war gefährlich. Witthae fühlte sich bald wie ein eingesperrter Vogel; sie hatte niemand als mich zur Unterhaltung; meine Bemühung, sie aufzuheitern, schlug fehl, sie war schwermütig, hatte offenbar Heimweh. Mit nassen Augen blickte sie unverwandt über den Fluß, träumte, in ihr Blanket eingehüllt, von ihrer früheren Freiheit, gab nicht acht auf meine Versicherung, mit ihr hinüberzuziehen, sobald die Witterung es erlaube. Eines Abends kam zum Glück ihrer Mutter Schwester mit ihrem Mädchen. Witthae war wieder fröhlich, ich lud die Tante ein, einige Zeit bei uns zu bleiben, in der Hoffnung, meine Frau vom Heimweh wieder zu kurieren, und unterdessen der Zeit der Übersiedlung näher zu rücken. Ohnehin war ausgemacht, daß Kirutsche, auf Besuch bei seinen Foxfreunden, auf seiner Rückkehr zu uns komme, damit wir mit ihm den Auszug ins gelobte Land bewerkstelligten.
Wie erstaunte ich aber des andern Morgens, als ich mich im Vorzimmer rasierte, auf einmal eine ungewohnte Stille im Wohnzimmer bemerkte und dann nach vollbrachter Arbeit hineinging, meinen Vogel mit den andern samt ihrem Gepäck entflohen zu sehen! Ich traute meinen Augen kaum, es war nur zu gewiß, das Gepäck war auch fort! Sollte ich ihr nachlaufen, sie bitten, doch gnädigst meine Frau zu sein? Niemals! ich liebte sie, hatte sie in guter treuer Absicht zu mir genommen, sie gut behandelt. Daher hoffte ich noch auf ihre Wiederkehr. Aber der Abend kam ohne sie.
Nach zwei Wochen kam meine Schwiegermutter, aber ohne Tochter; sie sagte, ihr Mann werde sie bringen. »Will sie nicht von selbst kommen, so kann sie zu Hause bleiben.« Die Mutter war sehr betrübt, ich blieb dabei. Das war das Ende meines romantischen Traumes einer indianischen Ehe. Kurzes Glück!

Nach seiner Trennung von Whitthae, die wenig später einen Oto-Indianer heiratete, hielt es Kurz nicht mehr lange in St. Joseph. Anfang Mai zog er zuerst nach Savannah, dann weiter an den oberen Missouri. Am 9. Juli 1851 kam er in Ft. Berthold am Knie des Missouri an. Dort und in dem einhundertsiebzig Meilen westlich davon gelegenen Ft. Union konnte er ausgiebige Studien bei den in diesem Gebiet lebenden Stämmen betreiben, vor allem bei den Herantsa, Assiniboin und Crow. Das Auge des Malers und der im Vergleich zu Catlin und dem Prinzen zu Wied wesentlich längere Aufenthalt ließen ihn Details erkennen und erfahren, die kurzzeitigen Besuchern verschlossen blieben.

Die Spiele der Indianer

Friedrich Kurz

Die Indianer beiderlei Geschlechts sind leidenschaftliche Spieler, besonders die noch in ihrer alten Freiheit lebenden. Ihrer gesellschaftlichen Unterhaltung fehlen die wichtigen Fragen über politische und pekuniäre Existenz, über ihre eigene Geschichte, die vergangene und gegenwärtige, wie die der verschiedenartigsten, auch der entferntesten Völker über Religion usw. Ihr abgeschlossenes einsames Leben im Zelt oder Lager bietet ihnen wenig Stoff zur Unterhaltung; Jagd und Krieg sind ihnen alltäglich, die wenigen Abenteuer schon zu oft wiederholt; zu feinen Witzen bieten ihre ungelenkigen Sprachen sich nicht dar. Sie suchen daher durch Spiel ihrem Stilleben einen Reiz zu verschaffen. Sie spielen immer um irgendeinen Gegenstand, wenn er auch noch so geringfügig ist; werden dabei eifrig, leidenschaftlich, was gerade gesucht wird; aber von Streit habe ich nie gehört, nie etwas gesehen; sie haben keine Spiele, wo betrogen werden kann. Die Iowa spielen schon mit Karten (poker – wer in der Hand die meisten gleichartigen hält, gewinnt). Junge Leute sah ich

mehrmals sich gegeneinander auf den Boden setzen, ihre Mokassins ausziehen und alle vier zwischen sich in eine Reihe stellen. Einer der Spielenden schiebt nun seine Hand in jeden der Schuhe; in dem einen läßt er seinen Fingerring oder einen sonstigen kleinen Gegenstand zurück. Sein Gegenpart muß nun erraten, in welchem Schuh der Gegenstand liegt; er darf nur einmal raten, hat dann verloren oder gewonnen.
Bei den Omahaw sah ich leichte Lanzen durch einen rollenden Ring in vollem Sprunge werfen; wer durch den Ring schießt, hat gewonnen. Es ist dies sehr schwierig, aber eine treffliche Leibesübung, da sie, so lange sie spielen, beständig die Bahn auf und abrennen, um sich im Werfen der Lanze nach einem beweglichen, im Fluge befindlichen Ziel zu üben.
Die Herantsa haben das sogenannte Billardspiel; es ist dasselbe um ihr Dorf herum in beständiger Übung, wenn es die Witterung zuläßt. Ihre Billardqueue werfen sie in vollem Lauf einem auf der Erde rollenden Ringe nach; sie ist mit Leder markiert und hat am Ende einen Bausch von Lederstreifen, Tuchlappen oder gar nur Gras. Der Stab ist mit vier Marken von Leder bezeichnet; je nachdem nun eine dieser Marken dem steinernen Ring zunächst zu liegen kommt, zählt der Spieler. Der Gewinner wirft den Ring; beide rennen nach und werfen demselben ihre Stäbe nach. Der Bausch am Ende des Stabes, welchen die Herantsa idi nennen, soll denselben verhindern, zu weit über die glatte Bahn hinzuschießen. Der Boden ist zwar nicht glatt, wird aber

Herantsa (Hidatsa, Mönitarri, Gros Ventres)

Die Hidatsa – Friedrich Kurz verwendet die Dialektvariante Herantsa – gehören zur Sioux-Sprachfamilie und lebten seit jeher in enger und guter Nachbarschaft mit den Mandan in der Nähe der Mündung des Knife River in den Missouri. Ihre Sprache ist eng verwandt mit derjenigen der Crow. Die Mandan nennen sie Mönitarri (Minitari), die Franzosen »Gros Ventres« (Dickbäuche). Ähnlich wie die Mandan und Arikara (Rih, Ree) wohnen sie in runden Erdhäusern; ihre Lebensgrundlage ist der Ackerbau, den sie in früher Zeit von den Mandan gelernt haben.

Indianerfrauen spielen das Pflaumenkernspiel
(Aus: Francis S. Drake, *The Indian Tribes of the United States*, London and Philadelphia 1885)

doch so rein von Steinchen oder andern Unreinlichkeiten, Unebenheiten gehalten, daß er einem Stubenboden gleicht. Die Stäbe werden oft so dicht übereinander oder so gleichförmig an den Ring geworfen, daß die Spielenden selbst nicht entscheiden können; ohne Worte zu verlieren oder gar zu streiten, werden dann sogleich ältere Zuschauer herbeigerufen; ihr Ausspruch ist entscheidend. Es wird oft sehr hoch gespielt, obschon immer mit einem kleinen Gegenstand angefangen wird; man setzt aber immer höher, Bogen, Pfeile, Messer, Schuhe, Büffelhäute, verzierte Leggins (mitasses, Hosen), verzierte Lederhemden, Tabakpfeifen, Flinten, Pferde, Zelte, selbst die ältern Weiber. Einige leben ganz vom Spiel, gehen nie auf die Jagd.
Über die Spiele der Crow und Assiniboin erzählt mir der Boss (Meister, Schütz, Bourgeois) vieles. Die Crow sollen große Betrüger sein; die letzten von Natur freigebiger, gutmütiger (?). Sie nehmen ein flaches Becken von Holz, legen darauf einige Bohnen oder Samenkörner, auf einer Seite schwarz gebrannt, nebst Rabenklauen, wovon sich eine durch eine weiße Linie von der Wurzel bis zur Spitze auszeichnet, ferner einige Köpfe von Messingnägeln, wenn sie solche besitzen. Das Becken wird nun mit dem Inhalt aufwärts geschnellt; wie die schwarzen oder hellen Seiten der Körner oben zu liegen kommen, besonders aber, wenn die weiße Spitze der Rabenklaue aufsteht,

Crow (Absaroke)

Die Crow gehören zur Sioux-Sprachfamilie; ihre Sprache ist mit der der Hidatsa nahe verwandt. Ihrer Überlieferung nach hatten sie sich vor Zeiten von den Hidatsa abgespalten. Sie selbst nennen sich Absaroke, »Volk der Krähen«, was sich in der englischen Bezeichnung »Crow« und dem französischen Namen »Gens de corbeaux« widerspiegelt. Sie wohnten im Gebiet des Yellowstone River und seiner Nebenflüsse, des Powder River, des Bighorn River und des Wind River. Ihre Kopfzahl wird um 1830 auf etwa dreitausendfünfhundert geschätzt.
Trotz der sprachlichen Verwandtschaft waren die Crow Erbfeinde der Sioux. Sie beteiligten sich demzufolge auch nicht am Widerstand gegen die Amerikaner; im Gegenteil: Sie dienten der US-Army als Scouts im Kampf gegen ihre eigenen indianischen Brüder.

Ballspiel auf dem Eis

(Aus: Francis S. Drake, *The Indian Tribes of the United States*, London and Philadelphia 1885)

darnach wird gezählt. Das Spiel dauert oft mehrere Tage ununterbrochen fort, je nachdem der Verlierende hartnäckig oder seine Mittel bedeutend sind. So lange einer noch etwas zu verlieren hat, schämt er sich aufzugeben. Dabei wird folgende Regel beobachtet, um dem Verlierenden wieder zu seiner Sache zu verhelfen und den Spaß zu verlängern: der Gewinner setzt von den gewonnenen Gegenständen das Doppelte an Wert gegen den Einsatz des Verlierenden. Im höchsten Eifer werden oft auch die Lederzelte, die Weiber, ja das eigene Leben eingesetzt – wenn einer alles verspielt hat, keine Wohnung, keine Familie mehr besitzt, darf er sich wohl schämen, ferner zu leben. Doch wird das Leben eines Verlierenden nie genommen, sondern er muß dem Gewinner dienen, d. h. für ihn jagen. Im Werte stehen zwei Messer gleich einem Paar Hosen; zwei Messer und Hosen gleich einem Blanket; zwei Messer, Hosen und ein Blanket gleich einer Flinte; zwei Messer, Hosen, ein Blanket und eine Flinte gleich einem Pferd; diese Gegenstände zusammen gleich einem Lederzelt; diese endlich alle zusammen gleich einer Squaw!

Es wird auch aus einem Bündel zwei Fuß langer geschabter Stäbe eine Handvoll rasch weggenommen; während sie vom Spieler in seine andere Hand geworfen werden, muß der Gegenpart die Anzahl der aufgehobenen schnell erraten. (Anmerkung: Die Italiener haben ein ähnliches Rätselspiel mit den Fingern, Morra genannt.)

5. Oktober. Die Indianer geben auch hier und da ein »Essen« (gluttonfeast), das man füglicher »Fressen« nennen könnte, indem jeder Eingeladene eine ungewöhnlich starke Portion Fleisch zu essen bekommt; die Trommel darf auch hier nicht fehlen. Wer zuerst seinen Anteil verschlungen, ist Sieger; wer stecken bleibt, muß mit einem Geschenke vom Rest sich loskaufen.

17. Oktober. Letzte Nacht wenig geschlafen. Erst sangen die Herantsa ihren Kriegsgesang. Wie ich zu Bette ging, fingen sie im Zimmer der Dolmetscher einen andern Gesang mit Trommelbegleitung an; da ich nicht einschlafen konnte, mich immer von einer Seite auf die andere warf, wurde ich endlich ungeduldig, warf meinen Mantel um und sah nach, was für ein Spektakel getrieben wurde. Das Zimmer fand ich gedrängt voll Spieler und Zuschauer von rotem, weißem und gemischtem Blute, spärlich durch ein Feuer und eine Kerze erleuchtet.

In einem Kreise saßen auf dem Boden wie gewöhnlich acht Herantsa sieben Assiniboins gegenüber, um einen Haufen Bogen, Köcher, Messer, Kaliko usw. Sie spielten. Zwei Assiniboin bewegten ihre Fäuste oder Hände rasch nach allen Seiten, wie ein altmodischer Telegraph, ließen dabei eine kleine Kugel von einer Hand in die andere gleiten, während die andern ihrer Partie e, e, e, eh – e, e, e, e, ahe! sangen und mit Stöcken auf Waschbecken, Kesseldeckeln den Takt dazu schlugen. Die Sänger und Spieler bewegten ihren Leib in leidenschaftlicher Erwartung und Aufregung beständig auf den Schenkeln. Einer der Herantsa, welcher gegen die zwei Assiniboin eingesetzt hatte, mußte erraten, wo die Kugel sich befinde, in welcher Faust der zwei Gegner. Wie er glaubte, er sei seiner Sache gewiß, streckte er seinen linken Arm nach der vermeintlichen Faust aus, schlug sich mit der rechten Hand heftig auf die Brust und bezeichnete die Hand, in welcher er die Kugel wähnte, mit einem Rufe. Da er nicht die rechte Hand bezeichnete, schrien die Gewinner vor Freude und strichen den Gewinn ein. Man ruhte aus, rauchte abwechselnd aus der gleichen Pfeife, um gute Freundschaft zu erhalten, dann fingen wieder andere das gleiche Spiel von neuem an. Einer der Herantsa wollte sich besonders auszeichnen. Er saß dem Kaminfeuer am nächsten, schürte alle Asche vor sich hin, versteckte die Kugel darin und wollte es seinen Gegner glauben machen, bewegte seine Fäuste in der Asche, wie wenn ein Büffel durch den Kot sich arbeitet oder im Staub sich wälzt, brummte und brüllte wie ein zorniger Stier, warf Asche über sich, um sich, stampfte und stöhnte wie besessen. Die Nachahmung war unübertrefflich; überhaupt sind die Jäger besonders geschickte Spötter und Nachahmer der Bewegungen und Töne der Jagdtiere, sie haben Gelegenheit genug, dieselben zu studieren, benützen sie bei ihren Tänzen und Belustigungen. Nachdem einer der Assiniboin den Herantsa fast alles abgewonnen, was sie zu setzen hatten, hörte das Spiel auf.

In seinen Tagebüchern, die erst 1894/95 auszugsweise veröffentlicht wurden, beschreibt Kurz mit dem Scharfblick des geschulten Malers das Leben und Treiben der Indianer, aber auch der weißen Pelzjäger und Händler am oberen Missouri. Dazu gehören jedoch nicht nur seine persönlichen Erlebnisse, sondern auch Beobachtungen von grundsätzlicher Bedeutung, wie etwa der Spiele oder der Kommunikationsformen der Indianer. So erklärt er 77 Begriffe der indianischen Zeichensprache, deren Beherrschung gerade in der »Vielvölker-Ecke« am oberen Missouri unbedingt notwendig war. Sie umfassen alle Facetten menschlichen Zusammentreffens, von »Mein« und »Dein« bis zum »Halsabschneiden«, was allerdings nicht im kaufmännischen Sinn gemeint ist.

Über die Zeichensprache der Indianer

Friedrich Kurz

1. *Weib, Mädchen:* Man streicht mit den Händen zu beiden Seiten des Kopfes herab, um das lange Haar anzudeuten.
2. *Mann (Indianer):* Die Fäuste werden auf der Stirn voreinander gehalten, zum Zeichen des Haarknaufes der Männer in der petite tenue.
3. *Weisser Mann:* Man bringt die Fäuste mit ausgestreckten Daumen vor der Stirn gegeneinander und beschreibt eine Linie gegen die Ohren, was den Hut vorstellt.
4. *Halbindianer:* Erst wird mit der Rechten vom Brustknorpel nach der rechten Brustwarze gestrichen, dann das Zeichen eines »Weißen« gegeben; dann folgt die gleiche Bewegung mit der Linken vom Brustknorpel nach links, dann das Zeichen eines Indianers = halb weiß, halb indianisch.
5. *Freund, Kamerad:* Man bringt beide Zeigefinger dicht neben einander, horizontal nach vorn.
6. *Bruder oder Schwester:* Das erste Glied des ausgestreckten Zeige-

fingers bringt man in den Mund = an der gleichen Brust gesogen.
7. *Gatten:* Zeichen wie Freund, dann bringt man den rechten Zeigefinger über den linken.
8. *Ich:* Man schlägt sich mit der rechten Hand ein- oder zweimal auf die Brust.
9. *Mein:* Man drückt die rechte Hand gegen die Brust.
10. *Du:* Man zeigt mit dem rechten Zeigefinger auf die Person.
11. *Dein:* Mit der rechten Hand zeigt man auf die Person.
12. *Mein Kind:* Zeichen von *mein*, dann bringt man die Hand abwärts, senkt sie bis zu den Geschlechtsteilen, von da vorwärts = aus meinem Leibe kommend.
13. *Ich bin ein Krähenindianer:* Das Zeichen von *ich*; dann streckt man beide Arme nach beiden Seiten horizontal aus- und vorwärts, aber nicht steif, bewegt dann die Arme auf- und abwärts wie Flügel.
14. *Sioux:* Das Zeichen von Halsabschneiden.
15. *Zelt, Haus:* Die linke Hand hält man gewölbt vor sich und fährt mit der Rechten, Finger nach vorn, von oben nach unten, unter der Wölbung der Linken durch, weil man sich bücken muß, um in ein indianisches Zelt zu treten. (*Zelt* wird speziell mit gegeneinander schief aufwärts gehaltenen Händen bezeichnet). Das gleiche Zeichen bedeutet auch das Hineingehen, nur muß zuerst noch das Zeichen der Person, ich, du, usw. gegeben werden.
16. *Berg:* Die linke Faust hält man vor sich und streicht mit der rechten Hand darüber einmal auf- und abwärts.
17. *Fluß:* Mit dem rechten Zeigefinger werden die Krümmungen eines Flusses beschrieben.
18. *Sonne:* Daumen und Zeigefinger der Rechten werden so gebogen, daß sie einen Kreis bilden, und damit wird nach dem Zenith gezeigt.
19. *Tag:* Dasselbe Zeichen der Sonne bewegt man über sich im Bogen, das Gehen der Sonne anzudeuten.
20. *Sonnenaufgang:* Mit dem Zeichen der Sonne wird nach Osten gezeigt und mit einem kleinen Ruck nach oben das Erheben über den Horizont angedeutet. Das gleiche umgekehrt nach Westen bezeichnet den *Sonnenuntergang*.
21. *Mittag:* Das Zeichen der Sonne wird hoch über dem Scheitel, im Zenith, in einem kleinen Bogen von Osten kommend, gehalten.

22. *Mond:* Mit Daumen und Zeigefinger der Rechten wird ein Halbmond gebildet und damit gegen den Himmel gezeigt.
23. *Prärie:* Die beiden Hände werden flach nebeneinander, aufwärts, vor sich gehalten, dann horizontal voneinander entfernt, die Fläche beschreibend.
24. *Messer:* Die linke Hand wird gegen den Mund gebracht, wie wenn man ein Stück Fleisch hineinschieben wollte, mit der Schärfe der ausgestreckten rechten Hand wird nun im leeren Zwischenraum zwischen der Linken und den Zähnen sägenförmig durchgeschnitten.
25. *Axt:* Man schlägt mehrmals mit der Schärfe der ausgestreckten rechten Hand auf die innere Fläche der ausgestreckten Linken.
26. *Tomahawk:* Indem man die Arme kreuzt, wird die ausgestreckte rechte Hand nach abwärts gedreht, weil der Tomahawk im linken Arm getragen wird.
27. *Decke, Robe:* Man kreuzt die Fäuste über der Brust und drückt die Ellenbogen an den Leib, wie wenn man sich einhüllte.
28. *Kleid, Hemd, Tunika:* Mit etwas ausgespreiztem Zeigefinger und Daumen wird auf beiden Seiten des Oberkörpers in gerader Linie bis zu den Rollbeinen hinuntergefahren und da zur Bezeichnung des männlichen Hemdes schroff angehalten, während für das längere, weibliche Hemd eine Bewegung nach unten gemacht wird.
29. *Hosen:* Zu beiden Seiten der Beine wird das Anziehen der Hosen angedeutet, bei den männlichen über die Knie herauf, bei den weiblichen (pantelettes) bloß bis zum Knie.
30. *Schuhe:* Man streicht mit der Hand über den Fuß hin und her, von vorn nach hinten.
31. *Bogen:* Man streckt den linken Arm samt der Faust geradeaus und tut mit der Rechten, als ob man den Bogen anziehen würde.
32. *Tasche:* Man schiebt die vier Finger der Rechten ohne den Daumen zwischen den letzteren und die vier Finger der Linken hinein.
33. *Pferd:* wie *reiten* (68) ohne das *Gehen*.
34. *Esel:* Man streckt beide Hände über die Ohren aufwärts und bewegt sie vor- und rückwärts.
35. *Büffel:* Mit einem Ruck werden die Fäuste mit halbgekrümmtem Daumen und Zeigefinger über die Ohren an den Kopf gesetzt, Zeigefinger aufwärts, kleiner Finger auswärts.

36. *Elk:* Beide Arme werden neben dem Kopfe hoch emporgestreckt.
37. *Cabri:* Mit der Rechten fährt man am Hinterteile flach nach hinten auswärts.
38. *Hirsch:* Für den weißschwänzigen wird mit der rechten Hand mehrmals vor dem Gesicht hin- und hergefahren; für den schwarzschwänzigen bringt man die Linke am Hinterteile nach auswärts wie einen Schwanz.
39. *Bighorn:* Zu beiden Seiten des Kopfes werden die Windungen der Hörner beschrieben.
40. *Biber:* Mit dem Rücken der Rechten wird einige Mal auf die Palme der Linken geschlagen.
41. *Skalp:* Mit der Linken werden die Scheitelhaare angefaßt, dann mit der flachen Rechten über der Stirn weggeschnitten.
42. *Feuer:* Die etwas gespreizten Finger der Rechten werden mehrmals aufwärts gerichtet, herauf und hinunter bewegt.
43. *Rauch:* Während die Nase gerümpft wird, reibt man die Finger der beiden Hände flach gegeneinander, indem die Hände zugleich in die Höhe gehen.
44. *Pulver:* Der Daumen und Zeigefinger einer Hand reiben sich einige Zeit.
45. *Arznei:* Mit einigen Fingern der Rechten wird in der hohlen Linken herumgerührt, dann in diese hineingeblasen.
46. *Wakonda, großer Geist:* Man bläst in die rechte Hand, bildet dann die Faust und streckt sie in die Höhe und bewegt sie um ihre Achse, wobei der ausgestreckte Zeigefinger nach dem Zenith weist; oft wird auch gegen die Erde gezeigt.
47. *Chef:* Man streckt den rechten Arm aufwärts mit dem Zeigefinger hoch hinauf, gegen den Himmel zeigend.
48. *Tabakpfeife:* Die leichtgeöffnete Faust der Rechten wird mit dem Rücken abwärts, Daumen nach vorn, vor den Mund gebracht und so schief nach unten vorwärts und rückwärts geschoben.
49. *Glasperlen:* Mit den Spitzen der Rechten wird an der äußeren Seite des linken Arms gerieben; gewöhnlich geht am Lederhemd ein breites Band mit solcher Verzierung vom Hals über die Achsel bis zur Hand.

50. *Rede:* Die flach gehaltene Rechte, innere Seite aufwärts, wird vor den Mund gebracht und einige Mal langsam vorgeschoben.
51. *Lüge:* Man spreizt Zeigefinger und Mittelfinger und bringt sie in den Mund, die gespaltene Zunge vorstellend.
52. *Gut, gesund:* Die rechte Hand wird von der Brust auswärts geschwenkt.
53. *Krank:* Die rechte Hand wird mehrmals von dem Unterleib nach abwärts geschwenkt.
54. *Tod:* Nach dem Zeichen des Schlafs (64) wird die Rechte nach abwärts geschwenkt.
55. *Schön:* Die rechte Hand wird vor dem Gesicht von der Stirn abwärts gegen das Kinn, dann nach auswärts gebracht.
56. *Viel:* Man bringt beide Hände mit ziemlich gestreckten Armen vor sich aneinander und beschreibt von da divergierend einen mehr oder weniger großen Halbkreis.
57. *Sehen:* Mit dem rechten Zeigefinger wird von den Augen abwärts gedeutet.
58. *Hören:* Mit dem rechten Zeigefinger wird an den Gehörgang gezeigt.
59. *Riechen:* Man rümpft die Nase und zieht stark den Atem.
60. *Essen:* Mit der hohlen rechten Hand wird das Einschieben der Speise in den Mund mehrmals dargestellt.
61. *Trinken:* Man bringt die hohle Rechte vor den Mund und schlürft so.
62. *Schwatzen:* Der Rücken der Rechten wird vor den Mund gebracht und mit den Fingern nach vorn geschnellt.
63. *Schlafen:* Der Kopf wird seitwärts auf die Rechte gelegt, die Augen geschlossen.
64. *Gehen:* Man bringt beide Hände vor sich voreinander, die Finger nach oben, und bewegt die rechte Hand in gerader Richtung vorwärts und läßt die Linke ruckweise folgen, schnell oder langsam, je nachdem man das rasche oder langsame Gehen darstellen will.
65. *Reiten:* Der ausgespreizte Zeige- und Mittelfinger der Rechten wird über den ausgestreckten linken Zeigefinger rittlings gesetzt; dann das Zeichen von *Gehen*.

66. *Schreiben, Malen:* Mit dem rechten Zeigefinger wird auf die linke Palme gekritzelt.
67. *Schießen:* Man berührt mit den Fingerspitzen den Daumen und schnellt sie ein- oder mehrere Male vorwärts.
68. *Nachdenken:* Man verschränkt die Arme, bringt den einen Zeigefinger hart an den Nasenflügel derselben Seite, und senkt den Kopf dabei.
69. *Erstaunen:* Man bringt eine Hand dicht vor den Mund, denselben verschließend.
70. *Horchen:* Die rechte Hand wird hohl hinter das rechte Ohr gehalten, dabei der Kopf mehr nach vorn gerichtet.
71. *Bleiben:* Mit der rechten Hand macht man vor sich mit Nachdruck eine Bewegung nach unten und hält da einen Augenblick ruhig an.
72. *Schneiden:* Wie Axt, mit dem Unterschiede, daß mit der Rechten nicht auf die Linke geschlagen, sondern mehrmals darüber weggezogen (nicht gesägt) wird.
73. *Ja:* Man nickt mit dem Kopfe.
74. *Nein:* Man schüttelt den Kopf.
75. *Verstehe nicht:* Die Rechte wird vor dem Ohr mehrmals auswärts geschwenkt.
76. *Ich will nicht:* Man zeigt den Rücken der rechten Hand.
77. *Rechts:* Die rechte Hand wird nach vorn ausgestreckt und parallel mit dem Boden neben der rechten Hüfte nach auswärts bewegt.

Aufgrund seines mehrjährigen Aufenthalts mitten unter den Indianerstämmen des Missourigebietes war Kurz prädestiniert, Vergleiche zwischen den verschiedenen Sprachen anzustellen und Sprachproben festzuhalten. Wenn es auch – wie er selbst es feststellt – Unterschiede zwischen seinen Aufzeichnungen und denjenigen des Prinzen zu Wied und George Catlins gibt, so spricht die Länge seines Aufenthalts und die Intensität seiner Beziehungen zu den Indianern dafür, daß seinen Beobachtungen der größte Quellenwert zukommt.

Indianische Sprachproben

Friedrich Kurz

Das Niederschreiben indianischer Sprachen hat sehr große Schwierigkeiten. Vorerst sind die Indianer durch keine Schrift an eine fixe Aussprache gebunden; der Sprachgebrauch kann sich verändern wie jeder andere Gebrauch, daher man oft in Verlegenheit kommt, die richtigen Buchstaben für die unbestimmten Laute zu finden, z.B. *d* oder *n, m* oder *n* oder *w, w* oder *u, w* oder *r, g* oder *k* usw. Dann ist es oft schwer, einem Indianer, von dem man die Worte erhält, das Gewünschte verständlich zu machen, indem man sich bloß der Zeichensprache bedienen kann, die nicht immer ausreicht und hauptsächlich nicht speziell, nicht ausführlich genug ist. Daß man auch bei gebildeten Tradern, die einer gewissen Indianersprache vollkommen mächtig sind, irregeführt werden kann, beweisen meine Sprachproben der Mandan, die oft von denen des Prinzen von Wied* ganz verschieden sind, obwohl sie aus dem gleichen Munde, nämlich dem des Herrn Kipp, herrühren. Es scheint, unser Gehör muß sehr

* Maximilian Prinz zu Wied, Reise in das innere Nord-Amerika in den Jahren 1832 bis 1834 (2 Bände, 1839, 1841). Zweiter Band. Koblenz 1841.

verschieden sein; denn ich darf mich nicht neben einen so berühmten, gründlichen Reisenden stellen, und doch darf ich annehmen, die Mandanworte richtig niedergeschrieben zu haben, da ich sie Herrn Kipp und seiner Mandanfrau immer wiederholen mußte; es war ihm sehr daran gelegen, nicht nur seinem Freunde Mitchell, Indian agent in St. Louis, eine Gefälligkeit zu erweisen, sondern auch vor den Gelehrten mit seinem eigenen Namen einstehen zu können. Die Unterschiede unserer beiden Sprachproben müssen daher durch dritte Personen gerichtet werden. Da ich bei den Mandan nicht gewohnt habe, daher meine Sprachproben von denselben bloß aus *einer*, übrigens der gleichen Quelle herrühren, würde ich mich sogleich als der im Irrtum Befindliche unterziehen, wenn sich nicht bei den anderen mir besser bekannten Sprache ebenso große Verschiedenheiten zwischen dem Prinzen von Wied und mir gefunden hätten, Verschiedenheiten, bei denen ich durchaus gewiß bin, recht zu haben, indem ich die Worte hundertmal gehört und selbst täglich gebraucht habe, wie z. B. in der Herantsasprache mi-e, Weib, beim Prinzen bi-a; itsiu-

Mandan

Innerhalb der Sioux sprechenden Völker bilden die Mandan eine eigene Gruppe. In Kultur und Lebensart unterschieden sie sich stark von ihren Nachbarn, vielmehr glichen sie den Stämmen des nördlichen Waldlandes, wie den Winnebago.
Die Mandan waren ebenso wie die mit ihnen verwandten Hidatsa ein seßhafter Stamm, der vor allem von Ackerbau lebte und für den die Bisonjagd bei weitem nicht die Rolle spielte wie für die Teton-Sioux oder Cheyenne. In kurzer Zeit entwickelte sich ein reger Tauschhandel zwischen den Mandan und den weißen Händlern. Ähnlich wie die Ponca hatten auch die Mandan ein sehr gespanntes Verhältnis zu den Sioux.
Obwohl ihre Bevölkerungszahl 1837 von etwa eintausendachthundert Menschen auf einige Dutzend sank und sie keinerlei politische Rolle bei der Eroberung der Prärien spielten, zählen die Mandan zu den bekanntesten Stämmen überhaupt. Dies ist vor allem auf die Berichte des Prinzen Maximilian zu Wied und des Malers George Catlin zurückzuführen, worin gerade dieser Stamm sehr ausführlich beschrieben wird.

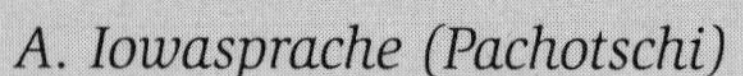

A. Iowasprache (Pachotschi)

antsche	sein Vater
antschehi	der Vater
antsche-hinje	Agent
agratsche	Arm
asch-gutsche	Hinterkopf
acho	Flügel
arutsche	Profil, Seite
agutta	Beinkleider (weibliche)
agutsche	Schuhe
agutsche-ikahi	Schuhriemen
awuoka	Armring
ajantschi	Bettvorhang
ajan irarake (o-mi-je)	Bett
aminna	Sitz, Stuhl
ahemachschi	(hoher) Berg
akinwenu	Wettrennen
aarschie	Kreuz (im Kartenspiel)
beta	Frühling
chra	Adler
Chra-manje	N. pr. (der schreitende Adler)
chrawe	Wald
chato	Gras
chrichri	Eiterbeule
dihu	deine Mutter
diku	deine Groß- oder Schwiegermutter
detuka	dein Groß- oder Schwiegervater
dawue	Biber
Dutsche	Krähenindianer
detua	Nabel

drehke	Schenkel
dreh	Penis
danje	Tabak
danomon	Tabakpfeife
danji weyomi	Zigarre
decherusie	Trommel
dukri	Blitz
daje	Name
etschin-mingue	Mädchen
ehu	seine Mutter
eku	seine Groß- oder Schwiegermutter
etuka	sein Groß- oder Schwiegervater
ekie	Klammer
grepreirawu	10 Cents
hinka	mein Vater
hihna	meine Mutter
hintuka	mein Groß- oder Schwiegervater
higkunje	meine Groß- oder Schwiegermutter
hintumi	meine Tante
hintscheka	mein Oheim
hintoske	mein Neffe
hintoskemi	meine Nichte
hi jingue	mein Sohn
hi jungue	meine Tochter
hintaga	mein Enkel
hintagami	meine Enkelin
hi-i-na	mein ältester Bruder
hi-ju-na	meine älteste Schwester

hinthungue	mein jüngerer Bruder
hintanje	meine jüngere Schwester
hintami	meine Frau
higran	mein Gemahl
higru	erster Sohn
hena	zweiter Sohn
haka	3. 4. etc. Sohn
hinu	erste Tochter
hathika	3. 4. Tochter
hinak jingue	altes Weib
houwe-wakonta	Sonntag
-rochre	Montag
-inuwe	Dienstag (2. Tag)
-itani	Mittwoch (3. Tag)
-itowe	Donnerstag (4. Tag)
-ithathom	Freitag (5. Tag)
-isaque	Samstag (6. Tag)
Houwe pimme	N. pr. fem. (schöner Tag)
Hauhe wahi	N. pr. (der listigste Mann)
Hikabo	Kikapoos
h*an*he	Nacht
hethika	Biene, Wespe
homa	Elk
hi	Zähne
ho	Stimme
h*on*cha	Nase
hu	Bein
huro	Wade
hatsche	Unkraut, Mist
hatheh	Beeren
hastsche	Erdbeeren
hamiska	Rettich
ha	Faden
hiwue	Kitt, Leim
hiwuaggotsche	Stecknadel
horuthe	Netz
hochue	Wiege
hokantu	lariat (Lasso)
hachotsche	Pulver
hotsche	Höhle
homi	Gestank
hou!	Gruß (Ausruf zur Aufmunterung)
innuni	Bruder
itschinto jingue	Jüngling
itschich unjingue	junges Weib

schugga, Pferd, beim Prinzen Eisoh-waschukka; machbitsi, Bär – lachbitzi; ferner im Assiniboin: tandoh, Fleisch, beim Prinzen tano; menie atagans, trinken – menat-kinkte; wuijah, Weib – Huïna usw., usw.

Bei der Iowasprache haben mir am Ende, als ich, durch Witthae unterrichtet, bereits ordentlich zu sprechen anfing, die Männer vorgehalten, ich rede wie ein Weib; die Aussprache und Ausdrucksweise der Weiber ist nämlich nicht immer die gleiche wie bei den Männern; jene brauchen weichere Buchstaben für *r, y, t* usw. (nach Schoolcraft kommen solche Verschiedenheiten der männlichen und weiblichen Ausdrucksweise auch bei den Chippewa vor).

Um die Namen der Farben zu erhalten, hat es bei den Indianern auch öfters seine Schwierigkeit, da sie dieselben selten bloß als Adjektiv anwenden, sondern gewöhnlich als Anhängsel zu einem Hauptworte wie Erde, Farbe, selbst Blanket, Rassade usw. Ferner gebrauchen die Indianer beim Nennen ihrer Körperteile das Wort *mein*, bei anderen Gegenständen *es ist*. Bei solchen Fällen ist man bloß durch nähere Bekanntschaft und Studium der Sprache imstande, den eigentlichen Ausdruck ohne Zugabe zu erhalten.

Mit der deutschen Sprache kann man den indianischen Lauten am nächsten kommen, da unser *u, k, r, a, e, ch, sch, ü, h* usw. beständig vorkommen. Aus dem Französischen kann man die Nasenlaute *an, on* und hauptsächlich das *gue* brauchen. Die englische Sprache ist zum Niederschreiben der indianischen Laute ganz untauglich, man nehme denn eine Menge von neuen Zeichen an; das einzige *th* konnte ich anwenden, um den Laut *ts*, mit der Zungenspitze zwischen den Zähnen ausgesprochen, wiedergeben zu können. *Kursiv* gedruckte Silben, wie *an, on* müssen *nasal*, wie im Französischen, gesprochen werden, z. B. *chan* ähnlich wie *chang*; ebenso ist *gue* französisch auszusprechen; das *e* allein als Vokal einer Silbe gibt das deutsche *e* in der Endsilbe *en* oder *et*. Das französische *j* brauchte ich deswegen nicht, um keine Verwechslung mit dem deutschen *j*, das sehr häufig ist, herbeizuführen. Da wir Schweizer das *k* härter, das *ii* weniger wie *i* als die Rheinpreußen aussprechen, so kommt das *kk* und *ü* bei mir selten vor, das *k* gebe ich öfters mit *q* ohne *u*, wo der Laut etwas weicher gegeben werden soll.

IX.

Olive Oatman wurde 1838 als drittes von sieben Kindern des Ehepaares Roys (geb. 1810 im Staat New York) und Mary Ann Oatman (geb. 1814 in Illinois) geboren. Die Eltern waren Mormonen, gehörten allerdings einer eigenen Gruppierung innerhalb dieser Sekte an, deren Anführer James Collin Brewster war. Im Gegensatz zu Brigham Youngs Auffassung lag sein »Gelobtes Land« im Südwesten unterhalb des Zusammenflusses von Gila und Colorado River.
1849 wurde ein Zug nach diesem Zion organisiert; Roys Oatman verkaufte seine Habe für 1500 Dollar und kaufte dafür einen Auswandererwagen, Ochsen, Milchkühe und Reitpferde sowie Proviant für achtzehn Monate. Am 9. August 1850 brach die Karawane von Independence, Missouri, mit zweiundfünfzig Personen, darunter Brewster, und zwanzig Wagen auf.

Der Auswandererzug überquerte die Plains und folgte dabei dem Santa-Fé-Trail. Am Santa-Fé-Paß kam es zum Streit wegen der weiteren Route. Schließlich spaltete sich die Karawane in zwei Gruppen: Brewster zog mit einunddreißig Leuten auf der nördlichen Route über Santa Fé nach Westen, Oatman und einige andere Familien wählten einen Weg weiter südlich über Socorro und den San Pedro River zum Rio Gila. Vermutlich ging es Oatman gar nicht mehr um das ursprüngliche Ziel, es ist zu vermuten, daß ihn das Goldfieber gepackt hatte und er eigentlich nach Kalifornien wollte, wo 1849 der Goldrausch ausgebrochen war. Diesem Fieber und seiner Starrköpfigkeit sind wohl die unverantwortlichen Entscheidungen zuzuschreiben, die er in der Folge traf. Er setzte den Führer des Wagenzuges ab und übernahm selbst die Führung der zwanzig Leute, von denen fast die Hälfte zu seiner Familie gehörte. Seine Frau erwartete zudem noch ihr achtes Kind.
Der strapaziöse Weg über die Berge erschöpfte die Kräfte der Zugtiere, ein Trupp Apachen stahl den Auswanderern Kochtöpfe und Proviant. Oatman mußte Wagen und Gepäck reduzieren und erreichte über Santa Cruz am 15. Januar 1851 Tucson. Er lehnte das Angebot ab, mit seinen Leuten als Verstärkung gegen die Apachen zu bleiben, und setzte den beschwerlichen und gefahrvollen Weg fort. Allerdings war ein Teil seiner Leute in Tucson geblieben, nur drei Männer – Wilder und die Kelly-Brüder – folgten ihm. Er gelangte über Picacho und Casa Grande zur großen Krümmung des Gila River, wo die letzten einigermaßen sicheren Außenposten vor der berühmt-berüchtigten Apacheria lagen, die Dörfer der Marikopa und Pima. Der sture Oatman schlug alle Warnungen in den Wind; unglücklicherweise hatte ihn ein dort lebender Forscher in seiner Meinung bestärkt, als er erzählte, er hätte schon länger keine feindlichen Indianer gesehen.
Das Schicksal nahm nun seinen Lauf. Während auch die Kellys und Wilder in den Dörfern geblieben waren, zog die Oatman-Familie in ihr Verderben. Am 18. Februar 1851 überquerten sie unter großen Mühen den Rio Gila und schlugen ein Lager auf. Nach dem Abendessen wurden sie von einem Trupp Yavapai überfallen. Oatman und seine Frau sowie vier der Kinder wurden getötet, Olive und ihre sie-

benjährige Schwester Mary Ann wurden geraubt. Der sechzehnjährige Lorenzo wurde verwundet, von den Indianern für tot gehalten und liegengelassen. Er lief dann zurück, traf auf zwei Pima-Indianer, die ihn zu Wilder und den Kellys brachten, die gleich mit einigen Pima zu der Stelle des Überfalls ritten, die man dann Oatman Flat nannte.

Olive und Mary Ann wurden von den Yavapai zu deren Dorf gebracht und waren, wie dies üblich war, nur mehr Sklaven, die schwere Arbeiten verrichten mußten – so wie die Indianerfrauen.

Yavapai

Die Yavapai zählen zum Yuma-Zweig der Hokan-Sprachfamilie und lebten im Tal des Rio Verde und auf der Black Mesa zwischen dem Salt River und den Bill Williams Mountains im Westen des heutigen Bundesstaates Arizona. 1875 wurden sie in die San Carlos Reservation umgesiedelt, um 1900 kehrten sie jedoch in ihr angestammtes Gebiet am Rio Verde zurück. Ihre Zahl wurde für 1873 auf etwa tausend Personen geschätzt.

Für zwei Pferde, zwei Decken und einige Pfund Perlen wurden sie einige Zeit später an die Mohave verkauft. Nach einem Marsch von eineinhalb Wochen kamen sie in einem Mohave-Dorf an, dessen Häuptling Espanesay sie adoptierte. Sie wurden mit den stammesüblichen Tätowierungen versehen, fünf senkrechten Linien zwischen Kinn und Unterlippe.

Im April 1855 drangen erstmals Nachrichten über die verschollenen Oatman-Mädchen auf. Nachdem jahrelang Ungewißheit über ihr Schicksal geherrscht hatte, berichtete im April 1855 ein mexikanischer Soldat, daß die Mädchen bei den Mohave lebten. Es sollte jedoch bis zum Februar 1856 dauern, ehe ein Yuma-Indianer namens Francesco die beiden Mädchen nach Fort Yuma brachte. Dabei stellte sich heraus, daß Mary Ann gestorben war und das zweite Mädchen eine gefangene Mexikanerin war, die Mary Anns Stelle einnahm. Olive konnte kaum mehr Englisch, und erst als sie in der Sprache der Mohave nach ihrem Namen gefragt wurde, antwortete sie »Olive Oatman«.

Sie wurde eingekleidet und einer im Fort lebenden Dame, Mrs. Sarah Bowman-Phillips, in Obhut gegeben. Es war ja nicht selten, daß im Stamm lebende Gefangene sich weigerten, die Lebensart der Weißen wieder anzunehmen, und zu den Indianern zurückflohen.
Bald darauf traf sie mit ihrem Bruder Lorenzo zusammen, ebenso mit ihrer Freundin Susan Thompson, die sie auf dem Zug durch die Plains kennengelernt hatte. Ihre Familie war in Tucson geblieben. Bei ihr wohnten die Geschwister von April bis Juni 1856; ihr Cousin Harrison B. Oatman lud sie dann ein, zu ihm nach Oregon zu kommen. 1857/58 studierten sie an der Universität von Santa Clara. 1865 heiratete sie John B. Fairchild aus Rochester, führte eine lange, glückliche Ehe und starb 1903 in Sherman, Texas.
Das Schicksal der Oatman-Familie und die Rückkehr von Olive war natürlich eine Sensation für die amerikanische Öffentlichkeit. Nicht nur die Journalisten stürzten sich auf sie, es fand sich auch schnell ein Autor, der ihre Erlebnisse zu Papier brachte: Reverend R. B. Stratton. Das Buch erschien 1857 unter dem Titel »Captivity of the Oatman Girls« und erlebte in kürzester Zeit zahlreiche Auflagen. Ein im selben Jahr in San Francisco aufgeführtes Theaterstück von Charles E. Binghan mit Olive als Erzählerin und Hauptdarstellerin wurde allerdings ein Reinfall.
Stratton und die diversen Journalisten verschwiegen allerdings zwei wesentliche Dinge. Die Tatsache, daß die Oatmans eine Mormonenfamilie waren – 1857/58 führten die Vereinigten Staaten Krieg gegen die Mormonen –, und die Ehe Olive Oatmans mit dem Sohn des Mohave-Häuptlings, aus der zwei Kinder hervorgegangen waren.
Gerade dies paßte nicht in die verlogenen Moralbegriffe des viktorianisch-puritanischen Nordamerika.

Als Olive und Mary Ann Oatman vom Mohave-Häuptling Espanesay adoptiert worden waren, begann für sie ein etwas angenehmeres Leben als bei den Yavapai. Sie erhielten Decken, Nahrung und ein Stück Feld, das sie selbst bebauen durften. Im wesentlichen bauten die Mohave Mais, Bohnen und Melonen an. Unglücklicherweise blieb jedoch 1853 die jährliche Überschwemmung des Colorado River aus, die die Felder bewässerte. Eine Hungersnot war die Folge, der Mary Ann mit ihrer schwächlichen Konstitution nicht gewachsen war.
Im Gegensatz zu den von James Smith selbst verfaßten Erinnerungen und den von Edward James niedergeschriebenen Erlebnissen John Tanners zeigt R. B. Strattons Beschreibung der Gefangenschaft der Oatman-Mädchen die bewußte Orientierung am breiten Publikumsgeschmack: Schwarz-Weiß-Malerei, Rührseligkeit und Vernachlässigung ethnologischer Details sind Merkmale, wie sie für die »Dime Novels« später geradezu zum »Gütezeichen« werden sollten.
Der folgende Ausschnitt aus einem der berühmtesten Gefangenenberichte soll im Rahmen der in diesem Buch vereinigten Augenzeugenberichte das Extrem des manipulierten und ethnologisch unergiebigen Berichts verdeutlichen.

Gefangen bei den Mohave-Indianern

Olive Oatman / R. B. Stratton

Als erstes wurde uns erklärt, daß wir dreihundertfünfzig Meilen vor uns hätten, die ausschließlich zu Fuß zurückzulegen wären. Sehr bald wurde uns klar, daß unsere Wegstrecke keinesfalls jener vorzuziehen war, auf der wir das Apachendorf erreicht hatten. Wir schrieben nun den 1. März 1852. Ein Jahr hatten wir in einer äußerst elenden, trostlosen Verfassung gelebt, wobei wir auf das grausamste behandelt wurden, wie es Barbarei und Haß nur ersinnen können, und all das hatten wir erduldet, ohne die geringste Möglichkeit, auch nur durch ein Wort unser Schicksal in die eine oder andere Richtung zu wenden, und das zudem in einer schroffen Felsenlandschaft, die aus kahlen Bergen oder niederen Hügeln mit nur geringer, öder Einheitsvegetation bestand oder aus unförmigen Felsblöcken und Kiesbetten; nun wurden wir allein unter indianischer Führung vorwärts getrieben, ohne zu wissen, wohin und zu welchem Zweck. Wir waren kaum weit vorangekommen, ehe es unseren Füßen und ganz zu schweigen unseren leidenden Herzen schmerzvoll bewußt wurde, daß dieser Weg in eine zweite Gefangenschaft keineswegs eine Verbesserung zur ersten bedeutete, welches Schicksal auch immer uns an seinem Ziel erwarten mochte. Ein ganzes Jahr hatten wir unter dem Joch von Druck und Zwangsarbeit, die sogar über unsere Kräfte ging, ertragen, aber ein langer Marsch beziehungsweise Lauf wie dieser, bewies, daß bis zu diesem Zeitpunkt noch nicht die äußerste Grenze erreicht war.

Mary Ann, das arme Mädchen, trat diese Tour mit geringerer Kraft und weniger Mut, den Strapazen standzuhalten, an als bei der ersten. Sie war kaum weit gegangen, als ich eindeutig erkannte, daß sie es nicht lange durchhalten würde. Bei allem Anschein von Wohlwollen, das unsere jetzigen Aufseher aufbrachten, waren sie scheinbar doch vollkommen außerstande, die Gefühle jener zu teilen, die sanfter als sie selbst erzogen worden waren, oder deren Unfähigkeit zu verstehen, eine Anforderung, wie sie ihre rauhen und unerbittlichen Sitten verlangt, zu bewältigen. Unsere Füße wurden schnell wund, und wir konnten am zweiten Tag etwa um die Mittagszeit nicht mehr mit ihrem schnellen Marschtempo Schritt halten. Beim Aufbruch wurde uns ein kleines Stück Fleisch in die Hand gedrückt und zusammen mit den wenigen Wurzeln, die wir ausgraben durften, war das unser einziger Proviant für zehn Tage.

Unter ziemlichem Unmut und einigen Drohungen unserer jetzigen Entführer wurde uns erlaubt, am zweiten Tag eine kurze Weile zu rasten. Danach wurden wir nicht gezwungen, mehr als fünfunddreißig Meilen an einem Tag zu gehen, und Lederstücke wurden um unsere Füße gebunden, aber das nicht eher, bevor sie nicht ohne das Leder sinnlos aufgerieben und wund waren. Die Nächte waren kalt. Entgegen unseren Erwartungen brachte uns die Tochter des Häuptlings während der gesamten Reise Wohlwollen entgegen, indem sie an jedem Lagerplatz die Decken mit uns teilte.

Von allen rauhen, unwirtlichen, unebenen Landschaften, durch die Menschen ziehen, muß jene, durch die uns dieser Zehn-Tages-Marsch führte, als unübertroffen gelten. Am elften Tag, etwa zwei Stunden vor Sonnenuntergang, unternahmen wir einen kühnen, steilen Berganstieg (davon durften wir bereits etliche erklimmen), von dem aus wir einen weiten Blick in alle Richtungen hatten.

Vor uns lag, ein Stück weit vom Fuße unseres Abhangs beginnend, ein enges Tal, das wie mit einem grünen Teppich bedeckt war, der eine Entfernung von augenscheinlich zwanzig Meilen überspannte. An allen Seiten ragten hohe, ungleichmäßig abfallende Berge empor, deren vorgelagerte Hügel in das gleiche leuchtende Grün gehüllt waren, und die mit ihren kahlen Rücken und scharfgeschnittenen Spitzen, unbewaldet und ohne Vegetation trostlos wirkten, als ob Unwetter von Jahrhunderten ihren Zorn über die Steilwände und Gipfel ergossen hätten.

Unsere Führer hielten bald an. Wir beobachteten an ihren Bewegungen und Äußerungen, daß irgend etwas jenseits der Lieblichkeit, die die Natur über dieses Tal gebreitet hatte, ihr Augenmerk auf sich zog. Nur einige Augenblicke waren wir starrend dagestanden, als Rauch, der sich in einer Entfernung von wenigen Meilen in zarten Säulen die Hügelketten hinaufwand, uns vom Wohnsitz oder dem Aufenthaltsort von Menschen kündete. Sehr bald schon kam in unser aufmerksames Blickfeld eine große Anzahl von Hütten, die das Tal in alle Richtungen bedeckten. Deutlich konnten wir zu unserer Rechten eine große Ansammlung dieser Hütten erkennen, die sich in einen Winkel der Berge hineinschmiegten, davor ein Flußbett, dessen glasklares Wasser das Sonnenlicht auf unsere Gesichter zurückwarf; seine gewundene Zickzacklinie zeichnete sich für uns durch eine Reihe hübscher Baumwollsträucher ab, die sein unmittelbares Ufer dicht säumten.

»Hier, Olive«, sagte Mary Ann, »ist der Ort, wo sie leben. Oh, ist das nicht ein wunderschönes Tal? Mir scheint, ich werde hier gerne leben.«

»Schon möglich«, sagte ich, »daß du gar nicht mehr zu den Weißen zurück möchtest.«
»O ja, hier gibt es grünes Gras und hübsche Wiesen und dazu gute Menschen, die sich um uns kümmern; es gibt genug Barbaren, die nach einer gewissen Zeit jeden Ort häßlich aussehen lassen.«
Wir wurden schnell im »Mohave Tal« angekündigt und waren gar nicht weit gegangen, als wir bereits die ersten niederen, primitiven Hütten der Mohave-Siedler passierten. Sie begrüßten uns mit Zurufen, Tanz und Gesang, als wir vorbeizogen. Unsere Führer setzten jedoch, dessen ungeachtet, den Marsch in das Dorf fort, dann und wann begleitet von grimmigen, schmutzig aussehenden Mohaves und ihren noch schmutziger wirkenden Kindern, die gleich zutraulich waren, um uns ungeniert ins Gesicht zu blicken, wobei sie ihre tiefliegenden, schmalen, blitzenden Augen auf uns hefteten und scherzend, grüßend und tanzend neben uns herliefen.
Wir wurden sofort zum Haus des Häuptlings geführt und von neugierigen Blicken sich sammelnder Gruppen und dem gelegentlichen Lächeln von Familienangehörigen des Häuptlings begrüßt, die ihrer Freude über die Rückkehr der so lange abwesenden Tochter und Schwester herzlichen Ausdruck verliehen. Selten liefert unsere Zivilisation einen warmherzigeren Beweis für die Zuneigung zu einem Verwandten, als es die Begrüßung der rückkehrenden Familienangehörigen des Häuptlings zeigte, obwohl sie nur einige Tage weg waren. Das Haus des Häuptlings befand sich auf einer schönen, aber

Mohave

Die Mohave, der stärkste und kriegerischste Stamm der Yuma-Sprachfamilie, lebten an den Ufern des Rio Colorado, vor allem zwischen den Needles und dem Eingang zum Black Canyon. Die US-Regierung schloß keinen Vertrag mit diesem Stamm, vielmehr wurde 1865 per Gesetz die Gründung der Colorado River Reservation in Arizona beschlossen. In den Jahren 1873 bis 1876 wurde dieser Beschluß angeführt; neben den Mohave leben die Chemehuevi und die Kawia in dieser Reservation. Die Stärke des Stammes wurde 1834 auf etwa viertausend Personen geschätzt.

schmalen Anhöhe, die das Flußufer krönte, von wo aus das Auge über einen breiten Ausschnitt des Tales schweifen und das ganze Dorf überwachen konnte, einer Stelle, von der jeder Flußarm ausging.
Es gab wenig Zerstreuung im Mohave-Tal, und mangels Bedarf wurde nur wenig Fleisch von diesem Stamm verzehrt. Im Winter und im Frühjahr haben sie sich mit Fisch aus einem nahegelegenen See versorgt, der in Zeiten des Hochwassers ein reiches kleines Gefäß war, aber in Trockenperioden zu einem ekligen Schlammloch wurde. In der Jahreszeit des Anpflanzens sorgten die Mohave für einen spärlichen viermonatigen Vorrat, der jedoch auch für ein ganzes Jahr gedacht sein konnte. Wenn ich diese faulen, nur auf den heutigen Tag ausgerichteten Wilden sah, wie sie durch zu frühes Abernten Gemüse und Getreide vernichteten, noch ehe es ausgereift war, dachte ich oft, daß es mich erfreuen würde, die Hand eines geschickten Landwirts über diesem Tal zu sehen, um den untätigen Mohave einen Beweis für die wirklichen Ertragsmöglichkeiten zu liefern.
Den größten Teil des Sommers verbrachten wir mit harter Arbeit. Über längere Zeit wurden wir bei Sonnenaufgang wachgerüttelt, Körbe wurden auf unsere Schultern gepackt, und wir wurden gezwungen, zwischen sechs bis acht Meilen für das sogenannte »Musquité« zu laufen, einem Samen oder einer Beere, die an einem Busch wuchs, etwa in der Größe unseres Manzanita. Zu Anfang der Saison brachte dieser Strauch eine wunderbare Blüte hervor, und nach einigen Wochen konnte man eine große Samenkapsel pflücken, worin ihr eigentliches Hauptnahrungsmittel bestand. Eine lange Zeit verbrachten wir damit, zwischen Morgendämmerung und Abenddämmerung diese Frucht zu sammeln. Oft war es uns unmöglich, bei der spärlichen Ernte in diesem Jahr unseren Korb zu füllen, so wie es von uns verlangt wurde; wenn wir darin scheiterten, konnten wir nur selten einer Züchtigung entkommen. Nachdem diese Samen geerntet waren, wurden sie zum ausgiebigen Trocknen in ihren Hütten aufgehängt und dann genützt, wenn ihr Gemüse und ihr Getreide aufgebraucht waren. Ich konnte durchhalten bei der Aufgabe, die mir täglich abverlangt wurde, aber die Ansprüche und die hohen Anforderungen zu sehen, die Tag für Tag von diesen gefühllosen Schurken, wie es viele von ihnen waren, an die kleine Mary Ann gestellt wur-

Indianerinnen bei der Arbeit, in den Körben transportieren sie Wasser und Grassamen
(Aus: Francis S. Drake, *The Indian Tribes of the United States*, London and Philadelphia 1885)

den, während ihre körperliche Verfassung bereits am Ende war und sie täglich unter den quälendsten Schmerzen litt, die Folge der barbarischen Behandlung waren, die sie schon erlitten hatte; das war eine schwerwiegendere Schicksalsprüfung als alles, was ich an körperlicher Pein durchzustehen hatte. Und oft empfand ich die Vorstellung, sie in ein Grab sinken zu sehen, als traurige Erlösung vom Befall und der Qual von Krankheiten sowie von der grausamen Behandlung, der sie ausgesetzt war. Aber es gab Augenblicke, in denen sie nach einer Ruhepause, die sie gezwungen waren, ihr aufgrund gänzlicher Schwäche zu gewähren, neu belebt wirkte.

Von unseren Entführern wurden wir zu der Zeit mehrmals beschuldigt, unsere Flucht bereits ausgedacht und geplant zu haben. Einige von ihnen fragten und bedrängten uns ständig, um, wenn möglich, unsere Gefühle und Absichten hinsichtlich unserer Gefangennahme zu ergründen. Obwohl wir beharrlich jegliche Absicht leugneten, unser Entfliehen zu versuchen, schienen uns doch viele unter ihnen nicht zu glauben und warnten uns vor solchem Unterfangen, indem sie uns versicherten, daß sie uns verfolgen würden, wenn nötig sogar bis zur Siedlung der Weißen, und daß sie uns auf grausamste Weise foltern würden, wenn wir jemals wieder gefangengenommen würden.

Eines Tages, als wir in der Hütte des Häuptlings saßen, nachdem wir gerade von einem Ausflug zurückgekehrt waren, bei dem wir nach Wurzeln gegraben hatten, kamen zwei ihrer Medizinmänner, die vom Häuptling und einigen anderen erwartet wurden, zum Hütteneingang. Die Frau des Häuptlings befahl uns daraufhin, hinaus auf den Vorplatz zu gehen, und erklärte uns, daß die Medizinmänner Markierungen auf unsere Gesichter machen würden. Nur unter großer Mühe konnten wir zunächst verstehen, was ihr Ansinnen war. Allerdings kam es uns bald durch die Gesten, die die Anweisungen der Frau begleiteten, zum Bewußtsein, daß sie die Absicht hatten, unsere Gesichter zu tätowieren.

Wir hatten gesehen, wie sie das bei einigen ihrer weiblichen Nachkommen machten, und dabei hatten wir uns oft miteinander unterhalten, wobei wir die Hoffnung aussprachen, davor verschont zu bleiben, von ihnen tätowiert zu werden. Ich wagte es, sie einige Au-

genblicke lang anzuflehen, unsere Gesichter nicht mit diesen häßlichen Markierungen zu versehen. Es war aber vergeblich. Auf all unsere Einwände antworteten sie im wesentlichen nur, daß sie wüßten, warum wir uns dagegen sträubten, nämlich weil wir davon ausgingen, wieder zu den Weißen zurückzukehren und uns dann dafür schämen würden; es sei aber ihr Beschluß, daß wir niemals zurückkehren sollten und daß wir, weil wir ihnen gehörten, auch ihr »ki-e-chock«-Zeichen tragen sollten. Weiterhin sagten sie, daß sie uns für den Fall, wir würden uns davonmachen und sie fänden uns bei einem anderen Stamm wieder, oder ein anderer Stamm würde uns entführen, an diesen Zeichen wiedererkennen könnten.
Sodann ritzten sie unsere Haut am Kinn mit einem sehr scharfen Stab in dünnen, gleichmäßigen Linien auf, aus denen das Blut herunterfloß. Danach tauchten sie diese Stäbe in den Saft einer bestimmten Pflanze ein, die am Flußufer wuchs, und schließlich in das Pulver eines blauen Steins, wie er an einigen Stellen im seichten Wasser des Flußbettes zu finden war (dieser Stein wurde von ihnen zuerst im Feuer erhitzt, bis er leicht zu pulverisieren war, und während er gebrannt wurde, wechselte seine Farbe fast ins Schwarze), und danach wurde dieses feine Pulver in die Fleischwunden unseres Gesichtes einpunktiert. Die Prozedur war unsäglich schmerzhaft, und doch quälte es uns für zwei oder drei Tage nach dieser Behandlung noch stärker. Sie erklärten uns, daß das nun nie wieder aus dem Gesicht zu entfernen sei und daß sie uns eine unterschiedliche Tätowierung zu der ihrer eigenen Frauen gegeben hätten, wie wir sehen konnten, aber es sei die gleiche, mit der sie ihre Gefangenen kennzeichneten, und so könnten sie uns zurückfordern, gleichgültig, in welchem Stamm sie uns finden würden.
Die Indianer sagten, daß es etwa sechzig Meilen entfernt einen »Taneta« (Baum) gäbe, der eine Beerenfrucht, genannt ›Oth-to-toa‹, trägt, mit deren Hilfe sie vor Jahren überlebt hätten, allerdings könne man den Platz nur über einen bergigen, schlechten Weg von sechzig Fußmeilen erreichen. Bald traf eine größere Gruppe Vorbereitungen, um sich auf die Suche nach diesem »Lebensretter« zu machen. Viele derer, die es eigentlich gewöhnt waren, konnten nicht aufbrechen. Mary Ann kam mit, gab aber bald auf und kehrte zurück. Einige In-

dianer begleiteten uns, aber für sie war es eine Schande, Lasten zu tragen; so etwas schickte sich nur für Squaws und Gefangene. Mir wurde befohlen, meinen Korb aufzunehmen und mit ihnen zu gehen, und nur unter starkem Flehen konnte ich sie dazu bewegen, meiner Schwester dieses Unternehmen zu ersparen, als sie aufgab. Ich hatte diesen »Chiechuck« leer wie beladen schon über viele hundert Meilen getragen, aber nie über einen solch holperigen Pfad, ganz zu schweigen, wenn er so schwer schien wie jetzt.

Wir erreichten den Platz am dritten Tag und fanden den Taneta als Busch vor, der dem Musquite sehr ähnlich war, nur mit viel größeren Blättern. Er wuchs in einer Höhe zwischen fünf und dreißig Fuß. Seine Frucht war viel schmackhafter als die des Musquite; der Saft daraus, wenn er ausgepreßt und mit Wasser vermischt wurde, glich sehr dem einer Orange. Die Beschwernis und die Gefahren dieses Weges wurden sehr stark durch die Hoffnung gemildert, etwas Nahrhaftes aufzutreiben, mit dem Marys Leben verlängert werden konnte. Sie war sehr niedergeschlagen und wirkte krank, als ich sie verließ.

Nachdem wir ungefähr zwei Tage gewandert waren und schon etwas, aber noch recht wenig gesammelt hatten, machten sich sechs von uns auf die Suche nach einer Stelle, wo der Oth-to-toa hätte ergiebiger sein können. Wir entfernten uns über zwanzig Meilen von unserem jetzigen Zeltplatz. Dort fanden wir Tanetas in großer Menge, die mit Beeren überladen waren. Wir hatten eine spezielle Stelle ausfindig gemacht, die wir meinten, nie zuvor gefunden zu haben.

Unsere Körbe vollgefüllt, beeilten wir uns, die Gruppe am Zeltplatz zu erreichen, bevor sie ins Dorf aufbrach. Bald verloren wir unseren Weg und im Stockfinsteren wanderten wir ohne Wasser die ganze Nacht durch und waren beinahe alle krank vom Verzehr unserer Oth-to-toa-Beeren. Gegen Morgen, fast erschöpft und drei unserer Gruppe sehr krank, waren wir gezwungen, einen Halt einzulegen. Wir hielten Wache bei den Kranken und pflegten sie, indem wir sie mit einem Heilkraut behandelten, das wir immer bei uns trugen und das so ziemlich die einzige Medizin war, die die Mohave benutzten. Aber unsere Bemühungen waren umsonst, denn noch vor dem Mittag taten die drei ihren letzten Atemzug. Ein Feuer wurde entfacht und ihre Körper verbrannt; für mehrere Stunden erwartete ich, auf einen die-

ser Scheiterhaufen gelegt zu werden in dieser tiefen, dunklen und nahezu verlassenen Wildnis.
Ich denke, daß ich während dieser zwei oder drei Stunden mehr an Geist und Körper litt als in irgendeiner anderen Phase meiner Gefangenschaft in gleicher Zeit. Wir waren darauf bedacht, uns nur so lange wie nötig aufzuhalten, da unsere Kräfte nahezu erschöpft waren. Wir brachen zum Rückmarsch auf, und nun sah ich einen Indianer einen Korb tragen. Einer von ihnen trug die Körbe der Toten und schloß zu uns auf. Der Rest der Gruppe ging, in traurigster Weise heulend, durch die Wälder. Am nächsten Tag fanden wir den Zeltplatz und sahen, daß wir uns eigentlich ganz in der Nähe befunden hatten. Bald waren wir auf unserem Weg, und indem wir alle eine Nacht durchliefen, erreichten wir das Dorf.
Es wäre unmöglich, auch nur einen einzigen wahren Gedanken zu Papier zu bringen, was meine Gefühle und meine Qualen um Marys willen auf dieser Tour betrifft. Wäre es nicht für sie gewesen, so hätte ich eingewilligt, mich hinzulegen und mit den dreien, die wir bestattet hatten, zu sterben. Ich hatte nicht damit gerechnet zurückzukehren. Ich fürchtete, sie sei nicht mehr am Leben, und fand sie bei der Rückkehr ins Dorf körperlich gebrochen vor, nur dürftig mit Nahrung versorgt, gerade ausreichend, um sie am Leben zu erhalten. Ich suchte mit jeder möglichen Zuwendung, sie wieder auf die Beine zu stellen, und für kurze Zeit kam sie zu Kräften. Die Beeren, die wir gesammelt hatten, enthielten nur geringe Nährstoffe, wenn man sie zu sich nahm (vorausgesetzt der Magen konnte sie verdauen).
Ganze Tage verbrachte ich mit der Suche nach Amseleiern für Mary Ann. Zur richtigen Zeit gab es davon genug, aber nicht jetzt. Sie aß sie mit großem Genuß. Für kurze Zeit hegte ich die Hoffnung, sie könnte mit Zuwendung und Pflege bis zum Frühjahr, wenn wir Fisch fangen konnten, bei Kräften gehalten werden. Der geringe Vorrat, den wir eingebracht hatten, war bald gierig verzehrt, und nur mit äußersten Schwierigkeiten konnten wir etwas davon abbekommen. Der Boden war meilenweit abgesucht, und jede Wurzel, die dem Leben eines Menschen Nahrung geben konnte, wurde gesammelt. Die Indianer wurden rücksichtslos und zänkisch und mit unerbittlichem Eigennutz war jeder dabei, für sein eigenes Leben zu kämpfen, und

das mit ausgesprochener Rücksichtslosigkeit gegenüber seinem Nächsten. Mary Ann ermattete schnell. Sie und ich blieben ganze Tage, ohne irgend etwas zu essen, und wenn, so bekamen wir durch Zufall oder die Freundlichkeit der Häuptlingstochter einen Bissen, um unseren Heißhunger zu stillen. Oft sagte Mary zu mir: »Es geht mir erträglich, aber ich möchte etwas zu essen, dann ginge es mir besser.« Über Nacht konnte ich sie nicht allein lassen. Es gab keinerlei Wurzeln, die ich mit einem Tagesmarsch hätte erreichen können; und würden welche hergebracht, so würde sie unsere faule Herrschaft für ihre eigenen Kinder verwenden. Einige Kinder waren schon gestorben und mehrere waren in todesähnlichem Zustand. Jeder eintretende Tod war Anlaß, für eine Nacht oder einen Tag wild zu heulen und Krokodilstränen zu vergießen. Mary war schwach und wurde immer schwächer, und ich gab verzweifelt auf. Ein paar Tage saß ich an ihrer Seite, während ich die meiste Zeit Vorübergehende anbettelte, mir etwas abzugeben, um Mary am Leben zu halten. Manchmal gelang es mir. Wären da nicht die Frau und die Tochter des Häuptlings gewesen, hätten wir gar nichts abbekommen. Sie schienen wirklich mit uns zu fühlen, und ich zweifle nicht, daß sie mehr für uns getan hätten, wäre es in ihrer Macht gewesen. Meine Schwester beklagte sich nicht, sondern bat nur um etwas zu essen.
Sie dachte und sprach oft in zärtlichster Weise von dem »lieben Pa und der lieben Ma« und mit Zuversicht sagte sie: »Sie erlitten einen grausamen Tod, aber jetzt sind sie in Sicherheit und glücklich in einem besseren und helleren Land, selbst wenn ich zurückgeblieben bin, um unter Wilden zu sterben.« Sie schien das Leben nun nicht mehr länger als erhaltenswert zu betrachten und wiederholte unaufhörlich Äußerungen, daß sie sich danach sehne zu sterben, um von dieser düsteren Gefangenschaft in ein Land gebracht zu werden, in dem keine sorgenvolle Träne das Auge der Unschuld und der Schönheit trübt. Eines Tages rief sie mich an ihre Seite und sagte: »Olive, ich werde bald sterben; du wirst leben und hier wegkommen. Vater und Mutter haben viel durchlitten und sind nun zur Ruhe gekommen; ich werde bald bei ihnen und den Brüdern und Schwertern sein.« Dann bat sie mich zu singen und stimmte mit ihrer klaren, hübschen Stimme ein, ohne zu stocken, und wir versuchten, das

Wohnhaus der Mohave, im Vordergrund zwei Ringspieler
(es muß gelingen, mit den Stangen den Ring
von ca. 10 cm Durchmesser zu treffen)
(Aus: Balduin Möllhausen, *Tagebuch einer Reise
vom Mississippi nach den Küsten der Südsee*,
Leipzig 1858)

Abendlob zu singen, das wir am Familienaltar gelehrt bekommen hatten: »The day ist past and gone, The evening shades appear,« etc. Mein Kummer war allzu groß. Ich versuchte, meine wild kämpfenden Gefühle von ihr fernzuhalten, konnte es aber nicht. Sie sagte: »Gräme dich nicht wegen mir; ich habe dir die ganze Zeit Sorge bereitet. Ich möchte dich hier nicht ganz allein zurücklassen, aber Gott ist bei dir und der himmlische Vater wird diejenigen schützen und trösten, die auf ihn vertrauen. Oh, ich bin so froh, daß uns beigebracht wurde, zu lieben und dem Retter zu dienen.« Dann bat sie mich, das Loblied anzustimmen, das so beginnt: »How tedious and tasteless the hours, When Jesus no longer I see.«
Ich versuchte zu singen, konnte aber nicht über die erste Strophe hinauskommen. Es schien so, als würden sie Visionen von einer Welt im Licht umgeben, und mit einer klaren, festen Stimme sang sie das ganze Loblied. Mit wenig Schmerzen und dabei die ganze Zeit glücklich, sank sie langsam dahin. Nicht einen Tag unserer Gefangenschaft hatte sie verbracht, ohne Gott um Verzeihung zu bitten, ihn zu loben und zu preisen. Ich war kraftlos und unfähig, länger auf meinen Beinen zu stehen. Mein Heißhunger war kaum noch zu kontrollieren; und zur gleichen Zeit beobachtete ich unter den gefühllosen Wilden ihr stufenweises Annähern an das Tal des Todes durch das dringende Bedürfnis nach Nahrung, wobei einzig und allein ihre Faulheit verhindert hatte, im Überfluß zu leben; das ist ein Moment und eine Szene, auf die ich nur mit Grauen zurückblicken kann, und die starke Erinnerung daran würde ich am liebsten löschen, wenn ich könnte.
Auf diese Art und Weise dämmerte sie noch einige Tage dahin. Hauptsächlich litt sie an Hunger. Oft hörte ich, als ich weinend neben ihr saß, Indianer in die Nähe kommen und in Zorn ausbrechen, weil es mir erlaubt war, meine Zeit so zu verbringen, und daß sie Mary besser getötet hätten, denn dann könnte ich, wie es mir zukäme, nach Wurzeln graben und so Nahrung für den Rest von ihnen beschaffen.
Oh, was für Augenblicke, was für Stunden waren das! Alles um mich herum schien entsetzlich trostlos.
Eines Tages, während sie sang, versammelte sich eine Gruppe um sie und schien sehr erstaunt. Einige von ihnen standen stundenlang da

und starrten wie gefesselt von dem fremdartigen Gesichtsausdruck in ihr Antlitz, und das, während ihre eigenen Angehörigen in anderen Ecken des Dorfes starben. Unter ihnen war »Aespaneo«, die Frau des Häuptlings. An dieser Stelle sollte ich erwähnen, daß weder diese Frau noch ihre Tochter uns jemals unfreundlich behandelten. Sie kam eines Tages zu uns, als sie Mary singen hörte, und beugte sich eine Weile still über sie. Sie betrachtete ihr Gesicht, berührte sie und brach dann in jämmerliches Wehklagen aus. Sie weinte und weinte aus tiefem Herzen ganz laut. Niemals sah ich Eltern so stark mitfühlen bei einem sterbenden Kind. Sie schluchzte, jammerte und heulte. Und in dieser Weise übergebeugt und weinend stand sie da die ganze Nacht. Am nächsten Morgen, als ich nahe bei meiner Schwester saß und in meine Hände Tränen vergoß, rief sie mich an ihre Seite und sagte: »Ich will sterben. Oh, weit weg von hier wird es mir viel besser gehen!« Ihre Kraft schwand. Sie versuchte zu singen, war aber zu schwach.

Ein paar Stammesangehörige, Männer, Frauen und Kinder standen um sie herum, die Frau des Häuptlings betrachtete sie jeden Moment aufmerksam. Mary Ann starb, kurz nachdem sie ihre letzten Worte hervorgebracht hatte.

Sie sank so friedlich in den Todesschlaf, wie ein Kind in den Armen seiner Mutter einschläft.

Als ich sah, daß sie tot war, konnte ich nicht anders, als mich der Verlassenheit, dem Wehklagen und der Verzweiflung hinzugeben. »Die letzte unserer Familie tot und alle durch Mißhandlungen, die ihnen indianische Wilde zugefügt hatten«, rief ich zu mir selbst aus. Ich ging zu ihr und versuchte einen Rest Leben zu finden, aber da war kein Puls und kein Atem mehr. Ich konnte nur das Erbarmen preisen, das so weise einen bergenden Schleier über das Elend dieser drei Jahre geworfen hatte.

Ich wünschte und ersehnte ernstlich, daß auch ich mich auf der Stelle der gleichen kalten, eisigen Umarmung hingeben dürfte, als ich die zarten Lippen dieser geliebten Schwester erstarren sah.

Augenblicklich sann ich darüber nach, daß ich sterben müßte und das bald, und daß auch ich das Recht hatte, mein Leiden sofort zu beenden und dabei diese Wilden abzuhalten, mich durch kalte, grausame Mißachtung und durch langsamen Hungertod, der in unserem Dorf bereits seine Opfer gefordert hatte, umzubringen. Das einzige Herz, das meine Not teilte, war nun verstummt, das einzige Herz (wie ich damals vermutete), das das Massaker von sieben unserer Familienmitglieder überlebt hatte, war nun in Todesstarre, und warum sollte ich zurückbleiben, um tagelang nagenden Hunger und Leid zu verspüren und schließlich ohne jemanden, der sich um mich kümmerte, unbeachtet und vernachlässigt, mich hinzulegen und zu sterben.

(Übersetzung: Renate Aechter)

X.

Friedrich Joachim Pajeken wurde am 25. März 1855 in Bremen als Sohn eines Handelskapitäns geboren. Der Bruder seines Vaters, Clemens Albrecht Pajeken, war Kaufmann und Reiseschriftsteller; er verfaßte »Erinnerungen und Abenteuer aus der Neuen Welt in ethnographischen Bildern« (1861). Von ihm empfing Friedrich die ersten Eindrücke vom Leben und Treiben in Amerika. Er besuchte die Handelsschule in Bremen, wurde Kaufmann und kam 1876 im Auftrag seines Handelshauses nach Südamerika, wo er drei Jahre lang in Ciudad Bolivar am Orinoko lebte und von dort aus verschiedene Reisen unternahm. Anschließend wechselte er nach Nordamerika und lebte zwei Jahre lang in den Bighorn Mountains am Powder River, wo er mit den dort lebenden Indianerstämmen engen Kontakt hatte, vor allem mit den Arapaho. Sie verliehen ihm den Ehrennamen »Yellow Eagle« (Gelber Adler). Darin kombinierten sie die Tatsache, daß er mit einem Meisterschuß vor ihren Augen einen Adler vom Himmel geholt hatte, mit der für die Familie Pajeken typischen gelblichen Gesichtsfarbe.

Anfang der achtziger Jahre kehrte Pajeken aus Nordamerika nach Bremen zurück, wo er ein Agentur- und Kommissionsgeschäft betrieb. 1887 erschien seine erste Veröffentlichung, die Erinnerung »The Yellow Eagle«. Von da an wandte er sich mehr und mehr der Schriftstellerei zu; 1890 brachte Reclam seine Erlebnisse und Skizzen unter dem Titel »Aus dem wilden Westen Nordamerikas«. Im selben Jahr kam seine erste große Jugenderzählung heraus, »Bob der Fallensteller«, der bis 1920 eine stattliche Reihe größerer und kleinerer Abenteuererzählungen, meist in Nord- oder Südamerika spielend, folgten. Zu seinen bekanntesten Werken zählen neben der Trilogie »Bob der Fallensteller«, »Bob der Städtegründer« (1892) und »Bob der Millionär« (1894), »Jim der Trapper« (1892), »Ein Held der Grenze« (1893) und »Der Teufel vom Minnetonka-See« (1914). Friedrich Pajeken, der auch ein begabter Musiker und Zeichner war, starb am 8. November 1920 in Hamburg.

Während seines zweijährigen Aufenthaltes in den Bighorn Mountains bekam Friedrich Pajeken besonders engen Kontakt mit den Arapaho. Dabei hatte er Gelegenheit, die religiösen Bräuche dieses Stammes mitzuerleben, aber auch das Treiben des schelmischen Gottes Amor, der in der nordamerikanischen Wildnis nicht weniger Verwirrung stiftete als in anderen Weltteilen.

Gott Amor bei den Arapaho

Friedrich Pajeken

Gott Amor, der lose Schelm! Wohin gelangt er nicht auf seinen Irrfahrten! – Im fernen Westen Nordamerikas sogar, unter dem rotbraunen Indianervolk, streicht er umher und läßt dessen Söhne und Töchter seine Macht fühlen!

Großer Tanz ist für heute abend in des »Eisernen Büffels« Wigwam angesagt. Alle Gegenstände darin sind hinausgebracht, um Platz zu schaffen für die vielen Gäste, denn das ganze Dorf findet sich ein, Arm und Reich, Vornehm und Gering; beim Tanz kennt der Indianer weder Rang noch Stand. – Vortrefflich eignet sich die Hütte für eine solche Festlichkeit. Sie ist geräumig, und durch zwei Anbaue an beiden Seiten, die wie der Wigwam selbst, aus Pfählen mit darüber gespannten Büffel- und Hirschhäuten hergestellt sind, erhält sie eine längliche Form. Hoch ist sie etwa zwanzig Fuß, und durch die in der Spitze angebrachte Öffnung ziehen Rauch und Dunst in das Freie.

In dem einen Anbau hocken die Frauen und Mädchen, heute säuberlich geputzt. Ihr Haar ist in der Mitte des Kopfes gescheitelt und in lange Zöpfe geflochten, an deren Enden glänzende Metallringe und weiße Hirschzähne befestigt sind. Die Ohren schmücken an den Läppchen und dem oberen Rand Ohrringe aus großen Glasperlen, und dicht umwunden ist der Hals mit Perlenschnüren, oder es bedecken ihn eng aneinander gereihte Hirsch- und Wolfszähne. Den

Oberkörper umhüllt eine Art Hemd von buntfarbigem Kattun oder gefärbtem Leder; einige Frauen haben auch noch ein grellfarbiges Tuch um die Schultern geschlagen. Ein enger Rock oder eine bunte Decke, über den Hüften durch eine Schnur zusammengehalten, reicht bis zu den Füßen herab, die in ledernen, mit Perlen gestickten Mokassins stecken.
Die Männer hocken im anderen Anbau. Dort befindet sich auch die Ballmusik. Zwei Trommeln, ausgehöhlte Baumstümpfe mit Rehfell überspannt, binden die Hauptinstrumente; dazu werden nach dem Takt die Trommeln einer Pfeife schrille, wenig harmonische Töne entlockt, und wenn die Fröhlichkeit der Gäste sich steigert, wird auch kräftig gesungen, allein und im Chor und hübsch in Nasaltönen; denn so erscheint der Gesang dem Indianer am schönsten.
Gewöhnlich beginnen die Männer mit einem Tanz unter sich. Im Kreise hüpfen und springen sie um ein in der Mitte des Wigwams angefachtes Feuer, und wer es am besten macht, dem wird von allen Seiten Beifall gezollt. Bald folgen jedoch die Tänze, an denen auch die Frauen und Mädchen teilnehmen. Hand in Hand mit den Männern, oder sich mit diesen umschlungen haltend, schwingen sie sich in luftigem Reigen singend und jauchzend durch den Raum.
Viele Arten Tänze gibt es. Zu den beliebtesten gehören der »Zeichentanz«, der »Eßtanz«, der »Kußtanz« und der »Maskentanz«. Mit unseren Cotillontouren lassen sich diese Tänze vergleichen. – Ein Tanz wechselt mit dem anderen ab, und mit immer größerer Lust geben sich alle Anwesenden dem für sie denkbar größten Vergnügen hin.
Von den Mädchen ist es die schlanke, hübsche Tochter des »Schwarzen Bibers«, »Rehauge« mit Namen, die von den jungen Kriegern am meisten bevorzugt wird. Sie zählt kaum sechzehn Jahre, und zum erstenmal gestattete der Vater, daß sie die Festlichkeit besuchen durfte. Lachend fliegt sie von einem Arm in den anderen, und da der Tanz ohne Unterbrechung andauert, gönnt man ihr kaum eine Minute Rast. Voll Neid folgen ihr die Augen der übrigen, weniger begünstigten Schönen.
Immer toller gebärden sich die Tanzenden. Wüster und lärmender wird das Geschrei. So geht es bis spät in die Nacht hinein; dann aber

verlangt zuletzt der Körper sein Recht. Die Gäste entfernen sich. Des Gastgebers Frauen und Töchter tragen das Hausgerät sowie Decken, Felle und Sättel wieder in den Wigwam, und eine halbe Stunde später ist es still im Indianerlager.
Alles schläft, nur Rehauge ist noch munter. Unruhig wälzt sie sich lange auf ihrem Lager und läßt das Erlebte des heutigen Abends noch einmal an ihrem Geiste vorübergleiten. Sonderbar! – Ganz anders, wie bisher, will es ihr bedünken, seien ihr heute die Männer erschienen. Besonders der eine unter ihnen gefällt ihr so viel mehr als die übrigen. Bis jetzt hat sie nach keinem gefragt.
Früh am nächsten Tage befinden sich die Frauen schon wieder an der Arbeit. Ergiebig war in der letzten Zeit die Büffeljagd, und nun präparieren sie die am Ufer des nahen Baches auf der Erde mit Pflöcken ausgespannten Felle, indem sie die harte Haut durch Einweichen, Schaben und Kratzen geschmeidig machen. Die Töchter bereiten in den Hütten die Mahlzeit für den Vater.
Rehauge sieht dabei oft verstohlen durch die Türöffnung des Wigwams hinaus in das Freie. Dort schritt schon mehrere Male der »Kleine Bär« vorüber, ein stämmiger Bursche. Mit ihm hat sie in der vergangenen Nacht am meisten getanzt.
Als der Vater erwacht ist und die in der Asche geröstete Büffelkeule verzehrt, tritt sie schüchtern vor die Hütte. Gerade geht der Kleine Bär wieder vorbei. Er neigt den Kopf leicht zum Gruße, und ein aufleuchtender Blick trifft des Mädchens Gestalt; doch kein Wort kommt über seine Lippen. Hocherfreut kehrt Rehauge in den Wigwam zurück. Eifriger verrichtet sie ihre Arbeit. Mit bunten Wollfäden, Perlen und gefärbten Gräsern schmückt sie für den Vater lederne Täschchen, Messerscheiden und Mokassins, welche jener bei seinem nächsten Besuch in der sechzig Meilen östlich gelegenen Befestigung mit einer Anzahl Büffelfelle im Tauschhandel zu verwerten gedenkt.
Der Tag neigt sich seinem Ende zu. Es wird Abend. Die Familie versammelt sich am Feuer in der Hütte.
Aber noch einer, der nicht zu den Angehörigen zählt, hat sich eingefunden. Der Kleine Bär ist es. In seine besten Felle und Decken gekleidet, geschmückt mit einer langen Adlerfeder in der Skalplocke, Messingringe in den Haaren und an den lang über die breite Brust

Hundetanz der Dakota
(Aus: Francis S. Drake, *The Indian Tribes of the United States*, London and Philadelphia 1885)

herabhängenden, mit roten Bändern umwickelten Strähnen derselben, das Gesicht hübsch mit roter und gelber Farbe bemalt, den Scheitel auf dem Kopf fingerbreit durch Ausziehen der Haare erweitert und blutrot gefärbt, das große Messer in reich mit Perlen bedeckter Scheide am Gürtel, so steht er unbeweglich dicht am Eingang im Wigwam. Nur seine auf Rehauge gerichteten, blitzenden Augen verraten, was in ihm vorgeht.
Keiner von der Familie kümmert sich um ihn. Er ist für sie nicht vorhanden, und auch die Tochter, der die Huldigung gilt, hat heue keinen Blick für den jungen Krieger.
Bald gesellt sich ein zweiter Bursche zu diesem; ebenfalls wie zum Feste geputzt. »Schwarzfuß« ist sein Name. Auch er steht regungslos und blickt auf das Mädchen, das jetzt von Zeit zu Zeit lächelnd mit ihren braunen Augen zu ihm aufschaut.
Zornig mißt der Kleine Bär den Rivalen; doch nur eine Sekunde

Arapaho

Die Arapaho sind die am weitesten nach Westen vorgedrungenen Vertreter der Algonkin-Sprachfamilie. Im Lauf der Zeit zogen sie von ihren ursprünglichen Jagdgebieten am Red River im nördlichen Minnesota nach Südwesten und überquerten den Missouri. Sie spalteten sich in einen nördlichen und einen südlichen Zweig. Die Northern-Arapaho lebten dann an den Quellflüssen des Platte River, die Southern Arapaho ließen sich am Arkansas River nieder. Ebenso wie die Cheyenne, mit denen sie eng verbündet waren, waren auch die Arapaho typische Plains-Indianer. Anfangs waren sie mit den Sioux, Kiowa und Comanchen verfeindet, schlossen aber um 1840 Frieden mit ihnen. Schoschonen, Pawnee und Ute blieben jedoch ihre Erbfeinde. Durch den Vertrag von Medicine Lodge wurden die Southern Arapaho in eine Reservation im Indian Territory umgesiedelt, 1876 kamen die Northern Arapaho in eine Reservation am Wind River in Wyoming, die sie zusammen mit den Schoschonen bewohnten. Zusammen mit den Sioux, Cheyenne, Kiowa und Comanchen waren sie die Hauptwiderstandsträger gegen das Vordringen der Amerikaner. 1894 betrug die Kopfzahl beider Zweige zusammen etwa zweitausendsechshundert.

gönnt er ihm einen Blick; dann ruhen seine Augen unverwandt wie vorher wieder auf der schlanken Tochter des Schwarzen Bibers, der gemächlich am Feuer kauert und nach eingenommener, reichlicher Mahlzeit behaglich seine Pfeife raucht.
Erst als sich der Alte auf das an einer Seite in dem Raum von seinem Weib aus Decken und Fellen bereitete Lager wirft, verschwinden die beiden Burschen aus der Hütte, lautlos, wie sie gekommen sind.
Mehrere Abende wiederholt sich dasselbe Schauspiel. Noch ein dritter Jüngling hat sich eingestellt; nach seinem Vater nennt er sich »Roter Wolf«. Mit zorniger Musterung haben ihn die beiden ersten Burschen empfangen; doch Rehauge lächelt auch ihm freundlich zu. Sie ist stolz auf ihren Wert; denn je mehr sie zum Weibe begehren, desto mehr kann der Vater für sie verlangen.
Und daran denkt der Schwarze Biber ebenfalls, als eines Tages zu verschiedenen Zeiten drei alte Indianerweiber aus der Verwandtschaft der Liebhaber zu ihm kommen, um sich mit ihm über seine Forderung für die Tochter zu einigen. Zehn Pferde, zwanzig Büffelfelle, fünf Sättel und noch allerlei Kleinigkeiten verlangt er für sie. Davon läßt er nichts ab, obgleich die Alten weidlich über seine Unverschämtheit schelten und sich redlich bemühen, durch Aufzählung vorhandener und nicht vorhandener Fehler des Mädchens deren Wert herabzusetzen. Anderen Tages kommen sie wieder. Zwei erklären, daß die Freier, von denen sie abgesandt wären, bereit seien, das Geforderte zu entrichten. Die Dritte bittet um einen kurzen Aufschub, da ihrem Sohne die Anzahl der Pferde fehlt und er deshalb gezwungen ist, nach dem den Arapaho feindlich gesinnten Stamm der Crow hinüber zu reiten, um sich dort einige Gäule zu stehlen. Gern wird ihm eine nicht zu lange Frist gewährt, und nun macht der Schwarze Biber seiner Tochter bekannt, daß sie sich selbst einen von den Dreien erwählen dürfe.
Rehauge hat damit jedoch noch keine große Eile. Ihr gefällt das kokette Spiel mit den Burschen, die sie Abend für Abend in der Hütte besuchen. Heute lächelt sie dem einen, morgen dem anderen zu. Keiner weiß bis jetzt, wem sie zuletzt den Vorzug geben wird. Geduldig harren die drei aus. Besonders ist der Kleine Bär in heißer Liebe für das Mädchen entbrannt; aber mit Gewalt zwingt er sich, seine Ge-

fühle zu beherrschen. Unmännlich würden ihn alle schelten, ließe er sich seine Leidenschaft in anderer Weise als durch die Augensprache merken.
Eines Abends fehlt der Rote Wolf in dem Wigwam; auch während des Tages hat ihn niemand im Dorfe gesehen. Die Buben erzählen, er sei morgens in der Frühe nach der südlichen Richtung davongeritten. Dort hausen, etwa fünfzig Meilen von dem Lager entfernt, die Crow.
Einige Abende später bleiben die anderen beiden Burschen ebenfalls aus. Mit wachsender Ungeduld erwartet sie Rehauge vergeblich.
Kaum ist am nächsten Tag die Sonne hinter den Bergen hinabgetaucht, so schmückt sie sich hastig wie zum Tanz, und als im Dorf die Dämmerung hereingebrochen ist, verläßt sie klopfenden Herzens den Wigwam. Zögernd schreitet sie in das Dunkel hinaus.
Da springt hinter einem Baume ein junger Krieger hervor. Sein linker Arm umschlingt sie fest; den rechten hat er umwickelt. Es ist der Rote Wolf. Wohl holte er sich die Pferde; aber die Crow gaben ihm eine Kugel mit auf den Weg. Noch sitzt sie im Muskelfleisch des Armes, unweit der Schulter.
Jetzt erkennt Rehauge ihn. Ein leiser Schrei entringt sich ihrer Kehle. Enttäuscht gibt der Bursche sie frei. Gleich darauf ist er verschwunden. Der Schrei hat ihm angezeigt, daß seine Werbung abgewiesen ist, und wohl oder übel muß er sich entfernen, ohne das Mädchen weiter zu belästigen. So verlangt es die Sitte.
Schon will sich Rehauge wieder der Hütte zuwenden, da springt eine zweite Gestalt auf sie zu. Abermals ertönt ihr Schrei, und rasch eilt sie in den Wigwam.
Durch das nächtliche Dunkel schleicht brummend Schwarzfuß von dannen.
Am folgenden Abend verläßt Rehauge wieder die Hütte; doch vergeblich schaut sie lange nach allen Seiten umher. Der Freier, den sie herbeisehnt, will nicht kommen.
Und auch am nächsten Abend erscheint er nicht; ja, eine Woche voll blanker Sorge für das immer ängstlicher wartende Mädchen vergeht. Streng drängt der Vater sie, da der dritte Bursche ausbleibt, einen der beiden anderen zu nehmen. Er hat es erfahren, daß die Tochter sie von sich wies. Der Alte sorgt sich, daß ihm der schöne Gewinn ent-

geht, und zornig verlangt er zuletzt, daß sie sich sofort entscheide. Sie bittet; sie fleht. Endlich bewilligt er ihr noch einen Tag Frist.
Zitternd vor Erregung sieht Rehauge die Sonne untersinken. Beinahe stockt ihr der Atem, als sie die Hütte verläßt. Wie sehnsüchtig schaut sie in das Dunkel hinaus.
Minute auf Minute verrinnt. Aus Minuten werden Stunden. Niemand naht sich ihr. Immer heftiger pocht ihr das Herz. Verzweifelnd ringt sie die Hände.
Im Dorf wird es still. Jetzt hört sie den Vater, wie er die Angehörigen in der Hütte zur Ruhe treibt. Ihre Zeit ist um. Morgen muß sie dem folgen, welchen der Vater für sie bestimmt. Mit einem schweren Seufzer wendet sie sich zum Gehen.
In diesem Augenblicke umfassen sie zwei kräftige, muskulöse Arme. Emporgehoben wird sie vom Boden und ein Stück fortgetragen.
Dieses Mal schreit sie nicht. Fest schmiegt sie sich an des Mannes Brust. Er ist der Rechte. Ihn hat sie sich gewünscht von der Minute an, wo er in des Vaters Wigwam trat.
Leise flüsternd wechseln die Liebenden die ersten Worte. Doch nur eine kurze Weile des Beisammenseins ist ihnen heute gegönnt, denn unwillig ruft der Vater.
Strahlend vor Freude tritt die Tochter in die Hütte ein, und glückselig erklärt sie: »Meine Wahl ist getroffen. Zum Weibe nimmt mich der Kleine Bär!«
Schmunzelnd hört sie der Alte an.
»Der Sohn des Großen Bären ist mir von den dreien der liebste«, meint er. »Seine Büffelfelle sind weich wie Wolle, und seine Pferde sind an Schnelligkeit den Hirschen gleich.«
Am nächsten Abend hocken die beiden Liebesleute unweit des Wigwams dicht nebeneinander. Ein großes Büffelfell ist über das Paar gebreitet. Flüsternd, unter süßem Kosen, erzählt der Jüngling dem Mädchen, wie er sich geärgert und auch gegrämt habe, daß sie beinahe nur den beiden anderen ein freundliches Lächeln geschenkt. Zu lange sei seine Geduld von ihr auf die Probe gestellt, und deshalb habe er Gleiches mit Gleichem vergolten. Wohl habe er sie beobachtet, Abend für Abend, wie sie verzagt auf ihn gewartet. – Traurig berichtet sie von ihrer Angst und ihrer Sehnsucht nach ihm. Schnell trö-

stet er sie und gibt ihr gar liebliche Namen. »Meine Elster«, »mein Reh«, »meine Taube«, »mein Präriehündchen« nennt er sie. Glücklich schmiegt sie sich enger an ihn und erwidert gern seine Liebkosungen.
Mancher Indianer schleicht neugierig hinzu, um das Pärchen zu belauschen; doch wenn er sich beobachtet glaubt, geht er rasch seiner Wege. Es ist strenge Sitte, daß man die Liebenden nicht stört.
Noch einmal kommt die alte Indianerfrau, die für den jetzt begünstigten Freier unterhandelte, zu dem Vater des Mädchens. Dieser macht den Versuch, noch mehr als das Bedungene zu erzielen, und da es ihm nicht gelingt, scheidet er von der Alten in gerade nicht sehr rosiger Stimmung, nachdem man den Tag bestimmt hat, an dem das Geforderte abgeliefert werden soll.
An dem festgesetzten Tag nun, nach Sonnenuntergang, bindet der Freier die Pferde vor der Hütte seines Schwiegervaters fest; die Büffelfelle, Sättel und andere Sachen legt er in der Nähe des Einganges nieder.
Am nächsten Morgen ist alles verschwunden. Die Pferde sind zu der Herde des Alten geführt, und das übrige ist in dessen Wigwam gebracht. Dann ist dem Kleinen Bär das Zeichen gegeben, daß Rehauge ihm zur Verfügung steht.
Unverzüglich holt er sie aus der Hütte des Vaters und bringt sie nach seinem eigenen, mittlerweile erbauten Wigwam. Ohne Sang und Klang, ohne Festlichkeit vollzieht sich diese Verbindung.
Nur kurz währen die Flitterwochen des jungen Paares; dann muß Rehauge an die Arbeit. Ihr Herr und Gebieter ist ein tüchtiger Büffeljäger. Die meisten Felle bringt er stets heim, und vom Morgen bis in die sinkende Nacht muß das junge Weib sich quälen und abhasten, ohne ihre übermäßige Arbeit bewältigen zu können. Dazu erhält sie böse Worte und bald sogar noch Schläge obendrein. Das behagt ihr von Tag zu Tag weniger, und grollend wendet sie sich schließlich an den Roten Wolf, welcher ihretwegen den Schuß von den Crow erhalten hat. Ihm klagt sie ihre Not.
Als der Kleine Bär eines Tages von der Büffeljagd heimkehrt, ist sein Weib fort. Nach längerem Suchen findet er sie in des früheren Rivalen Hütte. Anfangs will er sich mit gezücktem Messer auf sie stürzen,

um die Treulose zu töten; dann aber besinnt er sich rasch eines Besseren. Zornig fordert er – nicht sein Weib zurück, sondern den für sie entrichteten Wert.
Die beiden Männer werden einig. Ohne Murren bezahlt der Rote Wolf, froh über den Besitz des jungen Weibes.
Ob Rehauge bei ihm wohl besser aufgehoben ist? Ich glaube es kaum. Übermäßige Arbeit und schlechte Behandlung sind leider das Los der Indianerfrauen.

In seinem zweibändigen Werk »Aus dem wilden Westen Nordamerikas« befaßt sich der junge Kaufmann Pajeken nicht nur mit Ereignissen und Episoden, die sich während seines zweijährigen Aufenthaltes in unmittelbarer Nachbarschaft der Arapaho und anderer Stämme zugetragen hatten, sondern auch mit kulturellen Eigenheiten und Gebräuchen. Dazu gehören Abhandlungen über das Zählen oder über Kindererziehung. Den Abschluß seiner Erlebnisse und Skizzen bildet jedoch eine kurze Schilderung von »Religion und religiösen Vorstellungen der Arapaho-Indianer«. Als spätester Augenzeugenbericht der vorliegenden Auswahl soll sie dieses Buch beschließen. Wenige Jahre später war die Epoche der nordamerikanischen Geschichte, in der es freie Indianer gab, zu Ende.

Vom Glauben und religiösen Gebräuchen

Friedrich Pajeken

Die Arapaho glauben an zwei Gottheiten: an den guten und den bösen Gott; letzteren fürchten sie, und daher lautet das Gebet eines Arapaho in der Not nicht: »Guter Gott, beschütze mich«, sondern »Böser Gott, sei mir gnädig«. Entrinnt er glücklich der Gefahr, so dankt er seinem Gott nicht, da das Gefühl der Dankbarkeit ihm überhaupt fremd ist.

Der Arapaho ist überzeugt, daß der gute Gott immer nur sein Bestes will und sich bemüht, ihn nach jeder Richtung zu unterstützen, manchmal aber durch den schlechten Gott daran gehindert wird; denn nach seiner Ansicht liegen beide Götter in stetem Kampf miteinander, aus dem, da ihre Stärke gleich groß ist, oft der gute, oft der böse Gott als Sieger hervorgeht.

Letzteren gnädig zu stimmen oder sich gegen seine Macht zu schützen, ist das Hauptbestreben des Arapaho bei allen seinen Unternehmungen. Sobald er im Alter von siebzehn bis achtzehn Jahren – häufig schon früher, wenn er sich durch eine kühne Tat oder auch durch hervorragende Schlauheit bei irgendeinem Diebstahl ausgezeichnet hat – zum Krieger ernannt ist, zieht er sich auf einen entlegenen, einsamen Platz zurück, um sich dort ein Schutzmittel gegen den bösen Gott auszudenken und zugleich durch irgendwelche Anzeichen zu entdecken, ob jener ihm künftig gnädig gesinnt sein wird. Er betrachtet das als eine religiöse Angelegenheit zwischen ihm und seiner Gottheit. Glaubt er das Schutzmittel gefunden zu haben, so macht er sich sofort daran, dieses zu bereiten. Gewöhnlich wird es aus kleinen Knochen oder Knochensplittern, Erde, Stückchen von Schlangenhaut, Haaren, möglichst von Feinden, inneren Teilen von Vögeln oder anderen Tieren, Asche von Gräsern oder Wurzeln hergestellt, und alles entweder durch Umrühren mit einem Holzstabe trocken gemischt oder in einem besonders für diesen Zweck bestimmten Kessel gekocht. Die Zutaten sind unendlich verschieden und werden sehr geheim gehalten. Bei der Zubereitung meint der Arapaho schon aus Farbe und Gestaltung erkennen zu können, ob das Mittel gut oder schlecht ist. Ist ersteres der Fall, so verteilt er es sorgsam, ohne es mit den Fingern zu berühren, wodurch es die Kraft verliert, in Säckchen aus Rehhaut. Eines davon behält er für sich selbst, um es an einer Schnur um den Hals, auf der Brust oder im Nacken oder auch versteckt im Haar immer bei sich zu tragen. Von den übrigen Säckchen befestigt er eins am Schwanz oder in der Mähne seines Lieblingspferdes, ein zweites an seiner Büchse oder unter seinem Schild; ein drittes hängt er in seiner Hütte auf. – Diese Schutzmittelbereitungen werden später immer wiederholt, und wenn der junge Krieger Weib und Kinder hat, erhalten auch diese oft ein Säckchen mit dem Mittel, das sie dann ebenfalls stets bei sich führen müssen.

Das Wort in der Arapahosprache für dieses »geheimnisvolle Etwas« festzustellen, ist mir nicht gelungen. Verschiedene Worte wurden mir allerdings dafür genannt, z. B. »wotahú«, »bissiká«, »wakináme« usw.; doch vermute ich, daß keines das Richtige bezeichnet. – Der »Kleine Bär«, Häuptling eines Arapaholagers nahe dem Sioux-Paß in den Bighorn-Mountains, benannte es, wenn ich die Rede darauf brachte, stets mit dem englischen Worte: »Medicine«. Er gehörte zu den aufgeklärtesten Indianern, die ich kennengelernt habe, war aber

wie seine Brüder von der Kraft der »Medicine« fest überzeugt. – Mit »Medicine« bezeichnen die Arapaho überhaupt alles ihnen Unverständliche, Geheimnisvolle, Unbegreifliche und auf ihre Religion Bezügliche.
Vor allem größeren Unternehmungen wird, um deren guten oder schlechten Verlauf möglichst vorher zu bestimmen, das »geheimnisvolle Etwas« von jedem Mann einzeln oder in Gemeinschaft mit anderen zubereitet. Der erwähnte Häuptling tat es sogar vor jeder beabsichtigten Jagd und erklärte mir, daß er, wenn die »Medicine« schlecht ausfalle, das Lager nicht verlasse, um auf die Jagd zu reiten, da diese in solchem Fall doch erfolglos sein würde.
Die Arapaho vermeiden es, von dem bösen Gott zu sprechen. Sie fürchten, indem sie seinen Namen nennen, ihn auf sich aufmerksam zu machen. Noch peinlicher sind sie darauf bedacht, ihn nicht zu erzürnen. – Obgleich die Arapaho Hundefleisch sehr lieben, gestattete der »Kleine Bär« nicht, daß solches in seinem »tipi« (Wigwam) gekocht oder gebraten wurde, weil er damit den Zorn des bösen Gottes zu erwecken glaubte. – Diesen Glauben auch in bezug auf das Fleisch anderer Tiere habe ich mehrfach bei den Arapaho gefunden.
Verlassen die Männer das Lager, um irgend etwas außerhalb deselben zu unternehmen, so beobachten sie jedes ihnen darbietende Zeichen, um daraus zu deuten, ob der böse Gott ihnen günstig gesinnt ist oder nicht. Zum Beispiel ritt ich einst mit dem Häuptling und fünf Männern aus, um eine Elchherde zu verfolgen, deren frische Spur von einem der Indianer in den Bergen entdeckt war. Das Pferd des Häuptlings strauchelte, als wir das Lager kaum verlassen hatten. Das genügte, um alle sofort zur Umkehr zu bewegen. Erst am nächsten Tag unternahmen wir die Jagd, die jedoch, wie nun vorauszusehen war, erfolglos verlief, was aber die Ansicht der Leute, daß der böse Gott noch immer in der Nähe sei, bestärkte.
Um den bösen Gott zu versöhnen oder ihn gnädig zu stimmen, werden hauptsächlich im Winter religiöse Versammlungen abgehalten. Dieselben finden gewöhnlich in einem eigens für diesen Zweck erbauten großen Wigwam statt und werden von dem »Medecineman« (»wotahássa«?) geleitet. Er steht durch die Gewalt, die er sich über den bösen Gott zuspricht, bei dem Volk in großem Ansehen und ist

Teufelstanz
(Aus: Francis S. Drake, *The Indian Tribes of the United States*,
London and Philadelphia 1885)

nach dem Häuptling der erste im Lager, obgleich er sehr häufig nichts weiter als ein schlauer Betrüger ist, der aus der Dummheit seiner Brüder seinen Nutzen zieht. Es gibt jedoch auch solche, die von ihrer Macht fest überzeugt sind. Mit den Weibern, deren Moral bei den Arapaho eine geringe Stufe einnimmt, ist er sehr befreundet. Sie allein dürfen zu jeder Zeit bei ihm eintreten, was den Männern nicht gestattet ist. Haben sie in der Hütte ihres Herrn und Gebieters ein besonders schmackhaftes Gericht zubereitet, so verfehlen sie nicht, ihrem Freund einen Teil der Speise zu bringen.
In Krankheitsfällen vertritt der »Medicineman« die Stelle eines Arztes; da jedoch Krankheit nichts weiter als Anwesenheit des bösen Gottes ist, wird diese selten durch Arznei aus Kräutern und Wurzeln, sondern meistens durch Gesang und einen auf eine Art Trommel (»tumtum«) oder einem Kessel hervorgerufenen Höllenlärm zu bessern versucht.
Während meines Aufenthalts im Lager befand sich in einem Wigwam ein anscheinend an Fieber leidender Schwerkranker. Dieser hatte offenbar heftige Schmerzen im Kopf, da er wiederholt beide Hände gegen die Schläfen drückte; aber je mehr er sich in seinen Qualen krümmte, desto toller schlug sein Arzt mit einem eisernen Stab auf einen alten Kessel, bis der Tod den Armen endlich erlöste.
Wenn auch eine größere Anzahl Weiber bei dem Verblichenen ein jämmerliches Klagegeheul anstimmte, so verursachte der Sterbefall im allgemeinen viel mehr Freude als Schmerz, und zwar der unterhaltenden Abwechslung wegen, die die Beerdigung und die sie begleitenden Vorbereitungen und Feierlichkeiten mit sich brachten.
Es wird behauptet, daß es sehr gefährlich für den Weißen ist, sich bei einem Todesfall im Lager der Indianer zu befinden, weil dessen Anwesenheit leicht die Ursache des Mißerfolges, den bösen Gott zu bekämpfen, zugeschrieben wird. Ich wurde damals nicht im geringsten belästigt und verdankte das wohl meiner Freundschaft mit dem »Medicineman«, die ich mir durch einige Schachteln rot- und grünbrennender Streichhölzer erworben hatte, die jener sehr wirkungsvoll bei den geheimen, religiösen Versammlungen verwendete. Nur bei der Beerdigung, die, da wir anhaltenden Frost hatten, erst nach acht Tagen erfolgte, durfte ich nicht zugegen sein.

Der Tote, in dessen Wigwam täglich längere Zusammenkünfte der Männer stattgefunden hatten, denen ich fernblieb, um Unfrieden zu vermeiden, war mit seiner Büchse, seinem Messer, einigem Schießbedarf und einem Feuerzeug in mehrere alte Büffelfelle – die Haarseite nach innen – sowie in eine rote, wollene Decke gewickelt und dann mit Stricken fest umschnürt worden. So wurde er auf den Rücken eines Pferdes gelegt und unter dem Geheul und Geschrei der Weiber, gefolgt von sämtlichen Männern, zum Lager hinausgebracht. Die Kinder liefen neugierig hinterdrein. Etwa nach einer Stunde kehrten alle, dem Anschein nach sehr befriedigt, zurück. Abends wurde in der geräumigen Hütte des Häuptlings, die noch durch einen zeltartigen Anbau vergrößert worden war, ein Tanzvergnügen veranstaltet, an dem sich das ganze Lager bis in die späte Nacht beteiligte.
Am anderen Morgen war die Hütte, in der der Verstorbene verschieden war, entfernt. Seines schon bejahrten Weibes hatte sich ein Mann angenommen, dessen Frau ein Bein gebrochen hatte und daher für einige Zeit zur Arbeit unfähig war. Das Grab entdeckte ich unweit des Lagers in einem mit Steinen verschlossenen Felsspalt, vor dem ein Blechnapf voll Wasser und ein Kessel mit Speise standen. Letztere fand ich in den nächsten Tagen mehrfach erneuert. Beides sollte dem Toten auf der Reise nach den glücklichen Jagdgründen dienen, deren Dauer die Arapaho auf einen Monat veranschlagen.
Die Arapaho beerdigen ihre Toten in Felsspalten und Höhlen nur, wenn es in der Nähe ihres Lagers an Bäumen mangelt. Sind diese vorhanden, so legen sie die Leichen in der Weise verpackt, wie schon beschrieben, auf eine aus Zweigen und Stäben hergestellte Plattform in die Äste eines Baumes oder auch, falls sich kein geeigneter Baum findet, auf ein aus vier in die Erde gepflanzten Pfählen verfertigtes Gestell.
Der Glaube an das zukünftige Leben in den glücklichen Jagdgründen läßt die Arapaho ruhig sterben. Dort gibt es keinen Tod und weder einen guten noch einen schlechten Gott. Auch wird niemand älter; aber Hunger, Durst, Schmerzen, Liebe, Haß und Feindschaft empfindet ein jeder wie bisher. Die im Kampf empfangenen Wunden verschwinden auf der Reise dorthin; hat jedoch jemand auf Erden irgendein Glied seines Körpers verloren, so fehlt ihm dasselbe ebenfalls in den

glücklichen Jagdgründen. Ein Arapaho stirbt daher lieber, als daß er ein Bein oder einen Arm einbüßt.
Unter dreierlei Umständen fürchtet der Arapaho den Tod, und zwar erstens, wenn dieser ihn im Dunkeln ereilt, weil ihn dann nach seiner Überzeugung auch in den glücklichen Jagdgründen ewiges Dunkel umgibt. Aus diesem Grund wagt nachts keiner einen Angriff auf seinen Feind. Ein alter Trapper erzählte mir, daß ein dem Tode naher Krieger sich selbst abends vor Sonnenuntergang tötete, um nicht in der Nacht zu verscheiden. Zweitens verliert ein jeder, sobald er skalpiert wird, das Anrecht auf die glücklichen Jagdgründe; denn der Skalp steht in enger Verbindung mit der Seele. Die Arapaho glauben außerdem, daß diejenigen Feinde, die sie töteten und nicht skalpierten, im zukünftigen Leben ihre Diener sein werden. Drittens schließt der Tod durch Erhängen ein Dasein in den glücklichen Jagdgründen aus, da nach der Meinung der Arapaho die Seele durch den Mund entflieht und bei einem Erhängten durch die zugeschnürte Schlinge gehindert wird zu entweichen. – Erhängte und Skalpierte werden nicht beerdigt.
Tiere leben gleichfalls in den glücklichen Jagdgründen fort. Diese sind reich an Wild, hauptsächlich an Büffeln, dem Lieblingswild aller Indianer Nordamerikas. Beim Tod eines Kriegers werden gewöhnlich ein oder mehrere Pferde getötet, damit er diese im künftigen Leben vorfinde. Bei dem erwähnten Todesfall geschah es, wenigstens während der Zeit meiner Anwesenheit, nicht, wahrscheinlich, weil die Arapaho in jenem Winter nur eine geringe Anzahl Pferde besaßen; auch hatte jener Mann seinen einzigen Gaul kurz vor seinem Hinscheiden an einen seiner Brüder im Spiel verloren.
Daß auch die Weißen nach dem Glauben der Arapaho das künftige Leben mit ihnen teilen, geht aus den Worten hervor, die mir der »Kleine Bär« beim Abschied sagte: »Wir sehen uns in den glücklichen Jagdgründen wieder.«
Die Heftigkeit der Klagen, in die die Witwen und anverwandten Weiber beim Tode eines Mannes ausbrechen, und die bis zu dessen Beerdigung andauern, richtet sich nach dem Rang, den der Verstorbene im Leben eingenommen hat. Auch raufen sich die Frauen dabei ganze Büschel Haare aus, und bei einem sehr angesehenen Toten ver-

Indianisches Begräbnis:
Eine Frau gibt dem Toten Proviant mit auf die letzte Reise
(Aus: Francis S. Drake, *The Indian Tribes of the United States*,
London and Philadelphia 1885)

wunden sie sich, als ein besonderes Zeichen der Trauer, Arme und Brust mit einem Messer oder einem anderen scharfen Instrument. Kommen sie später in die Nähe des Grabes, so beginnen sie ihre Klagen aufs neue.
Weibliche Leichen werden ohne Förmlichkeit bestattet und sehr häufig ohne die bei den männlichen Leichen übliche Umhüllung in irgendeinen Felsspalt geworfen oder notdürftig in der Erde eingescharrt. Wie mir ein Hauptmann der Vereinigten-Staaten-Armee mitteilte, wurde mit dem Lieblingsweib des Arapaho-Häuptlings »Kleiner Rabe« eine Ausnahme gemacht, indem man es mit allen Ehren und religiösen Gebräuchen beerdigte. Der Gatte gab ihr sogar ein Pferd nach den glücklichen Jagdgründen mit.
Sich selbst zu verwunden, ist eine dem bösen Gott wohlgefällige Tat und geschieht daher auch beim Kriegstanz. Die Männer ritzen sich an zwei Stellen der Brust die Haut auf und schieben unter diese einen langen Grashalm, den sie beim Tanzen hin und her ziehen, wodurch die Wunden oft sehr weit aufgerissen werden. Davon herrührende, breite Narben hatten der »Kleine Bär« sowohl als viele andere Männer mehrere auf der Brust.
Bei den religiösen Versammlungen, an denen die Weiber niemals teilnehmen, weil sie überhaupt mit religiösen Angelegenheiten nichts zu tun haben, ja gänzlich davon ausgeschlossen sind, werden häufig dem bösen Gott geweihte Tänze aufgeführt. Bei einem davon war ich Zeuge, indem sich mir Gelegenheit bot, einen Blick durch ein Loch der aus Hirschhäuten hergestellten Wand des Wigwams zu werfen, in dem der Tanz stattfand.
In der Mitte der Hütte hing über einem hellflackernden Feuer ein kleiner Gegenstand, der mit einer menschlichen Figur einige Ähnlichkeit hatte. Die Hälfte der anwesenden Männer hüpfte und sprang halb nackt, auf einer kleinen Flöte blasend, die sie mit den Zähnen festhielten, im Kreise umher, während die übrigen an der Erde hockten und unter monotonem Gesang, zu dem der »Medicineman« mit einem rasselnden Instrument den Takt angab, aus einer von Hand zu Hand gehenden, reich mit Federn, Perlen und bunten Bändern verzierten Pfeife rauchten. Erst nach Mitternacht war der Tanz beendet, und am nächsten Tage erzählte mir der Häuptling, daß es ein »Medi-

cine dance« gewesen sei, um den guten Gott zu veranlassen, ihnen in baldiger Zeit recht viele Büffel zu schicken.
Es gibt verschiedene Arten dieser religiösen Tänze, von denen früher einige einen schauerlichen Charakter hatten, indem sich die Tänzer, um Mut und Selbstbeherrschung zu beweisen, auf eine grauenhafte Weise zerfleischten und marterten oder stunden-, ja tagelang ununterbrochen hüpften und sprangen, bis sie bewußtlos und halbtot vor Erschöpfung zusammenbrachen. Derartige Tänze werden von den Arapaho nicht mehr aufgeführt, seitdem sie unter Aufsicht der Regierung stehen. Ein alter Mann, der ebenfalls die vom Kriegstanz herrührenden Narben auf der Brust trug, zeigte mir mit der Bemerkung »Medicine dance« mehrere tiefe Narben auf seinen Schultern und seinem Rücken. Er hatte die Wunden bei der großen religiösen Versammlung erhalten, die die Arapaho mit den Cheyenne gemeinschaftlich im Jahre 1872 abhielten, und bei der diese Martertänze wochenlang Tag und Nacht veranstaltet wurden.
Ohne Pfeife ist keine Versammlung denkbar, und es werden je nach deren Art verschiedene Pfeifen gebraucht. Rauchen ist eine religiöse Handlung, und deshalb rauchen auch die Frauen nicht. Niemals habe ich einen Arapaho allein rauchen sehen. Immer waren es mehrere, die sich in einem Kreis auf dem Boden niedergesetzt hatten und die Pfeife von *rechts nach links* herumgehen ließen. Ein Arapaho wird die Pfeife nicht annehmen, wenn sie ihm von links gereicht wird. Er raucht nicht andauernd, sondern zieht zwei bis drei Züge tief in die Lungen ein und gibt die Pfeife dann weiter.
Nicht einmal gelang es mir, meinen Freund, den Häuptling »Kleiner Bär«, zu veranlassen, eine Zigarre zu rauchen. »No good!« gab er mir stets zur Antwort, wenn ich ihn darum ersuchte. Er betrachtete die Zigarre als Tabak, zerbrach und zerkleinerte sie und stopfte sie in die Pfeife, die er in einem am Gürtel befestigten, prächtig mit bunten Perlen geschmückten Ledersack immer bei sich trug. Sie bestand aus einem roten Steinkopf, von dem eine Adlerfeder sowie ein Büschel Skalphaare herabhingen, und einem langen hölzernen Rohr, in das verschiedene Zeichen eingebrannt waren. Auf meine Frage, was diese bedeuteten, erhielt ich zur Antwort: »Medicine.«
Die Arapaho, die mich in meinen Blockhütten in den Bighorn-Moun-

tains besuchten, pflegten gewöhnlich sofort nach ihrer Ankunft im Freien im Kreis niederzuhocken und zu rauchen. Keiner sprach dabei ein Wort, nur stieß dieser oder jener bisweilen ein Grunzen aus. War die Pfeife leergebrannt, so erhoben sich alle zu gleicher Zeit und reichten mir die Hand oder gaben mir einen leichten Schlag auf die Schulter. Diese Formalität war »Medicine«. Gern sahen es die Leute, wenn ich mich in ihre Mitte setzte und mit ihnen rauchte. Kam ich in ihr Lager, so wurde zuerst, meistens in der Hütte des Häuptlings, mit sechs oder acht Männern die Pfeife geraucht. Das erste Mal schlug dazu der »Medicineman« leise den »Tum-tum«, wahrscheinlich um den bösen Gott zu vertreiben, der den Weißen nach dem Glauben der Arapaho oft begleitet. – Zum Beispiel durfte ein gewisser Indiantrader nicht das Lager betreten, in dem der »Kleine Bär« Häuptling war. Dieser behauptete, daß jener »bad medicine« sei. Ich wußte, daß der Indiantrader ein großer Halunke war, der seine rotbraunen Kunden auf eine schändliche Weise übervorteilte.

Die Religion der Arapaho verlangt keine Pflichten weder gegen den bösen oder guten Gott noch gegen Mitmenschen. Sie lehrt weder Recht noch Unrecht. Was dem Arapaho zuwider ist, hält er für Unrecht; was ihm lieb und angenehm ist, für Recht. – Will er beispielsweise einen Diebstahl unternehmen, so bemüht er sich, den bösen Gott gnädig zu stimmen, damit dieser den guten Gott nicht störe, der ihm bei dem Diebstahl behilflich sein wird. Ein Gleiches ist der Fall, wenn er beabsichtigt, einen Feind zu töten. Gelingt es ihm nicht, so ist der böse Gott daran schuld.

So diebisch der Arapaho von Natur ist, wird er einem Weißen, der ihn in seinem Lager besucht, doch nie etwas stehlen; kampiert dieser jedoch außerhalb des Lagers, so ist kein Stück seiner Habe vor dem Arapaho sicher. Ferner befindet sich im Krieg ein Weißer, solange er Gast des Lagers ist, in keiner Gefahr. Bereitwillig erhält er Speise und Trank, und ohne Sorge darf er sich auf das ihm gebotene Nachtlager zur Ruhe legen; entfernt er sich jedoch bis über einen gewissen Umkreis des Lagers hinaus, so wird er als Feind betrachtet und getötet. Zuwiderhandlungen gegen diese Gebräuche sind religiöse Verbrechen, ebenso an den eigenen Stammesbrüdern begangener Mord oder Diebstahl. Letzteren bestrafen die Arapaho hart, indem sie dem Dieb sein sämtliches Eigentum nehmen und ihn, falls er nicht rechtzeitig entflieht, oft zu Tode mißhandeln. – Einen Mord beurteilt man milder, da derselbe gewöhnlich in der Erregung begangen wird. Man zwingt den Mörder, an die Verwandten des Getöteten eine hohe Entschädigung zu zahlen, die jene unter Beirat des Häuptlings bestimmen. In vereinzelten Fällen wird der Mörder auch aus dem Stamm ausgestoßen. – Ist ein Mord an einem nächsten Anverwandten geschehen und keiner vorhanden, der Entschädigung verlangt, so muß das Verbrechen dennoch gesühnt werden, und zwar erlegt sich der Mörder dann selbst eine Strafe auf. Er zieht sich in die Einsamkeit zurück und verweilt dort längere Zeit ohne Nahrung. Das genügt, um ihn von seiner Tat vollkommen rein zu waschen.

Einen ähnlichen Fall hörte ich von einem Arapaho, den ich gern um mich sah, da er immer bereit war, meine Fragen zu beantworten und mich bei meinen Forschungen zu unterstützen. Er hatte bei einem Streit in der Wut seinen alten Vater mit einem Messer verwundet, und nach der Tat ernüchtert, legte er sich am Abend in der Nähe des Lagers nackt auf einen Felsen. Am anderen Tage holten ihn seine Freunde halb erfroren – es war Anfang Winter – in das Lager zurück, weil sie der Ansicht waren, daß er das Verbrechen hinreichend gesühnt habe.

Das eigene Weib zu töten ist kein Verbrechen, da es unbedingtes Eigentum des Mannes ist, mit dem er machen kann, was er will.

Verschieden ist die Ansicht der Arapaho darüber, wo sich die glücklichen Jagdgründe befinden. Der »Kleine Bär« sagte mir, sie lägen tief, tief unter der Erde. Es begründet sich diese Meinung wohl aus dem Glauben verschiedener Indianerstämme, daß die Büffel, die früher im Frühjahr in großen Herden von Süden nach Norden zogen, im Süden aus Erdlöchern und somit aus den glücklichen Jagdgründen kamen. Einzelne Arapaho glauben außer an ihre beiden Götter auch noch an Geister. Einer von ihnen sollte z. B. auf der flachen Kuppe eines wunderbar geformten, gewaltigen Felsens wohnen, der in der Nähe einer meiner Blockhütten stand. Diese Geister haben jedoch keine Macht und stehen ebensowenig mit den Göttern in Verbindung; es sind nur schadenfrohe Wesen, die sich an den Mißgeschicken und Qualen der Menschen weiden.

Große Furcht haben die Arapaho vor einem Irrsinnigen. Sie sind überzeugt, daß er ihnen durch den bösen Gott, der ihm blindlings gehorcht, das Schlimmste zufügen kann.
Schwarze werden von den Arapaho wohl getötet, aber nicht skalpiert. Der Skalp von ihnen ist »bad medicine«.
Die Arapaho haben ihre einst zahlreichen religiösen Gebräuche schon jetzt sehr eingeschränkt, seitdem die amerikanische Regierung eine immer schärfere Kontrolle über sie ausübt, der sie schließlich ganz unterliegen werden. Sie zum christlichen Glauben zu bekehren, wird jedoch nie möglich sein; denn unbegreiflich ist es ihnen, weshalb sie nicht töten und nicht stehlen sowie ihre vielen anderen Untugenden, die sie als Tugenden betrachten, ablegen sollen. Gelänge es trotzdem, so würden sie doch bald wieder zu ihrer Religion, die ihnen viel bequemer ist, zurückkehren.

Quellenverzeichnis

James Smith: »Merkwürdige Ereignisse im Leben des Col. James Smith«, in: O. V. »Abentheuerliche Ereignisse aus dem Leben der ersten Ansiedler an den Grenzen der Mittleren und Westlichen Staaten. Nebst Historischen Skizzen von den Feldzügen der Generale Harmar, St. Clair und Wayne gegen die Indianer im Nordwesten; und nebst einem Anhange und einer Uebersicht.« Übersetzt von Benjamin S. Schneck. Chambersburg, Pa. Gedruckt und verlegt von Heinrich Ruby, 1839.

George Heinrich Loskiel: »Geschichte der evangelischen Brüder unter den Indianern in Nordamerika«
Barby, zu finden in den Brüdergemeinen, und in Leipzig in Commission bey Paul Gotthelf Kummer, 1789.

»Johann Heckewelder's Evangelischen Predigers zu Betlehem Nachricht von der Geschichte, den Sitten und Gebräuchen der Indianischen Völkerschaften, welche ehemals Pennsylvanien und die benachbarten Staaten bewohnten.«
Göttingen bey Vandenhoeck und Ruprecht, 1821.

»Des Kentuckier's John Tanner Denkwürdigkeiten über seinen dreißigjährigen Aufenthalt unter den Indianern Nord-Amerikas« aus dem Englischen von Dr. Karl Andree, Verlag Wilhelm Engelmann, Leipzig 1840.

J. G. Kohl: »Kitschi-Gami oder Erzählungen vom Obern See. Ein Beitrag zur Charakteristik der Amerikanischen Indianer.« C. Schünemann, Bremen 1859.

Armand: »Amerikanische Jagd- und Reiseabenteuer aus meinem Leben in den westlichen Indianergebieten« J. G. Cotta'scher Verlag, Stuttgart und Augsburg 1858.

Balduin Möllhausen: »Tagebuch einer Reise vom Mississippi nach den Küsten der Südsee« Hermann Mendelssohn, Leipzig 1858.

»Aus dem Tagebuch des Malers Friedrich Kurz über seinen Aufenthalt bei den Missouri-Indianern 1848–1852«
In: XIII. und XIV. Jahresbericht der Geographischen Gesellschaft von Bern, Haller'sche Buchdruckerei Fritz Haller & Co., Bern 1894 und 1895.

R. B. Stratton: »Captivity of the Oatman Girls being an Interesting Narrative of Life among the Apache and Mohave Indians«
Published for the Author by Carlton & Porter, New York 1857.

Friedrich J. Pajeken: »Aus dem wilden Westen Nordamerikas. Erlebnisse und Skizzen« Philipp Reclam, Leipzig o. J. [1890]

400 Seiten mit 36 Fotos und 48 Abb.
ISBN 3-7844-2708-1

Johannes und Peter Fiebag

Die Ewigkeitsmaschine

Wissenschaftskrimi von atemberaubender Konsequenz

Alte Quellen und Überlieferungen zeigen: Ein außerirdisches Artefakt, vor 3200 Jahren von den Sternen zur Erde gebracht, beeinflußte nachhaltig die Geschichte der Menschheit.
Mit der Rekonstruktion der Irrungen dieses Geräts durch die Menschheitsgeschichte breiten die Autoren ein faszinierendes Szenario aus.

Langen Müller

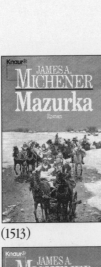

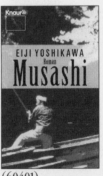